SCRIPTORUM CLASSICORUM

BIBLIOTHECA OXONIENSIS

OXONII

E TYPOGRAPHEO CLARENDONIANO

M. TULLI CICERONIS

DE FINIBUS BONORUM
ET MALORUM
LIBRI QUINQUE

RECOGNOVIT
BREVIQUE ADNOTATIONE CRITICA
INSTRUXIT

L. D. REYNOLDS
COLLEGII AENEI NASI APUD
OXONIENSES SOCIUS

OXONII
E TYPOGRAPHEO CLARENDONIANO
MCMXCVIII

Oxford University Press, Great Clarendon Street, Oxford OX2 6DP

Oxford University Press is a department of the University of Oxford.
It furthers the University's objective of excellence in research, scholarship,
and education by publishing worldwide in

Oxford New York

Auckland Cape Town Dar es Salaam Hong Kong Karachi
Kuala Lumpur Madrid Melbourne Mexico City Nairobi
New Delhi Shanghai Taipei Toronto

With offices in

Argentina Austria Brazil Chile Czech Republic France Greece
Guatemala Hungary Italy Japan Poland Portugal Singapore
South Korea Switzerland Thailand Turkey Ukraine Vietnam

Oxford is a trade mark of Oxford University Press

Published in the United States
by Oxford University Press Inc., New York

British Library Cataloguing in Publication Data
Data available

Library of Congress Cataloging in Publication Data
De finibus bonorum et malorum libri quinque / M. Tulli Ciceronis;
recognovit brevique adnotatione critica instruxit L. D. Reynolds.
(Scriptorum classicorum bibliotheca Oxoniensis)
1. Ethics, Ancient. 2. Stoics. I. Reynolds, L. D. (Leighton
Durham) II. Title. III. Series.
PA6296.D2   1998   171–dc21   98-5242
ISBN 0-19-814670-1

3 5 7 9 10 8 6 4 2

Typeset by Joshua Associates Ltd., Oxford
Printed in Great Britain on acid-free paper by
Antony Rowe Ltd, Chippenham, Wiltshire

PRAEFATIO

Qua fortuna M. Tulli Ciceronis De finibus libri apud
posteros usi sint, quo tempore multos post annos e
tenebris in lucem tandem emerserint, quomodo in
Germania Gallia Italia denique innotescere coeperint,
qui viri eorum fatis in primis interfuisse videantur, de
his omnibus iam alibi satis ut credo diligenter a me
disputatum est.[1] Quae nunc praetereo et ad austeriora
tractanda me accingo; nam de huius editionis ratione
dicendum est.

Hoc opus, in quo Tullius ipse fundamentum
philosophiae positum esse credebat, minorem apud
posteros favorem consecutum est quam aliae eius de
philosophia litterae, sive hae venustius scriptae erant
sive ad usum scholarum aptiores. Hodie tamen in
codicibus fere centum quinquaginta exstat, omnibus
ab eodem archetypo derivatis.[2] Ex tot libris, quorum
longe plurimi in Italia quinto decimo saeculo exarati
sunt, septem elegi quos ad textum constituendum satis
esse duxi. Codices quos adhibui hi sunt:

Vaticanus Palatinus latinus 1513, s. XI, in Germania **A**
occidentali scriptus et saeculo quinto decimo in
monasterio sancti Nazarii Laureshamensi adservatus.[3]

---

[1] 'The Transmission of the "De finibus"', *Italia medioevale e
umanistica*, 35 (1992), 1–30.

[2] Quod docent communes errores et lacunae in apparatu critico
passim notatae.

[3] É. Pellegrin et al., *Les Manuscrits classiques latins de la Biblio-
thèque Vaticane*, ii. 2 (Lutetiae, 1992), 166–7; B. Munk Olsen,
L'Étude des auteurs classiques latins aux XIᵉ et XIIᵉ siècles, i (Lutetiae, 1982), 295–6; É Chatelain, *Paléographie des classiques latins*, i

Continet ff. 1ʳ–44ʳ libros De finibus 1–4. 16, in verba *quod a natura* subito desinens. Ultimo versu (-*di ars ... a natura*) eraso manus duodecimi saeculi scripsit *Multa desunt*. In f. 1ʳ litterae I et S implexae atque in unum nitide coniunctae domini nesciocuius nomen indicant.

M Matritensis 9116, s. XIV ex., in Italia septentrionali et Patavii ut videtur scriptus.[4] Continet ff. 181ʳ–249ᵛ quinque De finibus libros. E codice derivatus est qui Francisci Petrarcae fuerat, quod doctae demonstrant adnotationes marginibus eius adsidue adscriptae.[5]

O Mutinensis latinus 213 (*a*. Q. 5. 11), s. XIV ex., in Italia septentrionali scriptus. Continet ff. 3ʳ–68ʳ quinque De finibus libros. Codicem olim habuit Iohannes de Ravenna, qui eum anno 1393 in civitatem Patavinam importavit, ut testatur portitoris subscriptio.[6]

S Codex chartaceus, s. XIV ex., in Italia scriptus et hodie Florentiae in Tabulis Publicis sub nomine Chartarum Strozzianarum ser. 3 n. 46 adservatus. Continet ff. 11ʳ–36ʳ quinque De finibus libros. Olim possedit et adnotatiunculis illustravit Coluccius Salutatus, insignissimus civitatis Florentinae cancellarius.[7]

(Lutetiae, 1884–1900), 12 et tab. XLIII. 1 (f. 22ᵛ); B. Bischoff, *Lorsch im Spiegel seiner Handschriften* (Monachii, 1974), 116–17.

[4] L. Rubio Fernández, *Catálogo de los manuscritos clásicos latinos existentes en España* (Matriti, 1984), 341–2.

[5] L. D. Reynolds, 'Petrarch and a Renaissance Corpus of Cicero's *philosophica*', *Formative Stages of Classical Traditions: Latin Texts from Antiquity to the Renaissance. Proceedings of a Conference held at Erice, 16–22 October 1993*, ed. O. Pecere et M. D. Reeve (Spoleti, 1995), 409–33 et tab. I–II.

[6] L. Gargan, 'Per la biblioteca di Giovanni Conversini', *Vestigia: Studi in onore di Giuseppe Billanovich* (Storia et letteratura, 162–3) (Romae, 1984), 365–85 et in primis 371.

[7] B. L. Ullman, *The Humanism of Coluccio Salutati* (Medioevo e umanesimo, 4) (Patavii, 1963), 136, 177, 224, 264; P. L. Schmidt, *Die Überlieferung von Ciceros Schrift 'De legibus'* (Monachii, 1974), 239–40, 243 adn. 15.

Leidensis Gronovianus 21, s. XII ex., in Gallia **R** scriptus.[8] Continet ff. 1^r–22^v quinque De finibus libros.

Parisinus latinus 6331, s. XII[2], in Gallia et ut videtur **P** Pontiniaci in monasterio Cisterciensium scriptus.[9] Continet ff. 1^r–85^r quinque De finibus libros. Libro quinto subscriptum nunc habet *Explicit liber de finibus bonorum et malorum. Incipit liber I. editionis secundae Academicarum Quaestionum M. T. Ciceronis.* Liquet tamen olim scriptum fuisse *Explicit liber quintus. Incipit liber sextus*, quod in nonnullis codicibus ab eo derivatis adhuc traditur.[10]

Vaticanus Palatinus latinus 1525, anno 1467 et **B** Heidelbergae ut videtur scriptus.[11] Continet ff. 28^v–71^r quinque De finibus libros. Codicis Erlangensis gemellus est.

Erlangensis 618, anno 1466 Heidelbergae scriptus.[12] **E** Continet ff. 153^v–206^r quinque De finibus libros. ff. 1–253 scripsit Bernhardus Grosschedel, ff. 254–94

---

[8] Olsen, *L'Étude*, i. 197; G. Magnaldi, 'Il codex Rottendorfianus Gronovianus (R) del "De finibus bonorum et malorum" di Cicerone', 'Lo stemma trifido del "De finibus bonorum et malorum"', 'Il codice Rottendorfianus Gronovianus (R) e il testo del "De finibus"', *Atti della Accademia delle Scienze di Torino*, Classe di Scienze morali, storiche e filologiche 120 (1986), 133–60, 121 (1987), 87–124, 125–55.

[9] Olsen, *L'Étude*, i. 254–5; 'The Cistercians and Classical Culture', *Cahiers de l'Institut du Moyen-Âge Grec et Latin* 47 (Hauniae, 1984), 64–102 et in primis 76, 86, 97, 101–2 (Appendix III).

[10] e.g. Amstelodamensis I. C. 47 (s. XII[2]), Parisinus latinus 14761 (s. XV[2]); Parisini subscriptio a secunda manu correcta est. Cf. O. Plasberg, *M. Tulli Ciceronis Academicorum reliquiae cum Lucullo* (Lipsiae, 1922), p. xvi adn. 2.

[11] Pellegrin et al., *Les Manuscrits classiques*, 178–81; Chatelain, *Paléographie*, i. 7 et tab. XXV (f. 311^r).

[12] H. Fischer, *Die lateinischen Papierhandschriften der Universitätsbibliothek Erlangen* (*Katalog der Handschriften*, ii) (Erlangae, 1936), 322–4.

Conradus Haunolt, ambo Universitatis Heidelbergensis studiosi. Codicis Palatini B gemellus est.

Horum septem codicum necessitudines sic per stemma depingere possumus:

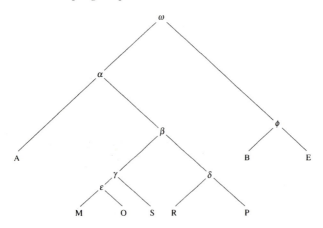

In tertia sua eademque postrema editione vir unus omnium doctissimus et optime de Cicerone meritus, Nicolaus Madvig, primarios quos adhibuit codices in tres classes divisit: primam classem solus repraesentavit codex A, secundam BE;[13] tertiam deterioribus constare libris e codice ignoto et interpolatione corrupto derivatis credidit.[14] Huic fundamento innixus non solum editionem protulit praeclarissimam sed opulentissimum etiam Latinitatis thesaurum ad quem per annos tot decurrerunt harum rerum studiosi. Sed omnium bibliothecarum opes excutere etiam hodie haud facile est, illis temporibus Herculeus fuerat labor. Ea codicum classis quam littera γ notavi

[13] Et Spirensis deperditus, de quo infra dicam (pp. xii–xiii).
[14] *M. Tullii Ciceronis De finibus bonorum et malorum libri quinque* (Hauniae, 1876³), p. xxxi; cf. ed.² (1869), p. xxix.

Madvigio omnino ignota erat; nonnullas lectiones codicis Gronoviani (R) praesto habebat, sed hunc inter libros quos meliores esse duxit (scilicet ABE) numeravit, artioris eius cum Parisino cognationis ignarus. Sequitur ut codex ille ignotus et interpolatus unus idemque fuerit cum Parisino, tertia illa classis nihil aliud quam Parisinus ipse, numerosa sua et saepe degenerata prole stipatus. Sed aliud esse P, aliud familiam β, quae pluribus et saepe bonis codicibus nititur, quis non videt? In hoc quoque a Madvigio differo, quod codices omnes non in tres sed in duas tantum classes divisi, quas litteris α et ϕ designavi. Nam A et β tot inter se coniunguntur erroribus ut ab eodem hyparchetypo originem duxisse videantur.[15] Post Madvigium harum rerum investigatio pedetemptim progressa est; alii alio modo viam ad hos libros edendos munierunt,[16] nemo tamen totam rem funditus retractare conatus est.

[15] Vide infra. Schiche, cum tertiam editionem Madvigianam recensuit, codices in duas potius quam tres classes dividendos esse recte viderat (*Philologischer Verein zu Berlin*, 5 (1879), 186–201), videtur tamen in sua editione hanc opinionem abiudicavisse, novis qui accesserant codicibus fortasse conturbatus.

[16] Inter quos praesertim numerandi sunt hi: T. Schiche in editione sua (Lipsiae, 1915) pleniorem codicum notitiam dedit, rationem criticam retractavit, duos familiae γ codices (vide infra, adn. 18, 25) primus adhibuit; J. Martha (Lutetiae, 1928–30) Parisinum a Theodoro Schiche omnino neglectum revocavit, pluris tamen aestimavit quam debebat; T. J. Hunt longi sui laboris fructus iamiam in medium prodituros (*A Textual History of Cicero's Academicus Primus*) cum amicis benignissime communicavit; R. H. et M. A. Rouse, 'The Medieval Circulation of Cicero's "Posterior Academics" and the *De finibus bonorum et malorum*', *Medieval Scribes, Manuscripts and Libraries: Essays presented to N. R. Ker*, ed. M. B. Parkes et A. G. Wilson (Londini, 1978), 333–67 = M. A. et R. H. Rouse, *Authentic Witnesses: Approaches to Medieval Texts and Manuscripts*, 61–98 (Nostrae Dominae, 1991), quod retractatum et in brevius contractum invenies in *Texts and Transmission: A Survey of the Latin Classics*, ed. L. D. Reynolds (Oxonii, 1983), 112–15; G. Magnaldi, 'Il codice Rottendorfianus' et al. (vide supra, adn. 8); C. Moreschini, 'Studi

Codices omnes in duas classes ideo discedere mihi videntur quia ϕ saepe veram lectionem praebet (vel praebere potest) cum $A\beta$ in eundem errorem cadunt.

BE (= ϕ) contra **AMOSRP (= a)** faciunt his locis:

1. 10 possum ϕ: possim a; 1. 23 invenit ϕ: invenerit a; 1. 33 repellendus ϕ: depellendus a; 1. 68 sententia ϕ: scientia a; 2. 24 ista ϕ: isto a; 2. 33 tum ϕ: tunc a; 2. 40 ad ϕ: om. a; 2. 83 an ϕ: at a; 2. 89 e ϕ: et a; 2. 94 praecentet ϕ: et (*spatio relicto*) ϵ: et (*nullo spatio*) S: praeterirent et R: competenter et P; 2. 100 philosophia ϕ: philosophi a; aperteque ϕ: apteque a; 2. 106 peperere ϕ: reperere (*vel. sim.*) a; 2. 108 qui id B: quid id E: quid a; 3. 17 quas vel . . . praeceptiones ϕ: om. a;[17] 3. 20 intellegi ϕ: intellegit a; 3. 21 cum positum ϕ: compositum a; solum ϕ: om. a; 3. 32 a ϕ: ad a; 3. 50 commentationis ϕ: commendationis a; 3. 59 ipsi ϕ: ipsos a; 3. 63 eandemque ϕ: eamque a; 3. 74 quod ϕ: quo a; 4. 15 significari ϕ: significare a.

Cum A deficit (4. 16), β in locum stirpis a succedit, quo officio delegato hinc usque ad finem dialogi bene fungitur: modo β modo ϕ veram praebet lectionem.

Errores codicum AMOSRP supra adlati in hoc quoque utiles sunt, ut demonstrent eos omnes ex eodem fonte fluxisse. Reliquorum codicum cognationes pari ratione confirmari possunt.

MOSRP (= β) eundem fontem habuisse docent tam multi loci ut exempla ex primis duobus tantum libris deprompserim:

1. 25 sint] sunt; 1. 39 nec ulla pars] ulla; 1. 50 non *om.*; *post* turbulenta *add.* non potest fieri; 1. 67 atque] ut; 1.

sulla tradizione manoscritta del *De finibus* di Cicerone', *Filologia e forme letterarie. Studi offerti a Francesco della Corte*, ii (Urbini, 1987), 253–67.

[17] Cf. 2. 108 plus quam ego ipse gaudeat E: *om.* aB. Sed omissiones per homoeoteleuton factae, ut hoc ipsum demonstrat exemplum, nullum per se certum praebent cognationis argumentum.

68 susceperit; 2. 2 eum *om.*; 2. 5˘nunc *om.*; 2. 9 *post* cum *add.* non; enim *om.*; 2. 10 istud; dixisti; dissimilis] dissimiliter *OS*δ: difficiliter *M*; 2. 11 propterea] propter γ: prope δ; 2. 16 dicat; 2. 41 dolentem] dolendo; 2. 111 mihi] nihil; 2. 119 cum] tum.

MOS (= γ) eiusdem stirpis esse docent hi loci, ex primis duobus libris itidem hausti:

1. 5 mihi legendam] nihil legendam; 1. 12 disseritur; 1. 17 motum] modum; 1. 39 quem ad modum affecta *om.*; 1. 47 eademque] -que *om.*; 1. 64 sedatio animi] sedatior anima; 1. 66 disputatum . . . stabilitas amicitiae *om.*; 2. 2 ille contra] illi contra; 2. 4 inter nos *om.*; 2. 6 quaeso *om.*; 2. 8 requiris; 2. 11 propterea] propter; 2. 15 facias] faciat; 2. 21 velle tamen] velle tantum; 2. 25 nequiter] neque *M*: atque vel neque *O*: atque *S*; 2. 27 loquetur] loqueretur; 2. 28 illuc] illud *S*: ad illud ε; 2. 29 hoc vero] hoc enim; praefandus] praestandus; 2. 31 quoniam] quomodo; 2. 36 eorum] totum; 2. 41 gaudentem] gaudendo; 2. 42 utantur] utuntur; 2. 45 per se *om.*; aliquantulum; 2. 51 testificareris; 2. 67 e thesauris] e *om.*; 2. 68 plurimum se] plurimum sed; 2. 78 tam diu *om.*; 2. 79 suscipiendi labores; 2. 82 accessisset] accepisset; 2. 96 torminum] terminum; 2. 99 *post* gratuitam *add.* esse; 2. 107 *post* autem *add.* et.

MO (= ε) videntur artiore vinculo inter se cohaerere quam cum codice S.[18] Hoc docent loci quales sunt hi:

1. 19 adhaesitiones; 1. 49 requietis] quietis; 1. 66 confirmatur] confirmatus; et a spe] et *om.*; 2. 2 sed eum] se eum; 2. 28 illuc] ad illud; 2. 73 pudore; 2. 78 amicitia; 2. 82 dubium est] dubium non est; 3. 8 quid tu] quid tum; 3. 32 effectu] effectum; 3. 51 alia autem] alia ut; 4. 52 qui audierit] quia audierit; 4. 61 addidisses] addidissetis; 4. 71 eligenda sint]

[18] Huic libro adfines (sed mea sententia inferiores) sunt Neapolitanus G. IV. 43 (N) et Vaticanus latinus 1759 (V), ambo s. xv, quos in sua editione adhibuit Schiche. De illo vide infra, adn. 25.

eligenda sunt; 4. 73 bona negarentur] bono negarentur; 4. 74 tum illa] cum illa; 4. 77 qua illum] qua illam; 5. 5 ducitur] dicitur; 5. 49 patriae; 5. 74 ceperunt] ceperint; 5. 89 quanti] quanta; 5. 96 quod quidam] quam quidam.

RP (= δ) artissime coniunctos esse ostendunt hi pauci quos ex sescentis elegi loci:

1. 8 venire usu; 1. 12 continent omnem; 1. 14 pertinerent] pertinent; 1. 32 odit] oderit; 1. 43 ego dicam] ego *om*.; 1. 54 potest exitum; 2. 7 quasi vero] vero *om*.; 2. 9 eademne quae] eodem neque; 2. 12 suspectum] subiectum; 2. 20 re neque] remque; 2. 26 *post* frangere *add*. rem; 2. 30 solum in oratione; 2. 49 suam tamen *post* pulchritudine *iterat*; 2. 69 depingere] pingere; 2. 75 cum dicitis *om*.; 2. 102 physici] philosophici; 2. 112 *post* causam *add*. eius.

BE (= φ) vere gemelli sunt tamque artam inter se adfinitatem habent, ex omni fere pagina manifestam, ut eam exemplis demonstrare supersederim.

Apparet olim fuisse tertium classis φ testem. Nam in bibliotheca Basileensi anno 1698 codicem quem Spirensem vocavit contulit doctus quidam Wegelius nomine, lectiones in exemplari editionis Aldinae anno 1565 promulgatae adnotans. Infeliciter accidit ut et Spirensis et illud exemplar lectionibus eius refertum periisse videatur, neque vero quis ille fuerit Wegelius posteritati traditum est. Lectiones ex eius adnotationibus excerptae in editione Goerenziana[19] inveniri possunt. Sed Goerenz homo tantae fuit incuriae atque neglegentiae (testis est longa illa et acerba Madvigii vituperatio[20]) ut quid in Spirensi fuerit saepe requiras. Testimonium tamen stirpis φ e libris BE satis elucet

[19] Lipsiae, 1813.
[20] pp. xv–xix, in commentario suo saepe retractata atque amplificata.

neque quicquam, ut puto, ex incertis huius testis vestigiis iam lucrari possumus; ergo alios secutus Spirensem neglexi.

Cum codice Moreliano similiter egi. Nam magna necessitudo inter R intercedit et librum deperditum quo Gulielmus Morelius olim usus est.[21] Apparet codicem Morelianum Gronoviano simillimum fuisse sed neutrum ex altero descriptum. Sunt qui hunc codicem magni pretii esse iudicaverunt, et veri simile est eum inter meliores numerandum fuisse. Sed lectiones ex eo conservatae ad archetypi lectionem restituendam prorsus nihil conferunt; itaque eius testimonium omisi, licet duobus locis (5. 48, 84) veram scripturam praebuisse dicatur. Cuius lectiones vel in commentario Moreliano vel in editionibus Orellianis invenire possis.[22]

In apparatu critico constituendo testes α et β semper citavi, lectiones classium γ et δ et ϵ, simulque singulorum codicum, silentio praetermisi nisi aliquid lucri adferre videbantur aut omnium quos adhibui codicum erant in aciem instruendae lectiones. Codex A omnium longe vetustissimus est, vix tamen optimus dicendus, ut quidam putaverunt.[23] In codicibus BE citandis diu haesitavi. Haud raro veram scripturam praebent, tot tamen tantisque abundant corruptelis, tam temere verborum mutant ordinem ut decreverim parcendum esse lectorum indulgentiae. In eis citandis et delectum et, ut spero, iudicium adhibui. Hac autem difficultate

[21] In libro qui inscribitur *Observationum in M. T. Ciceronis libros quinque De finibus bonorum et malorum commentarius* (Lutetiae, 1545).

[22] Vide quoque quae de hac re disseruerunt T. Schiche (Lipsiae, 1915), pp. vi–vii, Magnaldi, 'Lo stemma trifido', 89–92.

[23] Ter solus veritatem praebet: 1. 11 tribuat A': tribuit $A^2\beta\phi$; 2. 27 tantum A: tamen $\beta\phi$; 2. 31 consessori A: confessori $\beta\phi$. Sed haud pauca menda habet neque verborum ordinem melius quam ceteri codices servat (de quo vide Schiche, p. x); itaque lectiones quarum solus testis est raro citavi.

semper laboramus, quod saepe incertum est quanta fides classi ϕ danda sit.

Cum nunc hic nunc ille codex veram scripturam praebeat, quid mirum si prisci librarii lectores grammatici quibus librorum conferendorum copia esset modo huius modi illius codicis lectionem praetulerunt suumque proprium textum, ut nos quoque facimus, ex pluribus exemplaribus conflaverunt? Haec tamen fontium commiscendorum consuetudo contaminatio appellari solet. Quid mirum si idem suos libros, ubi mendosi esse videbantur, sanare conati sunt? Quem conatum, nisi idem ipsi facimus, interpolationem potius quam emendationem vocamus. Aegre enim ferimus si ei qui nos in hac opera praecesserunt viam ad vera auctoris verba recuperanda non tam munitam quam impeditam reliquerunt. At perfortunate accidit ut M. Tulli De finibus libri correctione magis quam contaminatione laborare videantur. Nam usque ad finem quarti decimi saeculi hoc opus non tam saepe lectum descriptumque erat ut magnum esset contaminationis periculum. Quod ex illo tempore frequens erat inter P et γ lectionum commercium ad textum edendum parvi est momenti. Quo fit ut stemma codicum quod supra adumbravi re ipsa nobis auxilio esse possit. Quod Madvig olim perspexit; inter primos enim hac stemmatica quae dicitur ratione usus est. Hac ope, si caute agimus, lectiones codicum recte aestimare, saepe etiam eliminare possumus.

Haec cum ita sint, necesse est singulos codices singulasque lectiones per se parum valere, textum tamen nostrum unius codicis testimonio subnixum saepe videbis. Has lectiones ego e felici coniectura potius restitutas esse credo quam ex ipso archetypo aliove fonte derivatas. Nam codices nostri, qui magna pro parte temporum recentiorum sunt, coniecturis passim scatent, quae saepe infelices vel etiam absurdae sunt, aliquando tamen et felices et ingeniosae. Haec emendandi felicitas, quamvis viri docti quinti decimi saeculi in hac arte insignissimi fuisse ducantur, non unius aetatis est; nam vix umquam defuerunt homines Latinitatis et studiosi et periti. Adde quod cum tot viri per tot annos menda corrigere conati sint, vix nobis mirandum est si unus aliquando Venerem iecit. His nostris sine nomine et sine gloria praecursoribus meritam laudem tribuere debemus. Nam liber noster Tullianus, quamvis per tot annos latuisset neglectus, in multis locis iam ante finem duodecimi saeculi correctus est, ut testatur codex Parisinus, in quo multa ut inquinata ita emendata sunt:

P 1. 18 athomus; 2. 4 quale sit; 2. 15 loquitur; 2. 28 quidem; 2. 31 an; 2. 34 Stoicis; 2. 68 de quibus; 2. 109 quaeque; 3. 2 probetur; 3. 5 superiores elaborandum; 3. 9 sic; 3. 17 in parvis; 3. 21 referenda sunt; 3. 33 esset natura; 3. 35 Graeci; 3. 59 atque; 3. 62 possent; 3. 63 alia sunt; 4. 4 vel potius; 4. 6 effecit; 4. 8 sine sensibus; 4. 15 pleraque; 4. 19 haec; 4. 23 ad Q. Tuberonem; 4. 29 in sole; 4. 41 intelligetur; 4. 47 peti. esse; 4. 48 appetenda; autem omne; 4. 78 accommodatarum; 5. 6 novisse vis; 5. 24 naturae; 5. 27 diligere; 5. 28 appetere; 5. 52 invitamenta; 5. 54 qui etiam; 5. 89 maneant; 5. 90 tu qui producta; 5. 95 viro.

P post correctionem vel P² 1. 10 non inopem; 2. 43 expoliarent; 3. 12 qui omnia; 3. 21 aestimavit; 3. 53 praepositum; 3. 76 ut tum; 4. 44 cur; 4. 67 at quo; 4. 68 id consequens; 4. 75 aequas; 5. 11 ea; 5. 13 de moribus; 5. 15 vitae via; 5. 19 etiam; 5. 23 sit . . . sit; 5. 28 tantisper; 5. 40 ductum; 5. 47 etiam ac; 5. 49 quin; 5. 84 miser; 5. 89 essent; 5. 92 at.[24]

---

[24] Aliquis eiusdem fere aetatis totum librum non solum diligenter legit sed etiam adsidue laudabat, suis approbationibus marginibus adscriptis: vide Olaen, 'The Cistercians', 101–2 (App. III).

Codex noster S testis est quanto studio homines, renascentibus in Italia bonis litteris, huic labori incubuerint, audaciter quidem sed non semper infeliciter, ut haec docent exempla:

S 1. 30 indicari; 1. 35 at magnum; 2. 33 ortum est; 2. 34 et iam ante; 2. 54 de callido; 2. 77 eae; 2. 84 granaria; 2. 87 dici; 2. 104 is tum; 3. 5 pro Latinis; 3. 21 omnia *om.*; 3. 28 de non; 3. 40 id eo; 3. 72 eaque; 4. 34 appetendarum; 4. 43 a natura; 4. 48 consectaria; 4. 50 consectarium; 4. 78 a natura; 4. 80 nisi; 5. 18 primum; 5. 33 quando.[25]

Plurimas coniecturas codicibus quos adhibui nominatimque citavi attributas invenies. Alias tralaticio signo ϛ notare satis duxi; has priorum editorum testimonio saepe debeo, qui eas e codicibus nobis notis ignotisque passim hauserunt.[26] Non est quod putemus Palatinos Gruteri vel Davisii Elienses vel Oxonienses Hearnii aliosve multos,[27] quorum plurimi etiam nunc nobis praesto sunt, ipsos magni pretii fuisse. Exemplo sunt Leidensis et Glogaviensis, duo insignes coniecturarum fontes a Madvigio aliisque citati: ille est Vossianus Latinus F. 14 (s. xv²), hic nunc Vratislaviensis IV. F. 180 (anno 1416 scriptus), quorum uterque, sicut

[25] Mentione quoque dignus est qui codicem Neapolitanum IV. G. 43 correxerat, etiam si primam scripturam identidem erasit, inferiorem Parisini lectionem reponens. Cui hae debentur coniecturae: 1. 10 sum *add.*; 2. 119 elicerem; 3. 48 et *om.*; 4. 7 agat; incendit; 4. 15 naturae; 4. 25 appetitio; 4. 57 ipse; 4. 62 pluris; 4. 71 at; 5. 10 est *add.*: 5. 36 ut *add.*

[26] Neque vero defuerunt qui suas coniecturas alicui codici tribuere maluerunt quam ingenio suo.

[27] Vide Madvigium, pp. x sqq. De Eliensibus cf. A. S. Pease, *M. Tulli Ciceronis De Natura Deorum libri III*, i (Cantabrigiae Mass., 1955), 81. T. Hearnii adnotationes conservatae sunt in exemplari editionis operum omnium M. Tulli Ciceronis a J. Gronovio denuo recognitae et Lugduni Batavorum a. 1692 promulgatae (Bibl. Bodl., Rawl. Q. d. 2–10).

maxima pars codicum universorum, ab ipso Parisino descendit.[28]

Emendationes suis auctoribus recte adsignare temptavi, quod tam difficile est ut verear ne non semel lapsus sim. In re orthographica codicibus, quorum vetustissimus saeculo demum undecimo exaratus est, nulla fides danda est; itaque normam in editione libri Tulliani De officiis institutam[29] fere semper secutus sum.

Restat ut gratias agam cum tot bibliothecarum praefectis tum amicis qui me adiuverunt, inter quos nominandi sunt J. M. Alonso-Núñez, A. Bendlin, P. G. McC. Brown, M. Ferrari, M. T. Griffin, T. J. Hunt, L. A. Holford-Strevens, G. O. Hutchinson, H. D. Jocelyn, P. Petitmengin, J. G. F. Powell, M. D. Reeve, H. Wilson, M. Winterbottom; eis aliisque gratias quas debeo ago maximas.

L.D.R.

Scribebam Oxonii
in Collegio Aenei Nasi
a. 1997

---

[28] Hae coniecturae Leidensi attribuendae sunt: 1. 34 corrupisti, 1. 43 durissimus, 2. 113 tuendam *add.*, 3. 11 adferre, 3. 48 habitum, 4. 15 institutio, 4. 22 fugienda, 4. 33 naturarum; illae Glogaviensi: 1. 28 an, 1. 41 angere (*man. alt.*), 3. 11 confirmare, 3. 63 recepit, 5. 11 esse *post* qualem *add.*, 5. 17 ascitam, 5. 54 scripsit, 5. 95 fuit *add.*

[29] Ed. M. Winterbottom (Oxonii, 1994).

INDEX EDITORUM ET VIRORUM DOCTORUM QUI INFRA LAUDANTUR

Editores

editio Colon(iensis)	Coloniae	c.1470
editio Rom(ana)	Romae	1471
editio Ven(eta) 1480	Venetiis	1480
editio Ven(eta) 1494	Venetiis	1494
editio Mediolanensis	Mediolani	1498
Ascensius (Asc.)	Lutetiae	1511
Petrus Marsus[1]		1511
Aldus Manutius (Ald.)	Venetiis	1523
A. Cratander (Crat.)	Basileae	1528
P. Victorius (Vict.)	Venetiis	1536
I. Camerarius	Basileae	1540
Paulus Manutius (Man., Man.[2], etc.)	Venetiis	1541, 1546[2], 1555[3], 1569[4]
D. Lambinus (Lamb., Lamb.[2])	Lutetiae	1565, 1577[2]
Aldus Manutius Pauli f.	Venetiis	1583
I. Gruter, I. Gulielmius	Hamburgi	1618
T. Bentley	Cantabrigiae	1718
I. Davisius (Dav.)	Cantabrigiae	1728
I. A. Ernesti	Lipsiae	1776
I. H. Bremius[2]	Turici	1798
R. G. Rath	Halae	1804
I. A. Goerenz	Lipsiae	1813

[1] Commentarios Petri Marsi, anno 1511 confectos, eius post mortem cum praefatione Ascanii Marsi Venetiis anno 1527 in lucem edidit Lucas Panaetius. Hanc editionem, cuius nullum quod sciam nunc exstat exemplum, descripsit F. G. W. Hertel, *De codicibus et editionibus vetustis bibliothecae Zwiccaviensis particula IV: De Petri Marsi librorum Ciceronis de finibus editione* (Zwiccaviae, 1836).

[2] Bremius tres priores libros tantum edidit; quae in ceteros commentatus erat cum Goerenzio communicavit.

C. G. Schuetz	Lipsiae	1814–23
I. C. Orelli	Turici	1828
F. V. Otto	Lipsiae	1831
I. N. Madvig (Mdv., Mdv²., etc.)	Hauniae	1839, 1869², 1876³
R. Klotz (Klotz²)	Lipsiae	1850–70
H. Alanus	Dublini	1856
Orelli–Baiter–Halm (Baiter)	Turici	1861
Baiter–Kayser (Baiter²)	Lipsiae	1863
C. F. W. Mueller	Lipsiae	1878
T. Schiche	Lipsiae	1915
J. Martha	Lutetiae	1928–30, 1989–90²

Viri docti

ab Arnim, I., *Stoicorum veterum fragmenta*, i–iv (Lipsiae, 1905–24).

Barwick, C., *Flavii Sosipatri Charisii Artis Grammaticae libri V* (Lipsiae, 1964).

Bentley, R., *M. Tullii Ciceronis Tusculanarum Disputationum libri V ex recensione Joannis Davisii. Accedunt emendationes viri praestantissimi Ric. Bentleii* (Cantabrigiae, 1709), 45–6.

Blänsdorf, J., *Fragmenta poetarum latinorum epicorum et lyricorum praeter Ennium et Lucilium post W. Morel* (Stutgardiae et Lipsiae, 1995³).

Bremer, F. P., *Iurisprudentiae antehadrianae quae supersunt*, i–ii.2 (Lipsiae, 1896–1901).

Brown, P. G. McC., 'An Interpolated line of Terence at Cicero, *De finibus* 2. 14', *Classical Quarterly*, n.s. 47 (1997), 583–4.

Brutus, J. M., apud Davisium.

Clericus, J., *Aeschinis Socratici dialogi tres Graece et Latine* (Amstelodami, 1711), 111.

Cobet, C. G., 'De locis quibusdam apud Ciceronem De finibus', *Mnemosyne*, ser. nov. 3 (1875), 92–103.

Courtney, E., *The Fragmentary Latin Poets* (Oxonii, 1993).

Dangel, J., *Accius, Œuvres (fragments)* (Lutetiae, 1995).

D'Anna, I., *M. Pacuvii fragmenta* (Romae, 1967).

Decleva Caizzi, F., *Pirrone, testimonianze* (Neapoli, 1981).

Detleftsen, D., 'Verse im Cicero', *Philologus*, 42 (1884), 181–3, 413–14.

Diels, H., et Kranz, W., *Die Fragmente der Vorsokratiker* (Berolini, 1951–2⁶).

Edelstein, L., et Kidd, I. G., *Posidonius I, The Fragments* (Cantabrigiae, 1989²).

Faber, P., apud Lambinum².

Fortenbaugh, W. W., et al., *Theophrastus of Eresus: Sources for his Life, Writings, Thought and Influence*, i–ii (Lugduni Batavorum, 1992).

Gandiglio, G., 'Un esametro di poeta ignoto (forse Lucilio)', *Atene & Roma*, 14 (1911), 346–9.

Gigante, M., 'Polemonis Academici Fragmenta', *Rendiconti della Accademia di Archeologia, Lettere e Belle Arti di Napoli*, 51 (1976), 91–144.

Gronovius, J. F., *Observationum libri quattuor* (Lipsiae, 1755), 175 (= *Fin.* 1. 20).

—— In editione a filio curata, cui titulus est *M. Tulli Ciceronis Operum Pars Quarta, a Jano Grutero et Jano Gulielmio edita et a Jacobo Gronovio denuo recognita* (Lugduni Batavorum, 1692), 1134 (= *Fin.* 5. 43).

Guyet, F., apud Davisium.

Halm, C., apud Baiterum.

Heindorf, L. F., *M. Tulli Ciceronis de Natura deorum libri tres* (Lipsiae, 1815), 1.

Heine, O., 'Zu Cicero de finibus bonorum et malorum', *Jahrbücher für classische Philologie*, 93 (1866), 245–53.

Heinze, R., *Xenokrates: Darstellung der Lehre und Sammlung der Fragmente* (Lipsiae, 1892).

Isnardi Parente, M., *Speusippo: Frammenti* (Neapoli, 1980).

Jocelyn, H. D., *The Tragedies of Ennius* (Cantabrigiae, 1967).

Jonas, F., *De ordine librorum L. Annaei Senecae philosophi*, Dissert. Berol., thesis 5 (1870).

Kannicht, R., et Snell, B., *Tragicorum Graecorum fragmenta*, ii (Gottingae, 1981).

Kayser, C. L., apud Baiterum[2].

Koch, H. A., 'Coniectanea Tulliana', *Programma Portense* (Numburgi, 1868).

Koerte, A., *Metrodori Epicurei Fragmenta* (*Jahrbücher für classische Philologie*, Suppl. 17, 1889), 529–97.

Klotz, R., *Quaestiones Tullianae* (Lipsiae, 1830).

Krenkel, W., *Lucilius, Satiren, lateinisch und deutsch*, i–ii (Lugduni Batavorum, 1970).

Lachmann, K. A., *T. Lucreti Cari De rerum natura* (Berolini, 1850), 29, 231.

Mannebach, E., *Aristippi et Cyrenaicorum fragmenta* (Lugduni Batavorum et Coloniae, 1961).

Marx, F., *C. Lucilii Carminum reliquiae*, i–ii (Lipsiae, 1904–5).

Matthiae, A., *Vermischte Schriften* (Altenburgi, 1933).

Mette, H. J., 'Zwei Akademiker heute: Krantor und Arkesilaos', *Lustrum*, 26 (1984), 7–94.

——'Weitere Akademiker heute: von Lakydes bis zu Kleitomachos', *Lustrum*, 27 (1985), 39–148.

—— 'Philo von Larissa und Antiochus von Askalon', *Lustrum*, 28–9 (1986–7), 9–63.

Morelius, G., *Observationum in M. T. Ciceronis libros quinque De finibus bonorum et malorum commentarius* (Lutetiae, 1545).

Mueller, I., *Observationum in Ciceronis de finibus libros particulae II* (Erlangae, 1869).

Munro, H. A. J., 'Another Word on Lucilius', *Journal of Philology*, 8 (1879), 201–25 et in primis 217–22.

Muretus, M. A., *Variarum lectionum libri XV* (Lutetiae, 1586), 156.

Nauck, A., *Tragicorum Graecorum fragmenta* (Lipsiae, 1889[2]).

Nissen, H. F., *In Ciceronis de finibus bonorum et malorum libros animadversiones* (Lubecae, 1791).

Otto, A., *Die Sprichwörter und sprichwörtlichen Redensarten der Römer* (Lipsiae, 1890).

Pearce, Z., *M. Tulli Ciceronis Opera cum delectu commentariorum*, i–ii (Lutetiae, 1740), 554.

Powell, J. G. F., ad editorem per litteras.

Rackham, H., *Cicero, De finibus bonorum et malorum* (Cantabrigiae Mass., 1914, 1931[2]).

Reid, J. S., *M. Tulli Ciceronis De finibus bonorum et malorum Libri I, II* (Cantabrigiae, 1925).

Ribbeck, O., *Scaenicae Romanorum poesis fragmenta*, i: *Tragicorum fragmenta*; ii: *Comicorum fragmenta* (Lipsiae, 1887[3], 1888[3]).

Sandbach, F. H., 'Cicero, De finibus iii. 76', *Classical Review*, n.s. 2 (1952), 11.

Schoemann, J. F., *Opuscula Academica*, iii (Berolini, 1866), 399 n. 3.

Seckel, E., et Kübler, B., *Iurisprudentiae anteiustinianae reliquiae*, i–ii. 2 (Lipsiae, 1908–27).

Skutsch, O., *The* Annals *of Q. Ennius* (Oxoniae, 1985).

Thurot, C., *Revue critique d'histoire et de la littérature* 5 (1890), 21.

Traglia, A., *M. Tulli Ciceronis poetica fragmenta* (Mediolani, 1963).

Traina, A., et Bini, M., *Supplementum Morelianum* (Bononiae, 1986).

Ursinus, Fulvius, *In omnia opera Ciceronis notae* (Antverpiae, 1581).

Usener, H., *Epicurea* (Lipsiae, 1887).

Ussing, I. L., apud Madvigium.

Vahlen, I., *Opuscula academica*, ii (Lipsiae, 1908), 347–8.

—— *Ennianae poesis reliquiae* (Lipsiae, 1903[2]).

Valckenaer, L. K., *De elegis Callimachi* (Lugduni Batavorum, 1799), 216.

van Straaten, M., *Panaetii Rhodii fragmenta* (Lipsiae, 1962[3]).

Victorius, P., *Variarum lectionum libri XXV* (Florentiae, 1553 = Vict.[2]), 19 (*Fin.* 5. 1).

Wehrli, F., *Dikaiarchos* (Die Schule des Aristoteles, I) (Basileae, 1967[2]).

—— *Aristoxenos* (Die Schule des Aristoteles, II) (Basileae, 1967[2]).

—— *Demetrios von Phaleron* (Die Schule des Aristoteles, IV) (Basileae, 1968[2]).

—— *Straton von Lampsakos* (Die Schule des Aristoteles, V) (Basileae, 1969²).

—— *Lykon und Ariston von Keos* (Die Schule des Aristoteles, VI) (Basileae, 1968²).

—— *Hieronymos von Rhodos, Kritolaos und seine Schüler* (Die Schule des Aristoteles, X) (Basileae, 1969²).

Wesenberg, A. S., apud Madvigium.

Wright, M. R., *Cicero on Stoic Good and Evil, De finibus 3 and Paradoxa Stoicorum* (Warmonasterii, 1991).

Zwierlein, O., 'Cic. Fin. 5. 17f.', *Rheinisches Museum*, n.s. 130 (1987), 400–2.

DE FINIBUS BONORUM
ET MALORUM

SIGLA

α = consensus codicum AMOSRP

  A = Vaticanus Pal. lat. 1513   s. XI

  β = consensus codicum MOSRP

    γ = consensus codicum MOS

      M = Matritensis 9116   s. XIV^2

      O = Mutinensis lat. 213   s. XIV^2

      S = Florentinus Cart. Strozz. 3.46   s. XIV^2

      ε = consensus codicum MO

    δ = consensus codicum RP

      R = Leidensis Gronovianus 21   s. XII ex

      P = Parisinus lat. 6331   s. XII^2

φ = consensus codicum BE

  B = Vaticanus Pal. lat. 1525   1467

  E = Erlangensis 618   1466

ω = codicum horum omnium consensus

ς = lectiones in uno vel pluribus codicibus recentioribus inventae

LIBER PRIMUS

[I] Non eram nescius, Brute, cum quae summis **1**
ingeniis exquisitaque doctrina philosophi Graeco
sermone tractavissent ea Latinis litteris mandaremus,
fore ut hic noster labor in varias reprehensiones
5 incurreret. Nam quibusdam, et iis quidem non admodum indoctis, totum hoc displicet, philosophari.
Quidam autem non tam id reprehendunt si remissius
agatur, sed tantum studium tamque multam operam
ponendam in eo non arbitrantur. Erunt etiam, et ii
10 quidem eruditi Graecis litteris, contemnentes Latinas,
qui se dicant in Graecis legendis operam malle con-
sumere. Postremo aliquos futuros suspicor qui me ad
alias litteras vocent, genus hoc scribendi, etsi sit
elegans, personae tamen ⟨meae⟩ et dignitatis esse
15 negent. Contra quos omnis dicendum breviter exi- **2**
stimo.

Quamquam philosophiae quidem vituperatoribus
satis responsum est eo libro quo a nobis philosophia
defensa et conlaudata est, cum esset accusata et
20 vituperata ab Hortensio. Qui liber cum et tibi probatus
videretur et iis quos ego posse iudicare arbitrarer, plura
suscepi, veritus ne movere hominum studia viderer,
retinere non posse.

MARCI TULLII CICERONIS DE FINIBUS MALORUM ET BONORUM AD
BRUTUM PRIMUS LIBER INCIPIT *A*: MARCI TULII CICERONIS DE FINE
BONORUM ET MALORUM LIBER PRIMUS HIC INCIPIT *M*: MARTII TULLII
CICERONIS DE FINIBUS BONORUM LIBER PRIMUS INCIPIT *O*: MARCI
TULLII CICERONIS DE FINIBUS BONORUM ET MALORUM LIBER PRIMUS
INCIPIT *R*: M. T. CICERONIS LIBER AD BRUTUM DE FINIBUS BONORUM ET
MALORUM *P*: MARCI TULII CICERONIS DE FINIBUS BONORUM ET
MALORUM LIBER PRIMUS INCIPIT *B*: INCIPIT LIBER PRIMUS M. T. C. DE
FINIBUS BONORUM ET MALORUM *E*: *in S nulla inscriptio*   14 meae
suppl. Cobet   18 philosophia a nobis φ

Qui autem, si maxime hoc placeat, moderatius
tamen id volunt fieri, difficilem quandam temperantiam postulant in eo quod semel admissum coerceri
reprimique non potest, ut propemodum iustioribus
utamur illis qui omnino avocent a philosophia quam his 5
qui rebus infinitis modum constituant in reque eo
3 meliore quo maior sit mediocritatem desiderent. Sive
enim ad sapientiam perveniri potest, non paranda
nobis solum ea sed fruenda etiam [sapientia] est; sive
hoc difficile est, tamen nec modus est ullus investigandi 10
veri nisi inveneris, et quaerendi defatigatio turpis est
cum id quod quaeritur sit pulcherrimum. Etenim si
delectamur cum scribimus, quis est tam invidus qui ab
eo nos abducat? Sin laboramus, quis est qui alienae
modum statuat industriae? Nam ut Terentianus 15
Chremes non inhumanus qui novum vicinum non vult

    Fodere aut arare aut aliquid ferre denique

(non enim illum ab industria, sed ab inliberali labore
deterret), sic isti curiosi quos offendit noster minime
nobis iniucundus labor. 20
4   [II] Iis igitur est difficilius satisfacere qui se Latina
scripta dicunt contemnere. In quibus hoc primum est
in quo admirer, cur in gravissimis rebus non delectet
eos sermo patrius, cum idem fabellas Latinas ad
verbum e Graecis expressas non inviti legant. Quis 25
enim tam inimicus paene nomini Romano est qui
Enni Medeam aut Antiopam Pacuvi spernat aut reiciat,
quod se isdem Euripidis fabulis delectari dicat, Latinas
litteras oderit? Synephebos ego, inquit, potius Caecili

17 *Ter. Haut.* 69

1 placet *Mφ*   3 admissum (*vel* immissum) ϛ: iam missum
ω   9 sapientia *om.* ϛ   10 ullus est φ   21 latina
A¹Pφ: -inia *R*: -ine *A²γ*

aut Andriam Terenti quam utramque Menandri
legam? A quibus tantum dissentio ut, cum Sophocles 5
vel optime scripserit Electram, tamen male conversam
Atili mihi legendam putem; de quo Licinus

5   Ferreum scriptorem, verum, opinor, scriptorem
          Ut legendus sit.   [tamen,

Rudem enim esse omnino in nostris poetis aut
inertissimae segnitae est aut fastidi delicatissimi.
10 Mihi quidem nulli satis eruditi videntur quibus
nostra ignota sunt. An

          Utinam ne in nemore . . .

nihilo minus legimus quam hoc idem Graecum, quae
autem de bene beateque vivendo a Platone disputata
15 sunt, haec explicari non placebit Latine?
          Quid? si nos non interpretum fungimur munere, sed 6
tuemur ea quae dicta sunt ab iis quos probamus eisque
nostrum iudicium et nostrum scribendi ordinem
adiungimus, quid habent cur Graeca anteponant iis
20 quae et splendide dicta sint neque sint conversa de
Graecis? Nam si dicent ab illis has res esse tractatas, ne
ipsos quidem Graecos est cur tam multos legant quam
legendi sunt. Quid enim est a Chrysippo praetermissum in Stoicis? Legimus tamen Diogenem, Anti-
25 patrum, Mnesarchum, Panaetium, multos alios, in

          5 *Porcius Licinus fr. 5 Blänsdorf, 4 Courtney*   12 *Ennius,
Medea, trag. 205 Ribbeck³, 208 Jocelyn*   23 *SVF II. 34; SVF
III. Diog. 15*   24–5 *SVF III. Ant. 8*   25 *Panaetius fr. 52
van Straaten*

          4 atilii *Aγ*: acilii *φ*: atrilii *R*: aulii *P*   Licinus *C. F. W. Mueller*:
licinius *A²βφ*: lucinius *A¹*: Lucilius *Detlefsen*   6 ut legendis sit
fort. delendum   11–12 an Utinam *Mur.*: at utinam *ω*
16 quod si *Pφ*   20 sint' *P*: sunt *Aγφ*: sui *R*   22 ipsos
M²O²SP²: ipso *rell.*   25 Panaetium, Mnesarchum *coni. Goerenz*

primisque familiarem nostrum Posidonium. Quid?
Theophrastus mediocriterne delectat cum tractat
locos ab Aristotele ante tractatos? Quid? Epicurei
num desistunt de isdem de quibus et ab Epicuro
scriptum est et ab antiquis ad arbitrium suum scribere? 5
Quod si Graeci leguntur a Graecis, isdem de rebus alia
ratione compositis, quid est cur nostri a nostris non
7 legantur? [III] Quamquam si plane sic verterem Platonem aut Aristotelem ut verterunt nostri poetae
fabulas, male, credo, mererer de meis civibus si ad 10
eorum cognitionem divina illa ingenia transferrem. Sed
id neque feci adhuc nec mihi tamen ne faciam inter-
dictum puto. Locos quidem quosdam, si videbitur,
transferam, et maxime ab iis quos modo nominavi,
cum inciderit ut id apte fieri possit, ut ab Homero 15
Ennius, Afranius a Menandro solet.

Nec vero, ut noster Lucilius, recusabo quominus
omnes mea legant. Utinam esset ille Persius! Scipio
vero et Rutilius multo etiam magis; quorum ille
iudicium reformidans Tarentinis ait se et Consentinis 20
et Siculis scribere. Facete is quidem, sicut alia; sed
neque tam docti tum erant ad quorum iudicium
elaboraret, et sunt illius scripta leviora, ut urbanitas
8 summa appareat, doctrina mediocris. Ego autem quem
timeam lectorem, cum ad te, ne Graecis quidem 25
cedentem in philosophia, audeam scribere? Quamquam
a te ipso id quidem facio provocatus gratissimo mihi
libro quem ad me de virtute misisti.

Sed ex eo credo quibusdam usu venire ut abhorreant

1 *Posidonius T32a Edelstein–Kidd²*   2 *Theophrastus fr. 50*
Fortenbaugh et al.   17 *Lucilius 592–6, Marx, 591–4 Krenkel*

2 Theophrastus ς: -phrastrum (*vel sim.*) ω   4 num *A²Sφ*:
non *rell.*   21 alia *Ursinus* (*cf. 4. 73, Off. 3. 42, al.*): alias ω
29 usu venire γφ: venire usu δ: usui venire *A¹*: illud evenire *A²*

a Latinis, quod inciderint in inculta quaedam et
horrida, de malis Graecis Latine scripta deterius.
Quibus ego adsentior, dum modo de isdem rebus ne
Graecos quidem legendos putent. Res vero bonas
5 verbis electis graviter ornateque dictas quis non legat,
nisi qui se plane Graecum dici velit, ut a Scaevola est
praetore salutatus Athenis Albucius? Quem quidem 9
locum cum multa venustate et omni sale ⟨tractavit⟩
idem Lucilius, apud quem praeclare Scaevola:

10 Graecum te, Albuci, quam Romanum atque Sabinum,
municipem Ponti, Tritani, centurionum,
praeclarorum hominum ac primorum signiferumque,
maluisti dici. Graece ergo praetor Athenis,
id quod maluisti, te, cum ad me accedis, saluto:
15 'χαῖρε,' inquam 'Tite!' Lictores, turma omnis cohorsque:
'χαῖρε, Tite!' Hinc hostis mi Albucius, hinc inimicus.

Sed iure Mucius. Ego autem mirari ⟨satis⟩ non queo 10
unde hoc sit tam insolens domesticarum rerum fasti-
dium. Non est omnino hic docendi locus; sed ita sentio
20 et saepe disserui, Latinam linguam non modo ⟨non⟩
inopem, ut vulgo putarent, sed locupletiorem etiam
esse quam Graecam. Quando enim nobis, vel dicam aut
oratoribus bonis aut poetis, postea quidem quam fuit
quem imitarentur, ullus orationis vel copiosae vel
25 elegantis ornatus defuit?

10 *Lucilius 88–94 Marx, 89–95 Krenkel*

5 dictas *M*: dictatas *rell.*   7 praetore *Man.*[3]: praetor *ω*
8 cum *del. Matthiae*   tractavit *addidi exempli gratia* (*cf. De orat. 3.*
30, al.)   11 Ponti *ed. Rom.*: pontii *AOSδ*: pontu *φ*: pontis *M* (*cf.*
Sen. 33)   Tritani *coni. Baiter*: -anii *A*[2]*εR*: -annii *P*: -anu *φ*: tiranii
A[1]: triarii *S*   15 cohorsque *Man.*: chorusque *ω*   16 hinc[1]
A[2]*SP*[2]: hic *rell.*   mi *γφ*: m *R*: numi *P*: *om. in ras. A*   17 sed]
et *coni. Reid*   satis *hic add. Mdv., ante* mirari *ium Ald.*   20 non
suppl. P[2]

[IV] Ego vero, cum forensibus operis, laboribus,
periculis non deseruisse mihi videar praesidium in quo
a populo Romano locatus sum, debeo profecto,
quantumcumque possum, in eo quoque elaborare ut
sint opera studio labore meo doctiores cives mei, nec 5
cum istis tantopere pugnare qui Graeca legere malint,
modo legant illa ipsa, ne simulent, et iis servire qui vel
utrisque litteris uti velint vel, si suas habeant, illas non
magnopere desiderent.

11   Qui autem alia malunt scribi a nobis aequi esse 10
debent, quod et scripta multa sunt, sic ut plura
nemini e nostris, et scribentur fortasse plura, si vita
suppetet; et tamen qui diligenter haec quae de philosophia litteris mandamus legere adsueverit, iudicabit
nulla ad legendum his esse potiora. Quid est enim in 15
vita tantopere quaerendum quam cum omnia in philosophia, tum id quod his libris quaeritur, qui sit finis,
quid extremum, quid ultimum, quo sint omnia bene
vivendi recteque faciendi consilia referenda, quid
sequatur natura ut summum ex rebus expetendis, 20
quid fugiat ut extremum malorum? Qua de re cum sit
inter doctissimos summa dissensio, quis alienum putet
eius esse dignitatis quam mihi quisque tribuat quid in
omni munere vitae optimum et verissimum sit exquir-
12 ere? An partus ancillae sitne in fructu habendus dis- 25
seretur inter principes civitatis, P. Scaevolam M'. que
Manilium, ab iisque M. Brutus dissentiet (quod et

26–7 *P. Scaevola fr. 5 Bremer, fr. 8 Seckel–Kübler; Manilius fr. 2
B., fr. 6 S.–K.; Brutus fr. 1a B., fr. 5 S.–K., cf. Dig. 7. 1. 68*

2 videar *coni. Mdv.³*: videor *P*: videri *rell.*   3 sum *ς*: sim
ω   4 possim *α*   6 malunt *Rφ*   7 nec *Ald.*
8 habeant *Lamb.*: -ent ω   12 nemini *ed. Ven. 1480*: mem-
ω   17 qui *coni. Orelli*: quis *α*: quid *φ* (*cf. 4. 5, 14, Off. 3.*
52)   23 dignitatis esse *φ*   tribuat *A¹*: -it *A²* *rell.* (*cf. Off. 1.*
47)   26 M'. *Vict.*: m. ω   que *A∈R*: Q. *S*: vel *P*: *om. φ*

acutum genus est et ad usus civium non inutile, nosque
ea scripta reliquaque eiusdem generis et legimus libenter et legemus), haec quae vitam omnem continent
neglegentur? Nam ut sint illa vendibiliora, haec ube-
5 riora certe sunt. Quamquam id quidem licebit iis
existimare qui legerint. Nos autem hanc omnem quaestionem de finibus bonorum et malorum fere a nobis
explicatam esse his litteris arbitramur, in quibus,
quantum potuimus, non modo quid nobis probaretur
10 sed etiam quid a singulis philosophiae disciplinis
diceretur persecuti sumus.

[V] Ut autem a facillimis ordiamur, prima veniat in **13**
medium Epicuri ratio, quae plerisque notissima est.
Quam a nobis sic intelleges expositam ut ab ipsis qui
15 eam disciplinam probant non soleat accuratius explicari; verum enim invenire volumus, non tamquam
adversarium aliquem convincere. Accurate autem
quondam a L. Torquato, homine omni doctrina erudito, defensa est Epicuri sententia de voluptate, a
20 meque ei responsum, cum C. Triarius, in primis
gravis et doctus adulescens, ei disputationi interesset.
Nam cum ad me in Cumanum salutandi causa uterque **14**
venisset, pauca primo inter nos de litteris, quarum
summum erat in utroque studium, deinde Torquatus,
25 'Quoniam nacti te' inquit 'sumus aliquando otiosum,
certe audiam quid sit quod Epicurum nostrum non tu
quidem oderis, ut fere faciunt qui ab eo dissentiunt, sed
certe non probes, eum quem ego arbitror unum vidisse
verum maximisque erroribus animos hominum libera-
30 visse et omnia tradidisse quae pertinerent ad bene
beateque vivendum. Sed existimo te, sicut nostrum
Triarium, minus ab eo delectari quod ista Platonis,

---

4 neglegentur *Ald.*: -untur ω   9 a nobis φ   23 inter
nos primo φ   25 nacti te *O²P²*: hactite *vel* hac tite ω: hac die *A²*

Aristoteli, Theophrasti orationis ornamenta neglexerit. Nam illud quidem adduci vix possum, ut ea quae senserit ille tibi non vera videantur.'

15 'Vide quantum' inquam 'fallare, Torquate. Oratio me istius philosophi non offendit; nam et complectitur verbis quod vult et dicit plane quod intellegam; et tamen ego a philosopho, si adferat eloquentiam, non asperner, si non habeat, non admodum flagitem. Re mihi non aeque satisfacit, et quidem locis pluribus. Sed "quot homines, tot sententiae"; falli igitur possumus.'

'Quam ob rem tandem' inquit 'non satisfacit? Te enim iudicem aequum puto, modo quae dicat ille bene noris.'

16 'Nisi mihi Phaedrum' inquam 'mentitum aut Zenonem putas, quorum utrumque audivi, cum mihi nihil sane praeter sedulitatem probarent, omnes mihi Epicuri sententiae satis notae sunt. Atque eos quos nominavi cum Attico nostro frequenter audivi, cum miraretur ille quidem utrumque, Phaedrum autem etiam amaret, cotidieque inter nos ea quae audiebamus conferebamus, neque erat umquam controversia quid ego intellegerem, sed quid probarem.'

17 [VI] 'Quid igitur est?' inquit; 'audire enim cupio quid non probes.'

'Principio' inquam 'in physicis, quibus maxime gloriatur, primum totus est alienus: Democritea dicit, perpauca mutans, sed ita ut ea quae corrigere vult mihi quidem depravare videatur. Ille atomos quas appellat,

---

1 *Theophrastus fr. 54 Fortenbaugh et al.*   10 *Ter. Ph. 454,
Otto, p. 166*   25 *Epicurus fr. 234 Usener*   28 *Democritus
fr. 68 A 56 D.–K. (ii. 98.27)*

1 Aristoteli *A*[1], -tili *E*: -telis *A*[2]: -tilis *rell.* (*cf. 5. 12, 14, Att. 13. 28.
3*)   4 fallere   *S*[1]*Pφ*   9 satisfacit   *R*: -fecit   *rell.*
plurimis *φ*   10 possimus *AOR*   16 sedulitatem *RP*[2]: sed
utilitatem *rell.*   26 Democritea dicit *Baiter*: democrite adicit
A[1]*Rφ*: democrito adicit (add- *S*) *rell.*

id est corpora individua propter soliditatem, censet in
infinito inani, in quo nihil nec summum nec infimum
nec medium nec intimum nec extremum sit, ita ferri ut
concursionibus inter se cohaerescant, ex quo efficiantur
5 ea quae sint quaeque cernantur omnia; eumque motum
atomorum nullo a principio, sed ex aeterno tempore
intellegi convenire. Epicurus autem, in quibus sequitur **18**
Democritum, non fere labitur. Quamquam utriusque
cum multa non probo, tum illud in primis, quod, cum
10 in rerum natura duo quaerenda sint, unum quae
materia sit ex qua quaeque res efficiatur, alterum
quae vis sit quae quidque efficiat, de materia disseruerunt, vim et causam efficiendi reliquerunt. Sed hoc
commune vitium, illae Epicuri propriae ruinae: censet
15 enim eadem illa individua et solida corpora ferri
deorsum suo pondere ad lineam, hunc naturalem esse
omnium corporum motum. Deinde ibidem homo **19**
acutus, cum illud occurreret, si omnia deorsus e
regione ferrentur et, ut dixi, ad lineam, numquam
20 fore ut atomus altera alteram posset attingere
†itaque† attulit rem commenticiam: declinare dixit
atomum perpaulum, quo nihil posset fieri minus; ita
effici complexiones et copulationes et adhaesiones
atomorum inter se, ex quo efficeretur mundus omnes-
25 que partes mundi quaeque in eo essent. Quae cum
tota res ⟨est⟩ ficta pueriliter, tum ne efficit ⟨quidem⟩
quod vult. Nam et ipsa declinatio ad libidinem fingitur
(ait enim declinare atomum sine causa; quo nihil

7 *fr. 281 Usener*

3 intimum *Jonas*: ultimum ω   11 qua *O²B*: quo *rell.*
18 deorsum *Oφ*   19–20 fore numquam *φ*   20 athomus
P: -os *rell.*   21 *lacunam post* itaque *statuit Usener, ante* itaque
Reid (*cf. Simpl. In. Ar. Phys. 216ᵃ17; Lucr. 2. 221–4*)
23 adhaesiones *Sφ*: -itiones *ε*: -itationes *Aδ*   26 ⟨est⟩ ficta
Schiche: ficta ⟨est⟩ *Heindorf.* ficta sit *A²P²*   quidem *add.*
Ald.

turpius physico quam fieri quicquam sine causa dicere)
et illum motum naturalem omnium ponderum, ut ipse
constituit, e regione inferiorem locum petentium sine
causa eripuit atomis; nec tamen id cuius causa haec
20 finxerat adsecutus est. Nam si omnes atomi declina-
bunt, nullae umquam cohaerescent; sive aliae declina-
bunt, aliae suo nutu recte ferentur, primum erit hoc
quasi provincias atomis dare, quae recte, quae oblique
ferantur, deinde eadem illa atomorum (in quo etiam
Democritus haeret) turbulenta concursio hunc mundi
ornatum efficere non poterit. Ne illud quidem physici,
credere aliquid esse minimum; quod profecto numquam putavisset, si a Polyaeno, familiari suo, geome-
tricam discere maluisset quam illum etiam ipsum
dedocere. Sol Democrito magnus videtur, quippe
homini erudito in geometriaque perfecto, huic pedalis
fortasse; tantum enim esse censet quantus videtur, vel
21 paulo aut maiorem aut minorem. Ita quae mutat ea
corrumpit, quae sequitur sunt tota Democriti, atomi,
inane, imagines, quae εἴδωλα nominant, quorum incursione non solum videamus sed etiam cogitemus; infinitio ipsa, quam ἀπειρίαν vocant, tota ab illo est, tum
innumerabiles mundi qui et oriantur et intereant
cotidie. Quae etsi mihi nullo modo probantur, tamen
Democritum, laudatum a ceteris, ab hoc qui eum unum
secutus esset nollem vituperatum.
22   [VII] 'Iam in altera philosophiae parte, quae est
quaerendi ac disserendi, quae λογική dicitur, iste vester

15 *fr. 68 A 87 D.-K. (ii. 105.10)*
Usener   19 *Epicurus fr. 317 Usener*
(s.v. INFINITIO) quorum . . . vocant
Usener   27 *fr. 243 Usener*

18 *Epicurus fr. 234*
20-2 *Non. 129, 29*
21 *Epicurus fr. 301*

5 si] sive *Man.³*   7 motu φ
vius (cf. Tusc. 1. 57): -triam ϛ
20-1 incursione *E:* -nem *rell., Non.*

13-14 geometrica *Grono-*
18 ita quae *Ald.:* itaque ω

plane, ut mihi quidem videtur, inermis ac nudus est.
Tollit definitiones; nihil de dividendo ac partiendo
docet; non quomodo efficiatur concludaturque ratio
tradit, non qua via captiosa solvantur, ambigua
5 distinguantur ostendit; iudicia rerum in sensibus
ponit, quibus si semel aliquid falsi pro vero probatum
sit, sublatum esse omne iudicium veri et falsi putat.
* * *

* * * Confirmat autem illud vel maxime quod ipsa   **23**
10 natura, ut ait ille, sciscat et probet, id est voluptatem et
dolorem. Ad haec et quae sequamur et quae fugiamus
refert omnia. Quod quamquam Aristippi est a Cyre-
naicisque melius liberiusque defenditur, tamen eiusmodi esse iudico ut nihil homine videatur indignius; ad
15 maiora enim quaedam nos natura genuit et conforma-
vit, ut mihi quidem videtur. Ac fieri potest ut errem;
sed ita prorsus existimo, neque eum Torquatum qui
hoc primus cognomen invenit aut torquem illum hosti
detraxisse ut aliquam ex eo perciperet corpore volup-
20 tatem aut cum Latinis tertio consulatu conflixisse apud
Veserim propter voluptatem. Quod vero securi percussit filium, privavisse se etiam videtur multis voluptatibus, cum ipsi naturae patrioque amori praetulerit ius
maiestatis atque imperi.

25 'Quid? T. Torquatus, is qui consul cum Cn. Octavio   **24**
fuit, cum illam severitatem in eo filio adhibuit quem in
adoptionem D. Silano emancipaverat ut eum, Mace-
donum legatis accusantibus quod pecunias praetorem
in provincia cepisse arguerent, causam apud se dicere
30 iuberet, reque ex utraque parte audita pronuntiaret

12 *fr. 176 Mannebach*

8 *post* putat *non pauca exciderunt*   10 asciscat *coni. Reid.*
(*conl. 3. 70, Tusc. 2. 30, Luc. 138, al.*)   18 invenerit α (*sed cf.*
Tusc. 4. 49)   21–2 percussit *Mdv.*: -erit ω   22 privasse
Rφ   25 T. *Dav.*: l. ω   27 sillano ω

eum non talem videri fuisse in imperio quales eius
maiores fuissent, et in conspectum suum venire
vetuit, numquid tibi videtur de voluptatibus suis
cogitavisse?

'Sed ut omittam pericula, labores, dolorem etiam 5
quem optimus quisque pro patria et pro suis suscipit,
ut non modo nullam captet sed etiam praetereat omnes
voluptates, dolores denique quosvis suscipere malit
quam deserere ullam offici partem, ad ea quae hoc
non minus declarant sed videntur leviora veniamus. 10
25 Quid tibi, Torquate, quid huic Triario litterae, quid
historiae cognitioque rerum, quid poetarum evolutio,
quid tanta tot versuum memoria voluptatis adfert? Nec
mihi illud dixeris: "Haec enim ipsa mihi sunt voluptati,
et erant illa Torquatis." Numquam hoc ita defendit 15
Epicurus neque Metrodorus aut quisquam eorum qui
aut saperet aliquid aut ista didicisset. Et quod quaeritur
saepe, cur tam multi sint Epicurei, sunt aliae quoque
causae, sed multitudinem haec maxime adlicit quod ita
putant dici ab illo, recta et honesta quae sint, ea facere 20
ipsa per se laetitiam, id est voluptatem. Homines
optimi non intellegunt totam rationem everti, si ita
res se habeat. Nam si concederetur, etiamsi ad corpus
nihil referatur, ista sua sponte et per se esse iucunda,
per se esset et virtus et cognitio rerum, quod minime 25
ille vult, expetenda.
26 'Haec igitur Epicuri non probo,' inquam. 'De cetero
vellem equidem aut ipse doctrinis fuisset instructior
(est enim, quod tibi ita videri necesse est, non satis
politus iis artibus quas qui tenent eruditi appellantur), 30

16 *Cf. Metrodorus fr. 24 Koerte*

6 suscepit *Rφ*   15 Torquatis *ς*: torquati *AOδφ*: -tio *M*: -to
S   16 Metrodorus *ς*: vero tu *AεRφ*: vero troii *P*: tu *S*
18 sint] sunt *β*   epicuri *Rφ*   28 quidem *φ*

aut ne deterruisset alios a studiis. Quamquam te quidem video minime esse deterritum.'

[VIII] Quae cum dixissem, magis ut illum provocarem quam ut ipse loquerer, tum Triarius leniter
5 arridens 'Tu quidem' inquit 'totum Epicurum paene e philosophorum choro sustulisti. Quid ei reliquisti nisi te, quoquo modo loqueretur, intellegere quid diceret? Aliena dixit in physicis nec ea ipsa quae tibi probarentur; si qua in iis corrigere voluit, deteriora fecit.
10 Disserendi artem nullam habuit. Voluptatem cum summum bonum diceret, primum in eo ipso parum vidit, deinde hoc quoque alienum; nam ante Aristippus, et ille melius. Addidisti ad extremum etiam indoctum fuisse.'

15 'Fieri,' inquam 'Triari, nullo pacto potest ut non 27 dicas quid non probes eius a quo dissentias. Quid enim me prohiberet Epicureum esse, si probarem quae ille diceret, cum praesertim illa perdiscere ludus esset? Quam ob rem dissentientium inter se reprehensiones
20 non sunt vituperandae: maledicta, contumeliae, tum iracundae contentiones concertationesque in disputando pertinaces indignae philosophia mihi videri solent.'

Tum Torquatus: 'Prorsus' inquit 'adsentior; neque 28
25 enim disputari sine reprehensione, nec cum iracundia aut pertinacia recte disputari potest. Sed ad haec, nisi molestum est, habeo quae velim.'

'An me,' inquam 'nisi te audire vellem, censes haec dicturum fuisse?'

12–13 *fr. 160E Mannebach*

4 leniter ς: lev- ω   7 quoquo $A^2\phi$: quoque A^1: quoque ut γR: quoque ut id P 13 illo *C. F. W. Mueller*   19 reprehensiones dissentiencium inter se ϕ 21 iracundae ς: -diae ω
28 an ς: at ω

'Utrum igitur percurri omnem Epicuri disciplinam placet, an de una voluptate quaeri, de qua omne certamen est?'

'Tuo vero id quidem' inquam 'arbitratu.'

'Sic faciam igitur,' inquit: 'unam rem explicabo, eamque maximam; de physicis alias, et quidem tibi et declinationem istam atomorum et magnitudinem solis probabo et Democriti errata ab Epicuro reprehensa et correcta permulta. Nunc dicam de voluptate, nihil scilicet novi, ea tamen quae te ipsum probaturum esse confidam.'

'Certe' inquam 'pertinax non ero tibique, si mihi probabis ea quae dices, libenter adsentiar.'

29 'Probabo,' inquit 'modo ista sis aequitate quam ostendis. Sed uti oratione perpetua malo quam interrogare aut interrogari.'

'Ut placet,' inquam.

Tum dicere exorsus est. [IX] 'Primum igitur' inquit 'sic agam ut ipsi auctori huius disciplinae placet: constituam quid et quale sit id de quo quaerimus, non quo ignorare vos arbitrer, sed ut ratione et via procedat oratio. Quaerimus igitur quid sit extremum et ultimum bonorum, quod omnium philosophorum sententia tale debet esse ut ad id omnia referri oporteat, ipsum autem nusquam. Hoc Epicurus in voluptate ponit, quod summum bonum esse vult, summumque **30** malum dolorem, idque instituit docere sic: omne animal, simul atque natum sit, voluptatem appetere eaque gaudere ut summo bono, dolorem aspernari ut summum malum et, quantum possit, a se repellere, idque facere nondum depravatum, ipsa natura incorrupte atque integre iudicante. Itaque negat opus esse

18–p. 31.12 *Epicurus fr. 397 Usener*   32 *fr. 256 Usener*

27 docere sic. omne *O²SP*: docere. sic omne *rell.*

ratione neque disputatione quam ob rem voluptas
expetenda, fugiendus dolor sit: sentiri haec putat, ut
calere ignem, nivem esse albam, dulce mel, quorum
nihil oportere exquisitis rationibus confirmare, tantum
5 satis esse admonere. Interesse enim inter argumentum
conclusionemque rationis et inter mediocrem animad-
versionem atque admonitionem: altera occulta quaedam et quasi involuta aperiri, altera prompta et aperta
indicari. Etenim quoniam detractis de homine sensibus
10 reliqui nihil est, necesse est quid aut ad naturam aut
contra sit a natura ipsa iudicari. Ea quid percipit aut
quid iudicat, quo aut petat aut fugiat aliquid, praeter
voluptatem et dolorem? Sunt autem quidam e nostris **31**
qui haec subtilius velint tradere et negent satis esse
15 quid bonum sit aut quid malum sensu iudicari, sed
animo etiam ac ratione intellegi posse et voluptatem
ipsam per se esse expetendam et dolorem ipsum per se
esse fugiendum. Itaque aiunt hanc quasi naturalem
atque insitam in animis nostris inesse notionem, ut
20 alterum esse appetendum, alterum aspernandum sentiamus. Alii autem, quibus ego adsentior, cum a philosophis compluribus permulta dicantur cur nec voluptas
in bonis sit numeranda nec in malis dolor, non existimant oportere nimium nos causae confidere, sed et
25 argumentandum et accurate disserendum et rationibus
conquisitis de voluptate et dolore disputandum putant.

[X] 'Sed ut perspiciatis unde omnis iste natus error **32**
sit voluptatem accusantium doloremque laudantium,
totam rem aperiam eaque ipsa quae ab illo inventore
30 veritatis et quasi architecto beatae vitae dicta sunt

---

4 oportere ς: -eret ω   tantum *om.* φ   5 argumentum *SP*:
augmentatum *A*ε, *P mg.*: argumentatum *O²R*: argumentumque
φ   9 indicari *S*: iud- *rell.*   10 aut' *om.* φ   ad] secundum ς, *alii alia, sed cf. Att. 4. 18. 2, Sen. Epist. 16. 7*   19 inesse
α· esse φ   27–8 natus error sit *AMSR*: natus sit error *P*φ: error
natus sit *O*

explicabo. Nemo enim ipsam voluptatem quia voluptas
sit aspernatur aut odit aut fugit, sed quia consequuntur
magni dolores eos qui ratione voluptatem sequi nesciunt; neque porro quisquam est qui dolorem ipsum
quia dolor sit amet consectetur adipisci velit, sed quia 5
non numquam eiusmodi tempora incidunt ut labore et
dolore magnam aliquam quaerat voluptatem. Ut enim
ad minima veniam, quis nostrum exercitationem ullam
corporis suscipit laboriosam, nisi ut aliquid ex ea
commodi consequatur? Quis autem vel eum iure repre- 10
henderit qui in ea voluptate velit esse quam nihil
molestiae consequatur, vel illum qui dolorem eum
33 fugiat quo voluptas nulla pariatur? At vero eos et
accusamus et iusto odio dignissimos ducimus qui
blanditiis praesentium voluptatum deleniti atque cor- 15
rupti quos dolores et quas molestias excepturi sint
obcaecati cupiditate non provident, similique sunt
in culpa qui officia deserunt mollitia animi, id est
laborum et dolorum fuga. Et harum quidem rerum
facilis est et expedita distinctio. Nam libero tempore, 20
cum soluta nobis est eligendi optio cumque nihil
impedit quominus id quod maxime placeat facere
possimus, omnis voluptas adsumenda est, omnis
dolor repellendus. Temporibus autem quibusdam et
aut officiis debitis aut rerum necessitatibus saepe 25
eveniet ut et voluptates repudiandae sint et molestiae
non recusandae. Itaque earum rerum hic tenetur a
sapiente delectus, ut aut reiciendis voluptatibus
maiores alias consequatur aut perferendis doloribus
asperiores repellat.   30
34   'Hanc ego cum teneam sententiam, quid est cur
verear ne ad eam non possim accommodare Torquatos

6–7 dolore et labore ϕ 9 suscepit $R\phi$ 24 depellendus
a et om. R 29 maiores ς: -is ω 30 asperiores P^2: -is
(-ibus R) ω

nostros? Quos tu paulo ante cum memoriter, tum
etiam erga nos amice et benivole conlegisti, nec me
tamen laudandis maioribus meis corrupisti nec seg-
niorem ad respondendum reddidisti. Quorum facta
5 quem ad modum, quaeso, interpretaris? Sicine eos
censes aut in armatum hostem impetum fecisse aut in
liberos atque in sanguinem suum tam crudelis fuisse,
nihil ut de utilitatibus, nihil ut de commodis suis
cogitarent? At id ne ferae quidem faciunt, ut ita
10 ruant itaque turbent ut earum motus et impetus quo
pertineant non intellegamus: tu tam egregios viros
censes tantas res gessisse sine causa? Quae fuerit 35
causa mox videro: interea hoc tenebo, si ob aliquam
causam ista, quae sine dubio praeclara sunt, fecerint,
15 virtutem iis per se ipsam causam non fuisse. "Torquem
detraxit hosti." Et quidem se texit, ne interiret. "At
magnum periculum adiit." In oculis quidem exercitus.
"Quid ex eo est consecutus?" Laudem et caritatem,
quae sunt vitae sine metu degendae praesidia firmis-
20 sima. "Filium morte multavit." Si sine causa, nollem
me ab eo ortum, tam importuno tamque crudeli; sin ut
dolore suo sanciret militaris imperi disciplinam exerci-
tumque in gravissimo bello animadversionis metu
contineret, saluti prospexit civium, qua intellegebat
25 contineri suam. Atque haec ratio late patet. In quo 36
enim maxime consuevit iactare vestra se oratio, tua
praesertim, qui studiose antiqua persequeris, claris et
fortibus viris commemorandis eorumque factis non
emolumento aliquo sed ipsius honestatis decore lau-
30 dandis, id totum evertitur eo delectu rerum quem
modo dixi constituto, ut aut voluptates omittantur

3 corrupisti ς: -ripuisti ω   5 siccine β   9 at] ad A^1R:
an *coni. Reid*   15 iis] is A^1: his $A^2β$: si φ   16 at S: ad
rell.   26 nostra $Rφ$ 30 delectu MO^2S: -flectu AO^1P.
-ffectu R: -fluxu φ

maiorum voluptatum adipiscendarum causa aut dolores suscipiantur maiorum dolorum effugiendorum
gratia.

37   [XI] 'Sed de clarorum hominum factis inlustribus et
gloriosi satis hoc loco dictum sit. Erit enim iam de 5
omnium virtutum cursu ad voluptatem proprius disserendi locus. Nunc autem explicabo voluptas ipsa
quae qualisque sit, ut tollatur error omnis imperitorum
intellegaturque ea quae voluptaria delicata mollis
habeatur disciplina quam gravis, quam continens, 10
quam severa sit. Non enim hanc solam sequimur quae
suavitate aliqua naturam ipsam movet et cum iucunditate quadam percipitur sensibus, sed maximam voluptatem illam habemus quae percipitur omni dolore
detracto. Nam quoniam, cum privamur dolore, ipsa 15
liberatione et vacuitate omnis molestiae gaudemus,
omne autem id quo gaudemus voluptas est, ut omne
quo offendimur dolor, doloris omnis privatio recte
nominata est voluptas. Ut enim, cum cibo et potione
fames sitisque depulsa est, ipsa detractio molestiae 20
consecutionem adfert voluptatis, sic in omni re doloris
38 amotio successionem efficit voluptatis. Itaque non
placuit Epicuro medium esse quiddam inter dolorem
et voluptatem; illud enim ipsum quod quibusdam
medium videretur, cum omni dolore careret, non 25
modo voluptatem esse verum etiam summam voluptatem. Quisquis enim sentit quem ad modum sit adfectus, eum necesse est aut in voluptate esse aut in dolore.
Omnis autem privatione doloris putat Epicurus termi-
nari summam voluptatem, ut postea variari voluptas 30
distinguique possit, augeri amplificarique non possit.

29 *Sent. 18*

5 sit] est ⟂   10 disciplina γ: -ata *rell.*   23 quoddam
R φ   25 videretur *Rath.*: videtur ω   carerent *coni. Reid*
29 omnis *Morel*: omni ω

At etiam Athenis, ut e patre audiebam facete et urbane 39
Stoicos inridente, statua est in Ceramico Chrysippi
sedentis porrecta manu, quae manus significet illum
in hac esse rogatiuncula delectatum: "Numquidnam
5 manus tua, sic adfecta quem ad modum adfecta nunc
est, desiderat?" "Nihil sane." "At si voluptas esset
bonum, desideraret." "Ita credo." "Non est igitur
voluptas bonum." Hoc ne statuam quidem dicturam
pater aiebat, si loqui posset. Conclusum est enim
10 contra Cyrenaicos satis acute, nihil ad Epicurum.
Nam si ea sola voluptas esset quae quasi titillaret
sensus, ut ita dicam, et ad eos cum suavitate adflueret
ei inlaberetur, nec manus esse contenta posset nec ulla
pars vacuitate doloris sine iucundo motu voluptatis.
15 Sin autem summa voluptas est, ut Epicuro placet, nihil
dolere, primum tibi recte, Chrysippe, concessum est
nihil desiderare manum, cum ita esset adfecta, secundum non recte, si voluptas esset bonum, fuisse deside-
raturam. Idcirco enim non desideraret quia quod
20 dolore caret id in voluptate est.

[XII] 'Extremum autem esse bonorum voluptatem 40
ex hoc facillime perspici potest. Constituamus aliquem
magnis multis perpetuis fruentem et animo et corpore
voluptatibus, nullo dolore nec impediente nec impen-
25 dente: quem tandem hoc statu praestabiliorem aut
magis expetendum possumus dicere? Inesse enim
necesse est in eo qui ita sit adfectus et firmitatem
animi nec mortem nec dolorem timentis, quod mors
sensu careat, dolor in longinquitate levis, in gravitate
30 brevis soleat esse, ut eius magnitudinem celeritas,
diuturnitatem adlevatio consoletur. Ad ea cum accedit 41

---

1 *SVF III. 158*   10 *fr. 199 Mannebach*   28 *Epicurus, Sent. 2*

2 irridente *R²*: arr- ω   13–14 nec ulla pars] nec ulla par *A*: ut
ulla pars φ: ulla β   26 possumus *Sφ*: -imus *rell.*   29 levis
Sφ: lenis *rell.*

ut neque divinum numen horreat nec praeteritas voluptates effluere patiatur earumque adsidua recordatione
laetetur, quid est quod huc possit quo melius sit
accedere? Statue contra aliquem confectum tantis
animi corporisque doloribus quanti in hominem 5
maximi cadere possunt, nulla spe proposita fore
levius aliquando, nulla praeterea neque praesenti nec
exspectata voluptate: quid eo miserius dici aut fingi
potest? Quod si vita doloribus referta maxime fugienda
est, summum profecto malum est vivere cum dolore; 10
cui sententiae consentaneum est ultimum esse
bonorum cum voluptate vivere. Nec enim habet
nostra mens quicquam ⟨aliud⟩ ubi consistat tamquam
in extremo, omnesque et metus et aegritudines ad
dolorem referuntur, nec praeterea est res ulla quae 15
sua natura aut sollicitare possit aut angere.

42   'Praeterea et appetendi et refugiendi et omnino
rerum gerendarum initia proficiscuntur aut a voluptate
aut a dolore. Quod cum ita sit, perspicuum est omnis
rectas res atque laudabilis eo referri ut cum voluptate 20
vivatur. Quoniam autem id est vel summum bonorum
vel ultimum vel extremum (quod Graeci τέλος nominant), quod ipsum nullam ad aliam rem, ad id autem
res referuntur omnes, fatendum est summum esse
bonum iucunde vivere. 25

[XIII] 'Id qui in una virtute ponunt et splendore
nominis capti quid natura postulet non intellegunt,
errore maximo, si Epicurum audire voluerint, libera-
buntur. Istae enim vestrae eximiae pulchraeque
virtutes nisi voluptatem efficerent, quis eas aut lauda- 30
bilis aut expetendas arbitraretur? Ut enim medicorum

3 quo *C. F. W. Mueller*: quod ω   6 maximi *ed. Ven. 1480*:
-ime ω   7 aliquando *M*: -to *rell.*   13 aliud *suppl. (sed is
ante* quicquam) *Lamb.*   16 angere *ς*: tang- *Aεδφ*: frang- *S*
21-2 vel ultimum vel extremum bonorum *φ*   24 referuntur *ς*:
feruntur *A²β*: ferentur *φ*: ferunt *A¹*

scientiam non ipsius artis sed bonae valetudinis causa
probamus, et gubernatoris ars, quia bene navigandi
rationem habet, utilitate, non arte laudatur, sic sapientia, quae ars vivendi putanda est, non expeteretur si
5 nihil efficeret: nunc expetitur quod est tamquam
artifex conquirendae et comparandae voluptatis.
(Quam autem ego dicam voluptatem iam videtis, ne **43**
invidia verbi labefactetur oratio mea.) Nam cum ignoratione rerum bonarum et malarum maxime hominum
10 vita vexetur, ob eumque errorem et voluptatibus maximis saepe priventur et durissimis animi doloribus
torqueantur, sapientia adhibenda est, quae et terro- .
ribus cupiditatibusque detractis et omnium falsarum
opinionum temeritate derepta certissimam se nobis
15 ducem praebeat ad voluptatem. Sapientia enim est
una quae maestitiam pellat ex animis, quae nos exhor-
rescere metu non sinat; qua praeceptrice in tranquillitate vivi potest omnium cupiditatum ardore restincto.
Cupiditates enim sunt insatiabiles, quae non modo
20 singulos homines sed universas familias evertunt,
totam etiam labefactant saepe rem publicam. Ex cupi- **44**
ditatibus odia discidia discordiae seditiones bella na-
scuntur. Nec eae se foris solum iactant nec tantum in
alios caeco impetu incurrunt, sed intus etiam in animis
25 inclusae inter se dissident atque discordant; ex quo
vitam amarissimam necesse est effici, ut sapiens solum,
amputata circumcisaque inanitate omni et errore, naturae finibus contentus sine aegritudine possit et sine
metu vivere.
30 'Quae est enim aut utilior aut ad bene vivendum **45**
aptior partitio quam illa qua est usus Epicurus? Qui
unum genus posuit earum cupiditatum quae essent

31 *Sent. 29*

11 durissimis ς: pur- ω   12 est adhibenda *a*   23 eae se
A: ea eae *O*: eas se *Rφ*: ea se *M*: ex ea se *S*: hae sese *P*

et naturales et necessariae, alterum quae naturales
essent nec tamen necessariae, tertium quae nec naturales nec necessariae. Quarum ea ratio est ut necessariae
nec opera multa nec impensa expleantur; ne naturales
quidem multa desiderant, propterea quod ipsa natura 5
divitias quibus contenta sit et parabilis et terminatas
habet; inanium autem cupiditatum nec modus ullus
nec finis inveniri potest.

46   [XIV] 'Quod si vitam omnem perturbari videmus
errore et inscientia, sapientiamque esse solam quae nos 10
a libidinum impetu et a formidinum terrore vindicet et
ipsius fortunae modice ferre doceat iniurias et omnis
monstret vias quae ad quietem et ad tranquillitatem
ferant, quid est cur dubitemus dicere et sapientiam
propter voluptates expetendam et insipientiam propter 15
molestias esse fugiendam?

47   'Eademque ratione ne temperantiam quidem propter se expetendam esse dicemus, sed quia pacem
animis adferat et eos quasi concordia quadam placet
ac leniat. Temperantia est enim quae in rebus aut 20
expetendis aut fugiendis ut rationem sequamur
monet. Nec enim satis est iudicare quid faciendum
non faciendumve sit, sed stare etiam oportet in eo
quod sit iudicatum. Plerique autem, quod tenere
atque servare id quod ipsi statuerunt non possunt, 25
victi et debilitati obiecta specie voluptatis tradunt se
libidinibus constringendos nec quid eventurum sit
provident, ob eamque causam propter voluptatem et
parvam et non necessariam et quae vel aliter pararetur
et qua etiam carere possent sine dolore tum in morbos 30
gravis, tum in damna, tum in dedecora incurrunt, saepe
48 etiam legum iudiciorumque poenis obligantur. Qui
autem ita frui volunt voluptatibus ut nulli propter eas

---

1 et¹ *om. S*φ (*cf. 2. 26, Tusc. 5. 93, D.L. 10. 149*)   2 nec¹ α:
non φ   13 ad² *A*ε*R: om. rell.*

consequantur dolores, et qui suum iudicium retinent
ne voluptate victi faciant id quod sentiant non esse
faciendum, ii voluptatem maximam adipiscuntur praetermittenda voluptate. Idem etiam dolorem saepe
5 perpetiuntur ne, si id non faciant, incidant in maiorem.
Ex quo intellegitur nec intemperantiam propter se esse
fugiendam, temperantiamque expetendam non quia
voluptates fugiat sed quia maiores consequatur.

[XV] 'Eadem fortitudinis ratio reperietur. Nam **49**
10 neque laborum perfunctio neque perpessio dolorum
per se ipsa adlicit, nec patientia nec adsiduitas nec
vigiliae nec ea ipsa quae laudatur industria, ne fortitudo
quidem, sed ista sequimur ut sine cura metuque
vivamus animumque et corpus, quantum efficere pos-
15 simus, molestia liberemus. Ut enim mortis metu omnis
quietae vitae status perturbatur, et ut succumbere
doloribus eosque humili animo imbecilloque ferre
miserum est, ob eamque debilitatem animi multi parentes, multi amicos, nonnulli patriam, plerique autem
20 se ipsos penitus perdiderunt, sic robustus animus et
excelsus omni est liber cura et angore, cum et mortem
contemnit, qua qui adfecti sunt in eadem causa sunt
qua antequam nati, et ad dolores ita paratus est ut
meminerit maximos morte finiri, parvos multa habere
25 intervalla requietis, mediocrium nos esse dominos, ut si
tolerabiles sint feramus, si minus, animo aequo e vita,
cum ea non placeat, tamquam e theatro exeamus.
Quibus rebus intellegitur nec timiditatem ignaviamque
vituperari nec fortitudinem patientiamque laudari suo
30 nomine, sed illas reici quia dolorem pariant, has optari
quia voluptatem.

[XVI] 'Iustitia restat, ut de omni virtute sit dictum; **50**
sed similia fere dici possunt. Ut enim sapientiam

---

3 ii A^1O: hii MSR: hi A^2P: in ϕ 11 assiduitas $R\phi$: -tates
rell.   12 ea om. ϕ 22 qui $A^2\gamma P$: quia $A^1R\phi$

temperantiam fortitudinem copulatas esse docui cum
voluptate ut ab ea nullo modo nec divelli nec distrahi
possint, sic de iustitia iudicandum est, quae non modo
numquam nocet cuiquam, sed contra semper ⟨adfert⟩
aliquid cum vi sua atque natura quod tranquillet 5
animos, tum spe nihil earum rerum defuturum quas
natura non depravata desideret. ⟨Et⟩ quem ad modum
temeritas et libido et ignavia semper animum excruciant
et semper sollicitant turbulentaeque sunt, sic ⟨impro-
bitas si⟩ cuius in mente consedit, hoc ipso quod adest 10
turbulenta est; si vero molita quippiam est, quamvis
occulte fecerit, numquam tamen id confidet fore
semper occultum. Plerumque improborum facta
primo suspicio insequitur, dein sermo atque fama,
tum accusator, tum iudex; multi etiam, ut te consule, 15
51 ipsi se indicaverunt. Quod si qui satis sibi contra
hominum conscientiam saepti esse et muniti videntur,
deorum tamen horrent easque ipsas sollicitudines
quibus eorum animi noctesque diesque exeduntur a
diis immortalibus supplici causa importari putant. 20
Quae autem tanta ex improbis factis ad minuendas
vitae molestias accessio potest fieri quanta ad augendas,
cum conscientia factorum, tum poena legum odioque
civium? Et tamen in quibusdam neque pecuniae modus
est neque honoris neque imperi nec libidinum nec 25
epularum nec reliquarum cupiditatum, quas nulla
praeda umquam improbe parta minuit ⟨et⟩ potius

19 noctesque diesque] *sunt qui Ciceronem putant locum Ennianum
(Ann. 10. 334 Vahlen², 336 Skutsch) in animo habuisse*

4 adfert *suppl. T. Bentley (cf. 1. 53, 72, al.)*: impertit *C. F. W.
Mueller (cf. 5. 6, al.)*   5 vi sua *γP*: in sua *Rφ*: sua vi *A*
7 non *om. β*   et *add. Lamb.*   9–10 improbitas si *suppl. Mdv.
(cf. 1. 53)*   11 *post* turbulenta *add.* non potest fieri
β   11 est; si *Gruter*: et si *ω*   16 indicaverunt *A²OSP²*:
-averat *A¹*: iudicaverunt *rell.*   27 et *suppl. C. F. W. Mueller,
sed Baiter*: potius⟨que⟩ *Mdv*.

inflammat, ut coercendi magis quam dedocendi esse
videantur. Invitat igitur vera ratio bene sanos ad 52
iustitiam aequitatem fidem, neque homini infanti aut
impotenti iniuste facta conducunt, qui nec facile effi-
5 cere possit quod conetur nec obtinere si effecerit, et
opes vel fortunae vel ingeni liberalitati magis conveniunt, qua qui utuntur benivolentiam sibi conciliant et,
quod aptissimum est ad quiete vivendum, caritatem,
praesertim cum omnino nulla sit causa peccandi. Quae 53
10 enim cupiditates a natura proficiscuntur facile explen-
tur sine ulla iniuria, quae autem inanes sunt, iis parendum non est; nihil enim desiderabile concupiscunt,
plusque in ipsa iniuria detrimenti est quam in iis
rebus emolumenti quae pariuntur iniuria. Itaque ne
15 iustitiam quidem recte quis dixerit per se ipsam opt-
abilem, sed quia iucunditatis vel plurimum adferat.
Nam diligi et carum esse iucundum est propterea
quia tutiorem vitam et voluptatum pleniorem efficit.
Itaque non ob ea solum incommoda quae eveniunt
20 improbis fugiendam improbitatem putamus, sed
multo etiam magis quod, cuius in animo versatur,
numquam sinit eum respirare, numquam adquiescere.

'Quod si ne ipsarum quidem virtutum laus, in qua 54
maxime ceterorum philosophorum exsultat oratio,
25 reperire exitum potest nisi derigatur ad voluptatem,
voluptas autem est sola quae nos vocet ad se et adliciat
suapte natura, non potest esse dubium quin id sit
summum atque extremum bonorum omnium, beateque vivere nihil aliud sit nisi cum voluptate vivere.

30 [XVII] 'Huic certae stabilique sententiae quae sint 55
coniuncta explicabo brevi. Nullus in ipsis error est

6 ingenii *ed. Colon.*: -ia *ω*   7 utuntur *Pφ*: -antur *rell.*
18 voluptatum pleniorem efficit *C. F. W. Mueller*: voluptatem
pleniorem efficit *AγR*: pleniorem voluptatem efficit *φ*: voluptatem
efficit pleniorem *P*   19 eveniunt *γφ*: et veniunt *Aδ*
25 dirigatur *ω*

finibus bonorum et malorum, id est in voluptate aut in
dolore, sed in his rebus peccant cum e quibus haec
efficiantur ignorant. Animi autem voluptates et dolores
nasci fatemur e corporis voluptatibus et doloribus
(itaque concedo quod modo dicebas, cadere causa si 5
qui e nostris aliter existimant, quos quidem video esse
multos, sed imperitos); quamquam autem et laetitiam
nobis voluptas animi et molestiam dolor adferat, eorum
tamen utrumque et ortum esse e corpore et ad corpus
referri, nec ob eam causam non multo maiores esse et 10
voluptates et dolores animi quam corporis. Nam corpore nihil nisi praesens et quod adest sentire possumus,
animo autem et praeterita et futura. Ut enim aeque
doleamus [animo] cum corpore dolemus, fieri tamen
permagna accessio potest, si aliquod aeternum et 15
infinitum impendere malum nobis opinemur. Quod
idem licet transferre in voluptatem, ut ea maior sit si
56 nihil tale metuamus. Iam illud quidem perspicuum est,
maximam animi aut voluptatem aut molestiam plus aut
ad beatam aut ad miseram vitam adferre momenti 20
quam eorum utrumvis si aeque diu sit in corpore.
Non placet autem detracta voluptate aegritudinem
statim consequi, nisi in voluptatis locum dolor forte
successerit, at contra gaudere nosmet omittendis doloribus, etiamsi voluptas ea quae sensum moveat nulla 25
successerit, eoque intellegi potest quanta voluptas sit
57 non dolere. Sed ut iis bonis erigimur quae exspecta-
mus, sic laetamur iis quae recordamur. Stulti autem
malorum   memoria   torquentur,   sapientes   bona
praeterita grata recordatione renovata delectant. Est 30
autem situm in nobis ut et adversa quasi perpetua
oblivione obruamus et secunda iucunde ac suaviter

---

5 cadere causa *Vict.*: cedere causae ω   8 afferat *A²*: -feret
A¹MRφ: -ferret *SP*: -fert *O*   14 animo *secl. Mdv.*
15 aliquid *Pφ*

meminerimus. Sed cum ea quae praeterierunt acri
animo et attento intuemur, tum fit ut aegritudo sequatur si illa mala sint, laetitia, si bona.

[XVIII] 'O praeclaram beate vivendi et apertam et
5 simplicem et derectam viam! Cum enim certe nihil
homini possit melius esse quam vacare omni dolore et
molestia perfruique maximis et animi et corporis voluptatibus, videtisne quam nihil praetermittatur quod
vitam adiuvet, quo facilius id quod propositum est
10 summum bonum consequamur? Clamat Epicurus, is
quem vos nimis voluptatibus esse deditum dicitis, non
posse iucunde vivi nisi sapienter honeste iusteque
vivatur, nec sapienter honeste iuste nisi iucunde.
Neque enim civitas in seditione beata esse potest nec 58
15 in discordia dominorum domus; quo minus animus a se
ipse dissidens secumque discordans gustare partem
ullam liquidae voluptatis et liberae potest. Atqui pug-
nantibus et contrariis studiis consiliisque semper utens
nihil quieti videre, nihil tranquilli potest.

20   'Quod si corporis gravioribus morbis vitae iucundi- 59
tas impeditur, quanto magis animi morbis impediri
necesse est! Animi autem morbi sunt cupiditates
immensae et inanes divitiarum gloriae dominationis,
libidinosarum etiam voluptatum. Accedunt aegri-
25 tudines molestiae maerores, qui exedunt animos con-
ficiuntque curis hominum non intellegentium nihil
dolendum esse animo quod sit a dolore corporis
praesenti futurove seiunctum. Nec vero quisquam
stultus non horum morborum aliquo laborat, nemo

10 *Sent.* 5

2 attento α (*cf. Or. 197, De orat. 3. 17, Sest. 31, al.*): int- φ
5 derectam *S*: di- *rell.*   16 ipso φ   17 atque *Orelli*
23 inanes *ς*: inmanes (*vel* imm-) ω   dominationis *MSP²*: -es
rell.   25 excedunt *R*φ

60 igitur est non miser. Accedit etiam mors, quae quasi
saxum Tantalo semper impendet, tum superstitio, qua
qui est imbutus quietus esse numquam potest. Praeterea bona praeterita non meminerunt, praesentibus
non fruuntur; futura modo exspectant, quae quia 5
certa esse non possunt, conficiuntur et angore et
metu; maximeque cruciantur cum sero sentiunt frustra
se aut pecuniae studuisse aut imperiis aut opibus aut
gloriae. Nullas enim consequuntur voluptates quarum
potiendi spe inflammati multos labores magnosque 10
61 susceperant. Ecce autem alii minuti et angusti, aut
omnia semper desperantes, aut malivoli, invidi, diffi-
ciles, lucifugi, maledici, morosi, alii autem etiam
amatoriis levitatibus dediti, alii petulantes, alii audaces,
protervi, idem intemperantes et ignavi, numquam in 15
sententia permanentes, quas ob causas in eorum vita
nulla est intercapedo molestiae. Igitur neque stultorum
quisquam beatus neque sapientium non beatus. Multoque hoc melius nos veriusque quam Stoici. Illi enim
negant esse bonum quicquam nisi nescio quam illam 20
umbram quod appellant honestum, non tam solido
quam splendido nomine; virtutem autem nixam hoc
honesto nullam requirere voluptatem atque ad beate
vivendum se ipsa esse contentam.

62 [XIX] 'Sed possunt haec quadam ratione dici non 25
modo non repugnantibus verum etiam approbantibus
nobis. Sic enim ab Epicuro sapiens semper beatus
inducitur: finitas habet cupiditates, neglegit mortem,
de diis immortalibus sine ullo metu vera sentit, non

1–3 *Non. 324,30 (s.v.* INBVERE*)* accedit ... potest   11–13 *Non.*
345,24 (s.v. MINVTVM*)* ecce ... *monstruosi*   18 *SVF III. 51*

1 est] eorum *Ursinus*: stultus *Baiter²*   11 aut *α*: ut *φ*: et
Non.   13 morosi *Lamb.* (*cf. Or. 104, Sen. 65*): monstruosi *R¹*,
Non.: -strosi *rell.*   18 sapientium *ORE*: -tum *rell.*
28 nec legit *A¹Rφ*

dubitat, si ita melius sit, migrare de vita. His rebus
instructus semper est in voluptate. Neque enim tempus
est ullum quo non plus voluptatum habeat quam
dolorum. Nam et praeterita grate meminit et praesen-
5 tibus ita potitur ut animadvertat quanta sint ea quamque iucunda, neque pendet ex futuris, sed exspectat
illa, fruitur praesentibus; ab iisque vitiis quae paulo
ante collegi abest plurimum, et cum stultorum vitam
cum sua comparat, magna adficitur voluptate. Dolores
10 autem si qui incurrunt, numquam vim tantam habent
ut non plus habeat sapiens quod gaudeat quam quod
angatur. Optime vero Epicurus, quod exiguam dixit 63
fortunam intervenire sapienti, maximasque ab eo et
gravissimas res consilio ipsius et ratione administrari;
15 neque maiorem voluptatem ex infinito tempore aetatis
percipi posse quam ex hoc percipiatur quod videamus
esse finitum.

'In dialectica autem vestra nullam existimavit esse
nec ad melius vivendum nec ad commodius disse-
20 rendum viam. In physicis plurimum posuit. Ea scientia
et verborum vis et natura orationis et consequentium
repugnantiumve ratio potest perspici. Omnium autem
rerum natura cognita levamur superstitione, liberamur
mortis metu, non conturbamur ignoratione rerum, e
25 qua ipsa horribiles exsistunt saepe formidines; denique
etiam morati melius erimus cum didicerimus quid
natura desideret. Tum vero, si stabilem scientiam
rerum tenebimus, servata illa quae quasi delapsa de
caelo est ad cognitionem omnium regula, ad quam
30 omnia iudicia rerum derigentur, numquam ullius

12 *Sent. 16, 19*   18 *fr. 243* Usener

5 sint ea *MP*: sint in ea *A²SRE*: sit in ea *A¹B*: sit ea *O*
13 ab eo *om. R*   19 neque . . . neque φ   30 dirigentur α:
-untur φ

64 oratione victi sententia desistemus. Nisi autem rerum
natura perspecta erit, nullo modo poterimus sensuum
iudicia defendere. Quidquid porro animo cernimus, id
omne oritur a sensibus; qui si omnes veri erunt, ut
Epicuri ratio docet, tum denique poterit aliquid cog- 5
nosci et percipi. Quos qui tollunt et nihil posse percipi
dicunt, ii remotis sensibus ne id ipsum quidem expedire possunt quod disserunt. Praeterea sublata cognitione et scientia tollitur omnis ratio et vitae degendae et
rerum gerendarum. Sic e physicis et fortitudo sumitur 10
contra mortis timorem et constantia contra metum
religionis et sedatio animi, omnium rerum occultarum
ignoratione sublata, et moderatio, natura cupiditatum
generibusque earum explicatis, et, ut modo docui,
cognitionis regula et iudicio ab eodem illo constituto 15
veri a falso distinctio traditur.

65   [XX] 'Restat locus huic disputationi vel maxime
necessarius, de amicitia, quam, si voluptas summum
sit bonum, adfirmatis nullam omnino fore. De qua
Epicurus quidem ita dicit, omnium rerum quas ad 20
beate vivendum sapientia comparaverit nihil esse
maius amicitia, nihil uberius, nihil iucundius. Nec
vero hoc oratione solum, sed multo magis vita et
factis et moribus comprobavit. Quod quam magnum
sit fictae veterum fabulae declarant, in quibus tam 25
multis tamque variis ab ultima antiquitate repetitis
tria vix amicorum paria reperiuntur, ut ad Orestem
pervenias profectus a Theseo. At vero Epicurus una in

17 *Epicurus fr. 539 Usener*

6 percipi *A²*: recipi *A'εδφ*: respici *S*   percipi posse *φ*
15 eodem illo *Mdv.* (*cf. Luc. 142*): eadem illa *ω*   23 hoc *A²γP*:
hos *A'Rφ*

domo, et ea quidem angusta, quam magnos quantaque
amoris conspiratione consentientis tenuit amicorum
greges! quod fit etiam nunc ab Epicureis. Sed ad rem
redeamus; de hominibus dici non necesse est.

5   Tribus igitur modis video esse a nostris de amicitia   **66**
disputatum. Alii, cum eas voluptates quae ad amicos
pertinerent negarent esse per se ipsas tam expetendas
quam nostras expeteremus, quo loco videtur quibusdam stabilitas amicitiae vacillare, tuentur tamen eum
10 locum seque facile, ut mihi videtur, expediunt. Ut
enim virtutes, de quibus ante dictum est, sic amicitiam
negant posse a voluptate discedere. Nam cum solitudo
et vita sine amicis insidiarum et metus plena sit, ratio
ipsa monet amicitias comparare, quibus partis confir-
15 matur animus et a spe pariendarum voluptatum seiungi
non potest. Atque ut odia invidiae despicationes adver-   **67**
santur voluptatibus, sic amicitiae non modo fautrices
fidelissimae sed etiam effectrices sunt voluptatum tam
amicis quam sibi, quibus non solum praesentibus
20 fruuntur, sed etiam spe eriguntur consequentis ac
posteri temporis. Quod quia nullo modo sine amicitia
firmam et perpetuam iucunditatem vitae tenere possumus neque vero ipsam amicitiam tueri nisi aeque
amicos et nosmet ipsos diligamus, idcirco et hoc
25 ipsum efficitur in amicitia, et amicitia cum voluptate
conectitur. Nam et laetamur amicorum laetitia aeque
atque nostra et pariter dolemus angoribus. Quocirca   **68**
eodem modo sapiens erit adfectus erga amicum quo in

---

5 igitur *a*: ergo ϕ a nostris esse ϕ 11 antea ϕ
14–15 confirmatur *S*δ: -etur *A*ϕ: -atus ϵ 15 et a spe *SRP*^{2}: et
ab spe *P*^{1}: a spe ϵ: ad spem et *A*ϕ 16 invidiae *A*^{2}*R*^{1}: -ia
A$^1\gamma$*R*^{2}*PE*: -iam *B*   23 nisi *S*ϕ: ipsi *rell.*   27 atque] ut
β

se ipsum, quosque labores propter suam voluptatem
susciperet, eosdem suscipiet propter amici voluptatem.
Quaeque de virtutibus dicta sunt, quem ad modum eae
semper voluptatibus inhaererent, eadem de amicitia
dicenda sunt. Praeclare enim Epicurus his paene 5
verbis: "Eadem" inquit "sententia confirmavit
animum ne quod aut sempiternum aut diuturnum
timeret malum quae perspexit in hoc ipso vitae spatio
amicitiae praesidium esse firmissimum."

69   'Sunt autem quidam Epicurei timidiores paulo 10
contra vestra convicia, sed tamen satis acuti, qui
verentur ne, si amicitiam propter nostram voluptatem
expetendam putemus, tota amicitia quasi claudicare
videatur. Itaque primos congressus copulationesque
et consuetudinum instituendarum voluntates fieri 15
propter voluptatem; cum autem usus progrediens
familiaritatem effecerit, tum amorem efflorescere
tantum ut, etiamsi nulla sit utilitas ex amicitia, tamen
ipsi amici propter se ipsos amentur. Etenim si loca, si
fana, si urbes, si gymnasia, si campum, si canes, si 20
equos, si ludicra exercendi aut venandi consuetudine
adamare solemus, quanto id in hominum consuetudine
facilius fieri poterit et iustius?

70   'Sunt autem qui dicant foedus esse quoddam
sapientium, ut ne minus amicos quam se ipsos diligant. 25
Quod et posse fieri intellegimus et saepe etiam videmus, et perspicuum est nihil ad iucunde vivendum
reperiri posse quod coniunctione tali sit aptius.

---

5 *Sent. 28*

2 susceperit β   3 eae *A*ε: hee *R*: e *S*: hae *P*: haec φ
6 sententia φ: scientia a   15 voluntates *A*ε: voluptates *R*:
voluptatum *P*: amicitiarum *S*: om. φ   21 consuetudine γφ: -es
AP: -ens *R*   23 poterit *ed. Colon.*: -uerit ω   25 amicos
quam *Man.*: quam amicos φ: quidem amicos quam *AγR*: amicos
quidem quam *P*   26 fieri posse φ   etiam ς: enim ω: esse
factum *Klotz (cf. 2. 83)*

34

'Quibus ex omnibus iudicari potest non modo non impediri rationem amicitiae si summum bonum in voluptate ponatur, sed sine hoc institutionem omnino amicitiae non posse reperiri.

5 [XXI] 'Quapropter si ea quae dixi sole ipso inlus- 71 triora et clariora sunt, si omnia [dixi] hausta e fonte naturae, si tota oratio nostra omnem sibi fidem sensibus confirmat, id est incorruptis atque integris testibus, si infantes pueri, mutae etiam bestiae paene
10 loquuntur magistra ac duce natura nihil esse prosperum nisi voluptatem, nihil asperum nisi dolorem, de quibus neque depravate iudicant neque corrupte, nonne ei maximam gratiam habere debemus qui hac exaudita quasi voce naturae sic eam firme graviterque
15 comprenderit ut omnes bene sanos in viam placatae tranquillae quietae beatae vitae deduceret? Qui quod tibi parum videtur eruditus, ea causa est quod nullam eruditionem esse duxit nisi quae beatae vitae disciplinam iuvaret. An ille tempus aut in poetis evolvendis, ut 72
20 ego et Triarius te hortatore facimus, consumeret, in quibus nulla solida utilitas omnisque puerilis est delectatio, aut se, ut Plato, in musicis geometria numeris astris contereret, quae et a falsis initiis profecta vera esse non possunt et, si essent vera, nihil adferrent quo
25 iucundius, id est quo melius viveremus,—eas ergo artis persequeretur, vivendi artem tantam tamque et operosam et perinde fructuosam relinqueret? Non ergo Epicurus ineruditus, sed ii indocti qui quae pueros non didicisse turpe est ea putant usque ad senectutem esse
30 discenda.'

Quae cum dixisset, 'Explicavi' inquit 'sententiam

17 *Epicurus fr. 227 Usener*

6 dixi *secl. T. Bentley*   8 atque α: et φ   15 comprehenderit ω   26 et AεR: *om. rell.*

meam, et eo quidem consilio, tuum iudicium ut cognoscerem, quae mihi facultas, ut id meo arbitratu facerem, ante hoc tempus numquam est data.'

2 mihi ε: mea *ASP*φ: in ea *R*   MARCI TULLII CICERONIS DE FINIBUS MALORUM ET BONORUM AD BRUTUM PRIMUS LIBER EXPLICIT *A*: MARCI TULII CICERONIS DE FINE BONORUM ET MALORUM LIBER PRIMUS EXPLICIT *M*: LIBER PRIMUS EXPLICIT *S*²*mg*.: EXPLICIT LIBER PRIMUS *R*: EXPLICIT LIBER PRIMUS DE FINIBUS BONORUM ET MALORUM *B*: EXPLICIT LIBER PRIMUS DE FINIBUS MALORUM ET BONORUM *E*: *in OS¹P nulla subscriptio*

LIBER SECUNDUS

[I] Hɪc cum uterque me intueretur seseque ad 1
audiendum significarent paratos, 'Primum' inquam
'deprecor ne me tamquam philosophum putetis
scholam vobis aliquam explicaturum, quod ne in
5 ipsis quidem philosophis magnopere umquam probavi.
Quando enim Socrates, qui parens philosophiae iure
dici potest, quicquam tale fecit? Eorum erat iste mos
qui tum sophistae nominabantur, quorum e numero
primus est ausus Leontinus Gorgias in conventu
10 poscere quaestionem, id est iubere dicere qua de re
quis vellet audire. Audax negotium, dicerem impu-
dens, nisi hoc institutum postea translatum ad philosophos nostros esset. Sed et illum quem nominavi et 2
ceteros sophistas, ut e Platone intellegi potest, lusos
15 videmus a Socrate. Is enim percontando atque inter-
rogando elicere solebat eorum opiniones quibuscum
disserebat, ut ad ea quae ii respondissent si quid
videretur diceret. Qui mos cum a posterioribus non
esset retentus, Arcesilas eum revocavit instituitque ut ii
20 qui se audire vellent non de se quaererent, sed ipsi
dicerent quid sentirent; quod cum dixissent, ille contra.
Sed eum qui audiebant, quoad poterant, defendebant
sententiam suam. Apud ceteros autem philosophos qui

19 *Arcesilas fr. 11 Mette*

INCIPIT LIBER SECUNDUS *A*: INCIPIT SECUNDUS *M*, *S²mg.*, *R*: INCIPIT
LIBER SECUNDUS, IN QUO RECTE REFELLITUR EPICURI SENTENTIA A
TULLIO *P*: MARCI TULII CICERONIS DE FINIBUS BONORUM ET MALORUM
LIBER SECUNDUS INCIPIT *B*: SECUNDUS EIUSDEM DE FINIBUS BONORUM
LIBER INCIPIT *E*: *in OS¹ nulla inscriptio*   12–13 nostros philo-
sophos φ   15 percontando *A²*: percunct- ω   22 eum
om. β

quaesivit aliquid tacet; quod quidem iam fit etiam in
Academia. Ubi enim is qui audire vult ita dixit,
"Voluptas mihi videtur esse summum bonum", perpetua oratione contra disputatur, ut facile intellegi possit
eos qui aliquid sibi videri dicant non ipsos in ea   5
3 sententia esse sed audire velle contraria. Nos commodius agimus; non enim solum Torquatus dixit quid
sentiret, sed etiam cur. Ego autem arbitror, quamquam
admodum delectatus sum eius oratione perpetua,
tamen commodius, cum in rebus singulis insistas et   10
intellegas quid quisque concedat, quid abnuat, ex rebus
concessis concludi quod velis et ad exitum perveniri.
Cum enim fertur quasi torrens oratio, quamvis multa
cuiusque modi rapiat, nihil tamen teneas, nihil
apprehendas, nusquam orationem rapidam coerceas.   15
   'Omnis autem in quaerendo quae via quadam et
ratione habetur oratio praescribere primum debet, ut
quibusdam in formulis EA RES AGETUR, ut inter quos
disseritur conveniat quid sit id de quo disseratur. [II]
4 Hoc positum in Phaedro a Platone probavit Epicurus   20
sensitque in omni disputatione id fieri oportere. Sed
quod proximum fuit non vidit. Negat enim definiri rem
placere, sine quo fieri interdum non potest ut inter eos
qui ambigunt conveniat quid sit id de quo agatur, velut
in hoc ipso de quo nunc disputamus. Quaerimus enim   25
finem bonorum: possumusne hoc scire quale sit, nisi
contulerimus inter nos, cum finem bonorum dixer-
5 imus, quid finis, quid etiam sit ipsum bonum? Atqui
haec patefactio quasi rerum opertarum, cum quid
quidque sit aperitur, definito est; qua tu etiam im-   30

16 *Epicurus fr. 264 Usener*   20 *Phdr. 237b*

1 etiam *om. Rφ*   5 sibi aliquid *φ*   15 reprehendas
φ   18 agetur *ARφ*: ageretur *ε*: agitur *P*: agatur *S* (*cf. Gaius,
Inst. 4. 130–7*)   26 hoc *α*: hac *φ*: hic *Schiche*   quale sit *P*:
qualis sit *γRφ*: qualisunt *A*¹: quales *A*²

prudens utebare non numquam. Nam hunc ipsum sive
finem sive extremum sive ultimum definiebas id esse
quo omnia quae recte fierent referrentur neque id
ipsum usquam referretur. Praeclare hoc quidem.
5 Bonum ipsum etiam quid esset fortasse, si opus fuisset,
definisses aut quod esset natura adpetendum, aut
quod prodesset, aut quod iuvaret, aut quod liberet
modo. Nunc idem, nisi molestum est, quoniam tibi
non omnino displicet definire et id facis cum vis,
10 velim definias quid sit voluptas, de quo omnis haec
quaestio est.'
     'Quis, quaeso,' inquit 'est qui quid sit voluptas 6
nesciat, aut qui quo magis id intellegat definitionem
aliquam desideret?'
15 'Me ipsum esse dicerem,' inquam 'nisi mihi viderer
habere bene cognitam voluptatem et satis firme con-
ceptam animo atque comprensam. Nunc autem dico
ipsum Epicurum nescire et in eo nutare, eumque qui
crebro dicat diligenter oportere exprimi quae vis sub-
20 iecta sit vocibus non intellegere interdum quid sonet
haec vox voluptatis, id est quae res huic voci subicia-
tur.'
     [III] Tum ille ridens: 'Hoc vero' inquit 'optimum,
ut is qui finem rerum expetendarum voluptatem esse
25 dicat, id extremum, id ultimum bonorum, id ipsum
quid et quale sit nesciat!'
     'Atqui' inquam 'aut Epicurus quid sit voluptas aut
omnes mortales qui ubique sunt nesciunt.'
     'Quonam' inquit 'modo?'

18 *fr. 257 Usener*

7–8 *post* modo *dist.* Man.[4]: *post* liberet a: *in* φ *nulla distinctio*
8 nunc *om.* β   9 diffinire εP: finire *rell.*   12 quaeso
Goerenz: quasi A[1]Pφ: quam A[2]: qua fit R: *om.* γ   17 conpren-
sam AS: -prehensam *rell.*   26 quid et *Bremius*: quidem ΛMSφ:
quid est O: quid sit δ   29 quonam SP: quoniam *rell.*

'Quia voluptatem hanc esse sentiunt omnes quam sensus accipiens movetur et iucunditate quadam perfunditur.'

7   'Quid ergo? istam voluptatem' inquit 'Epicurus ignorat?'

'Non semper,' inquam; 'nam interdum nimis etiam novit, quippe qui testificetur ne intellegere quidem se posse ubi sit aut quod sit ullum bonum praeter illud quod cibo et potione et aurium delectatione et obscena voluptate capiatur. An haec ab eo non dicuntur?'

'Quasi vero me pudeat' inquit 'istorum, aut non possim quem ad modum ea dicantur ostendere!'

'Ego vero non dubito' inquam 'quin facile possis, nec est quod te pudeat sapienti adsentiri, qui se unus, quod sciam, sapientem profiteri sit ausus. Nam Metrodorum non puto ipsum professum, sed, cum appellaretur ab Epicuro, repudiare tantum beneficium noluisse; septem autem illi non suo sed populorum
8   suffragio omnium nominati sunt. Verum hoc loco sumo verbis his eandem certe vim voluptatis Epicurum nosse quam ceteros. Omnes enim iucundum motum quo sensus hilaretur Graece ἡδονήν, Latine voluptatem vocant.'

'Quid est igitur' inquit 'quod requiras?'

'Dicam,' inquam 'et quidem discendi causa magis quam quo te aut Epicurum reprensum velim.'

'Ego quoque' inquit 'didicerim libentius, si quid attuleris, quam te reprehenderim.'

'Tenesne igitur' inquam 'Hieronymus Rhodius quid

4 *fr. 67 Usener*   15–16 *test. 32 Koerte*   19–20 *Non.*
396,11 (s.v. SUMERE*) verum . . . voluptatis*   19–23 *Non. 121,24*
(s.v. HILARETUR*) verum . . . vocant*   29 *fr. 8a Wehrli*

20 de verbis *Non.*   22 hilaretur *ς, Non.*: hiaretur *AεRφ*:
hiarentur *P¹*: hiarent *SP²*   26 reprensum *SR*, repensum *A¹*:
reprehensum *rell.*   29 quid *S²R²φ*: quod *AγP*: inquid *R¹*

dicat esse summum bonum, quo putet omnia referri
oportere?'

'Teneo' inquit 'finem illi videri nihil dolere.'

'Quid? idem iste' inquam 'de voluptate quid sentit?'

5 'Negat esse eam' inquit 'propter se expetendam.'   9

'Aliud igitur esse censet gaudere, aliud non dolere.'

'Et quidem' inquit 'vehementer errat; nam, ut paulo
ante docui, augendae voluptatis finis et doloris omnis
amotio.'

10 'Non dolere' inquam 'istud quam vim habeat postea
videro; aliam vero vim voluptatis esse, aliam nihil
dolendi, nisi valde pertinax fueris, concedas necesse
est.'

'Atqui reperies' inquit 'in hoc quidem pertinacem;
15 dici enim nihil potest verius.'

'Estne, quaeso,' inquam 'sitienti in bibendo voluptas?'

'Quis istud possit' inquit 'negare?'

'Eademne quae restincta siti?'

20 'Immo alio genere; restincta enim sitis stabilitatem
voluptatis habet,' inquit 'illa autem voluptas ipsius
restinctionis in motu est.'

'Cur igitur' inquam 'res tam dissimilis eodem
nomine appellas?'

25 'Quid paulo ante' inquit 'dixerim nonne meministi, 10
cum omnis dolor detractus esset, variari, non augeri
voluptatem?'

'Memini vero,' inquam; 'sed tu istuc dixti bene
Latine, parum plane. Varietas enim Latinum verbum
30 est, idque proprie quidem in disparibus coloribus
dicitur, sed transfertur in multa disparia: varium

---

10 non] cum non β   18 ista φ   possit inquit Aε: possit
inquam S: posset inquit R: inquit posset P: possit φ   20 enim
om. β   21 inquit om. φ   28 istud β   dixisti β, sed cf.
Caec. 82, Quint. Inst. 9. 3. 22

poema, varia oratio, varii mores, varia fortuna, voluptas
etiam varia dici solet, cum percipitur e multis dissimilibus rebus dissimilis efficientibus voluptates. Eam si
varietatem diceres, intellegerem, ut etiam non dicente
te intellego: ista varietas quae sit non satis perspicio, 5
quod ais cum dolore careamus tum in summa voluptate
nos esse, cum autem vescamur iis rebus quae dulcem
motum adferant sensibus, tum esse in motu voluptatem, quae faciat varietatem voluptatum, sed non augeri
illam non dolendi voluptatem, quam cur voluptatem 10
appelles nescio.'

11 [IV] 'An potest' inquit [ille] 'quicquam esse suavius
quam nihil dolere?'

'Immo sit sane nihil melius' inquam '(nondum enim
id quaero), num propterea idem voluptas est quod, ut 15
ita dicam, indolentia?'

'Plane idem,' inquit 'et maxima quidem, qua fieri
nulla maior potest.'

'Quid dubitas igitur,' inquam 'summo bono a te ita
constituto ut id totum in non dolendo sit, id tenere 20
12 unum, id tueri, id defendere? Quid enim necesse est,
tamquam meretricem in matronarum coetum, sic voluptatem in virtutum concilium adducere? Invidiosum
nomen est, infame, suspectum. Itaque hoc frequenter
dici solet a vobis, non intellegere nos quam dicat 25
Epicurus voluptatem. Quod quidem mihi si quando
dictum est (est autem dictum non parum saepe), etsi
satis clemens sum in disputando, tamen interdum soleo
subirasci. Egone non intellego quid sit ἡδονή Graece,

6 *Epicurus, Sent. 18*   8 *Cf. Epicurus fr. 1 Usener*

3 dissimilis *A*: -iles φ: -iliter *OS*δ: difficiliter *M*   8 afferunt
φ   9 quae α (*cf. 2. 75*): quam φ: qui *Dav*.   12 inquit ille α:
ille inquit φ: ille *secl. Mdv*.   15 propterea *AE*: praeterea *B*:
propter γ: prope δ

Latine voluptas? utram tandem linguam nescio?
Deinde qui fit ut ego nesciam, sciant omnes quicumque
Epicurei esse voluerunt? Quod vestri quidem vel
optime disputant, nihil opus esse eum qui philosophus
5 futurus sit scire litteras. Itaque ut maiores nostri ab
aratro adduxerunt Cincinnatum illum ut dictator esset,
sic vos de pagis omnibus colligitis bonos illos quidem
viros sed certe non pereruditos. Ergo illi intellegunt 13
quid Epicurus dicat, ego non intellego? Ut scias me
10 intellegere, primum idem esse dico voluptatem quod
ille ἡδονήν. Et quidem saepe quaerimus verbum Latinum par Graeco et quod idem valeat: hic nihil fuit
quod quaereremus. Nullum inveniri verbum potest
quod magis idem declaret Latine quod Graece quam
15 declarat voluptas. Huic verbo omnes qui ubique sunt
qui Latine sciunt duas res subiciunt, laetitiam in
animo, commotionem suavem iucunditatis in corpore.
Nam et ille apud Trabeam "voluptatem animi
nimiam" laetitiam dicit, eandem quam ille Caecilianus
20 qui "omnibus laetitiis laetum" esse se narrat. Sed hoc
interest, quod "voluptas" dicitur etiam in animo
(vitiosa res, ut Stoici putant, qui eam sic definiunt:
sublationem animi sine ratione, opinantis se magno
bono frui), non dicitur "laetitia" nec "gaudium" in
25 corpore. In eo autem voluptas omnium Latine loquen- 14
tium more ponitur, cum percipitur ea quae sensum
aliquem moveat iucunditas. Hanc quoque "iucunditatem", si vis, transfer in animum ("iuvare" enim in
utroque dicitur, ex eoque "iucundum"), modo intelle-
30 gas inter illum qui dicat

3 *Epicurus fr. 227 Usener*   18 *com. 6 Ribbeck*[1]. *Cf. Tusc. 4.*
35, Fam. 2. 9. 2   19 *com. 252 Ribbeck*[1]   20 *SVF III. 404*

3 voluerint φ   4–5 qui philosophus futurus sit β: philosophus qui futurus sit A: qui futurus sit philosophus φ   7 pagis
O²: plagis AγRφ: pelagis P

43

Tanta laetitia auctus sum ut nihil constet

et eum qui

Nunc demum mihi animus ardet,

quorum alter laetitia gestiat, alter dolore crucietur,
esse illum medium [Quamquam haec inter nos nuper 5
notitia admodum est] qui nec laetetur nec angatur,
itemque inter eum qui potiatur corporis expetitis
voluptatibus et eum qui crucietur summis doloribus
esse eum qui utroque careat.

15   [V] 'Satisne igitur videor vim verborum tenere, an 10
sum etiam nunc vel Graece loqui vel Latine docendus?
Et tamen vide ne, si ego non intellegam quid Epicurus
loquatur, cum Graece, ut videor, luculenter sciam, sit
aliqua culpa eius qui ita loquatur ut non intellegatur.
Quod duobus modis sine reprehensione fit, si aut de 15
industria facias, ut Heraclitus, "cognomento qui
σκοτεινός perhibetur, quia de natura nimis obscure
memoravit", aut cum rerum obscuritas, non verborum,
facit ut non intellegatur oratio, qualis est in Timaeo
Platonis. Epicurus autem, ut opinor, nec non vult, si 20
possit, plane et aperte loqui, nec de re obscura, ut
physici, aut artificiosa, ut mathematici, sed de inlustri
et facili et iam in vulgus pervagata loquitur.

'Quamquam non negatis nos intellegere quid sit
voluptas, sed quid ille dicat; e quo efficitur non ut nos 25
non intellegamus quae vis sit istius verbi, sed ut ille suo
16 more loquatur, nostrum neglegat. Si enim idem dicit

1 *com. inc. 37 Ribbeck¹. Cf. Tusc. 4. 35*   3 *Caecilius, com. 230
Ribbeck¹. Cf. Cael. 37*   5–6 *Ter. Haut. 53*

5–6 Quamquam . . admodum est *secl. Brown*   8 excrucietur
φ   14 loquitur φ   15 aut si *Lamb.*   20 platonis
O²φ: -one A∈δ: plato S   23 et iam *Man.*⁴: etiam ω   loquitur
P: -atur *rell.*   27 dicat β

quod Hieronymus, qui censet summum bonum esse
sine ulla molestia vivere, cur mavult dicere voluptatem
quam vacuitatem doloris, ut ille facit, qui quid dicat
intellegit? Sin autem voluptatem putat adiungendam
5 eam quae sit in motu (sic enim appellat hanc dulcem, in
motu, illam nihil dolentis, in stabilitate), quid tendit?
cum efficere non possit ut cuiquam qui ipse sibi notus
sit, hoc est qui suam naturam sensumque perspexerit,
vacuitas doloris et voluptas idem esse videatur. Hoc est
10 vim adferre, Torquate, sensibus, extorquere ex animis
cognitiones verborum quibus imbuti sumus. Quis enim
est qui non videat haec esse in natura rerum tria? unum
cum in voluptate sumus, alterum cum in dolere,
tertium hoc in quo nunc equidem sum, credo item
15 vos, nec in dolore nec in voluptate; ut in voluptate sit
qui epuletur, in dolore qui torqueatur. Tu autem inter
haec tantam multitudinem hominum interiectam non
vides nec laetantium nec dolentium?'

'Non prorsus,' inquit 'omnisque qui sine dolore sint 17
20 in voluptate, et ea quidem summa, esse dico.'

'Ergo in eadem voluptate eum qui alteri misceat
mulsum ipse non sitiens, et eum qui illud sitiens
bibat?'

[VI] Tum ille: 'Finem' inquit 'interrogandi, si
25 videtur; quod quidem ego a principio ita me malle
dixeram, hoc ipsum providens, dialecticas captiones.'

'Rhetorice igitur' inquam 'nos mavis quam dialectice disputare?'

---

1 *fr. 10a Wehrli*   4 *Cf. Epicurus fr. 1 Usener*

4 putat ϕ: putat dicat $AS\delta$: dicat ϵ 11-12 est enim ϕ
14 equidem sum Mdv.: quidem sumus α: sumus ϕ item *coni.*
Ernesti: idem $\Lambda\gamma R^2\phi$: quidem δ 15 nos $R\phi$ 16 qui'
$A^2O^2R^2P^2\phi$: quia α 20-1 esse dico. Ergo *Ald.*: esse. Dico
ergo ω

'Quasi vero' inquit 'perpetua oratio rhetorum solum, non etiam philosophorum sit.'

'Zenonis est' inquam 'hoc Stoici: omnem vim loquendi, ut iam ante Aristoteles, in duas tributam esse partes, rhetoricam palmae, dialecticam pugni 5 similem esse dicebat, quod latius loquerentur rhetores, dialectici autem compressius. Obsequar igitur voluntati tuae dicamque si potero rhetorice, sed hac rhetorica philosophorum, non nostra illa forensi, quam necesse est, cum populariter loquatur, esse interdum paulo 10

18 hebetiorem. Sed dum dialecticam, Torquate, contemnit Epicurus, quae una continet omnem et perspiciendi quid in quaque re sit scientiam et iudicandi quale quidque sit et ratione ac via disputandi, ruit in dicendo, ut mihi quidem videtur, nec ea quae docere vult ulla 15 arte distinguit, ut haec ipsa quae modo loquebamur. Summum a vobis bonum voluptas dicitur. Aperiendum est igitur quid sit voluptas; aliter enim explicari quod quaeritur non potest. Quam si explicavisset, non tam haesitaret. Aut enim eam voluptatem tueretur 20 quam Aristippus, id est qua sensus dulciter ac iucunde movetur, quam etiam pecudes, si loqui possent, appellarent voluptatem, aut, si magis placeret suo more loqui quam ut

> Omnes Danai atque Mycenenses,   25
> Attica pubes,

reliquique Graeci qui hoc anapaesto citantur, hoc non dolere solum voluptatis nomine appellaret, illud Aristippeum contemneret; aut, si utrumque probaret, ut probat, coniungeret doloris vacuitatem cum 30

---

3 *SVF I.* 75   4 *Rh. 1354ᵃ 1*   21 *fr. 194 Manne-bach*   25 *Trag. inc. 32–3 Ribbeck¹*

5 pugni *Dav.*: -nis ω   17 nobis *SRφ*   25 atque *Lamb.*: aut ω   30 ut ς: aut ω

voluptate et duobus ultimis uteretur. Multi enim et **19**
magni philosophi haec ultima bonorum iuncta fecerunt, ut Aristoteles virtutis usum cum vitae perfectae
prosperitate coniunxit, Callipho adiunxit ad hones-
5 tatem voluptatem, Diodorus ad eandem honestatem
addidit vacuitatem doloris. Idem fecisset Epicurus, si
sententiam hanc, quae nunc Hieronymi est, coniunxis-
set cum Aristippi vetere sententia. Illi enim inter se
dissentiunt; propterea singulis finibus utuntur et, cum
10 uterque Graece egregie loquatur, nec Aristippus, qui
voluptatem summum bonum dicit, in voluptate ponit
non dolere, neque Hieronymus, qui summum bonum
statuit non dolere, voluptatis nomine umquam utitur
pro illa indolentia, quippe qui ne in expetendis quidem
15 rebus numeret voluptatem.

[VII] 'Duae sunt enim res quoque, ne tu verba **20**
solum putes. Unum est sine dolore esse, alterum cum
voluptate. Vos ex his tam dissimilibus rebus non modo
nomen unum (nam id facilius paterer), sed etiam rem
20 unam ex duabus facere conamini, quod fieri nullo
modo potest. Hic, qui utrumque probat, ambobus
debuit uti, sicut facit re, neque tamen dividit verbis.
Cum enim eam ipsam voluptatem quam eodem nomine
omnes appellamus laudat locis plurimis, audet dicere
25 ne suspicari quidem se ullum bonum seiunctum ab illo
Aristippeo genere voluptatis, atque ibi hoc dicit ubi
omnis eius est oratio de summo bono. In alio vero
libro, in quo breviter comprehensis gravissimis sententiis quasi oracula edidisse sapientiae dicitur, scribit his

1 *Antiochus fr. 9a Mette, Arist. EN 1098*[a] *15–16*   5 *fr. 4a*
Wehrli   7 *Hieronymus fr. 9a Wehrli*   10 *fr. 160*B *Man-*
nebach   23 *Epicurus fr. 67 Usener*

20–1 nullo modo fieri ϕ 22 re neque $A\gamma$: remque δ: neque
ϕ 25 seiunctum $O^2R\phi$: se victum A: sennitum ϵ: sentitum S:
seminum P 27 oratio eius est ϕ

verbis, quae nota tibi profecto, Torquate, sunt (quis
enim vestrum non edidicit Epicuri κυρίας δόξας, id est
quasi maxime ratas, quia gravissimae sint ad beate
vivendum breviter enuntiatae sententiae?). Animad-
21 verte igitur rectene hanc sententiam interpreter: "Si 5
ea quae sunt luxuriosis efficientia voluptatum liberar-
ent eos deorum et mortis et doloris metu docerentque
qui essent fines cupiditatum, nihil haberemus ⟨quod
reprehenderemus⟩, cum undique complerentur voluptatibus nec haberent ulla ex parte aliquid aut dolens aut 10
aegrum, id est autem malum."'

Hoc loco tenere se Triarius non potuit. 'Obsecro,'
inquit 'Torquate, haec dicit Epicurus?' (quod mihi
quidem visus est, cum sciret, velle tamen confitentem
audire Torquatum). 15

At ille non pertimuit saneque fidenter: 'Istis quidem
ipsis verbis,' inquit; 'sed quid sentiat non videtis.'

'Si alia sentit,' inquam 'alia loquitur, numquam
intellegam quid sentiat; sed plane dicit quod intellegit.
Idque si ita dicit, non esse reprehendendos luxuriosos 20
si sapientes sint, dicit absurde, similiter et si dicat non
reprehendendos parricidas, si nec cupidi sint nec deos
metuant nec mortem nec dolorem. Et tamen quid
attinet luxuriosis ullam exceptionem dari aut fingere
aliquos qui, cum luxuriose viverent, a summo philoso- 25
pho non reprehenderentur eo nomine dumtaxat, ⟨si⟩
22 cetera caverent? Sed tamen nonne reprehenderes,
Epicure, luxuriosos ob eam ipsam causam quod ita
viverent ut persequerentur cuiusque modi voluptates,
cum esset praesertim, ut ais tu, summa voluptas nihil 30
dolere? Atqui reperiemus asotos primum ita non

5 *Sent. 10*

2–4 id est . . . sententiae *secl. Dav.*   6 voluptatum *A¹δ*: -em
rell.   8–9 quod reprehenderemus *suppl. Dav.* (*cf. 2. 23, D.L.
10. 142*)   26 si *add. Orelli*

religiosos ut "edint de patella", deinde ita mortem non timentes ut illud in ore habeant ex Hymnide:

Mihi sex menses satis sunt vitae, septimum Orco spondeo.

5 Iam doloris medicamenta illa Epicurea tamquam de narthecio proment: "Si gravis, brevis; si longus, levis." Unum nescio, quomodo possit, si luxuriosus sit, finitas cupiditates habere.

[VIII] 'Quid ergo attinet dicere "Nihil haberem **23** 10 quod reprehenderem, si finitas cupiditates haberent"? Hoc est dicere "Non reprehenderem asotos, si non essent asoti." Isto modo ne improbos quidem, si essent boni viri. Hic homo severus luxuriam ipsam per se reprehendendam non putat, et hercule, Tor- 15 quate, ut verum loquamur, si summum bonum volup- tas est, rectissime non putat. Nolim enim mihi fingere asotos, ut soletis, qui in mensam vomant et qui de conviviis auferantur crudique postridie se rursus ingurgitent, qui solem, ut aiunt, nec occidentem 20 umquam viderint nec orientem, qui consumptis patri- moniis egeant. Nemo nostrum istius generis asotos iucunde putat vivere. Mundos, elegantis, optimis cocis, pistoribus, piscatu, aucupio, venatione, his omnibus exquisitis, vitantis cruditatem, "quibus 25 vinum defusum e pleno sit χρυσίζον", ut ait Lucilius, "cui †nihil dum sit vis† et sacculus abstulerit",

---

1 *E carmine aliquo aut proverbio fortasse hausta*   3 *Caecilius, com. 70 Ribbeck*[1]   6 *Epist. 3. 133*   21–3 *Non. 217,4 (s.v.* PISCATIO*) istius . . . venatione*   22 *Epicurus fr. 67 Usener* 24 *1155–5a Marx, 1172–3 Krenkel. Cf. GL v. 540.9*

1 edint *Mdv.*[2]: edient *A*[1]*R*: edant ε*P*: ederent *S*: edent *A*[2]: *om.* φ mortem ita φ   9 haberem *MS*φ: -ere *AO*δ   25 χρυσίζον *Munro*: hrysizon *E*: hirsizon *AM*: hyrsizon *OS*: heysizon *B*: hyrsihon *R*: hyrsiphon *P*   26 nihil dum sit vis *AγR*φ: nihil dempsit vis *P*: nihil, dum fit, vas *Marx: locus nondum sanatus*   sacculus *A*φ: sacculos *S*: saculos ε: sarculos δ (*cf. GL 5. 590. 9*)

adhibentis ludos et quae sequuntur, illa quibus detractis clamat Epicurus se nescire quid sit bonum; adsint
etiam formosi pueri qui ministrent, respondeat his
vestis, argentum, Corinthium, locus ipse, aedificium—
hos ergo asotos bene quidem vivere aut beate num- 5
24 quam dixerim. Ex quo efficitur non ut voluptas ne sit
voluptas, sed ut voluptas non sit summum bonum.
Nec ille qui Diogenem Stoicum adulescens, post
autem Panaetium audierat, Laelius, eo dictus est
sapiens quod non intellegeret quid suavissimum esset 10
(nec enim sequitur ut cui cor sapiat, ei non sapiat
palatus), sed quia parvi id duceret.

O lapathe, ut iactare, nec es satis cognitus qui sis!
In quo [cognitu] Laelius clamores σοφός ille solebat
Edere, compellans gumias ex ordine nostros.   15

Praeclare Laelius, et recte σοφός, illudque vere:

'O Publi, o gurges, Galloni, es homo miser,' inquit.
'Cenasti in vita numquam bene, cum omnia in ista
Consumis squilla atque acupensere cum decimano.'

Is haec loquitur qui in voluptate nihil ponens negat 20
eum bene cenare qui omnia ponat in voluptate; et
tamen non negat libenter cenasse umquam Gallonium
(mentiretur enim), sed bene. Ita graviter et severe
voluptatem secernit a bono. Ex quo illud efficitur,

8 *SVF III. Diog. 14*   9 *Panaetius fr. 141 van Straaten*
13 *Lucilius 1235–40 Marx, 1130–5 Krenkel*

5 ergo δφ: ego *Aγ*   aut α: at φ   13 nec es satis *Lachmann*:
ne cessatis *AγPφ*: necessatis *R²*: necessari *R¹*   14 cognitu
del. Ald.   15 gumias *Aγ*: guimas φ: ginnas *R*: gumas *P*
17 miser *A²SP*: miseri *rell.*   18 isto α   19 acupensere
Klotz² dub. (acip- *iam Ald.*, accip- *ed. Colon.*): accubans (-bant *E*:
-bas *P*) aere ω   22 non *γP²*: *om. rell.*   24 secernit *ed.*
Colon.: -crevit ω

qui bene cenent omnis libenter cenare, qui libenter,
non continuo bene. Semper Laelius bene. Quid bene? 25
Dicet Lucilius:

cocto,

5   Condito;
sed cedo caput cenae:
                sermone bono;
quid ex eo?

si quaeris, libenter;

10 veniebat enim ad cenam ut animo quieto satiaret
desideria naturae. Recte ergo is negat umquam bene
cenasse Gallonium, recte miserum, cum praesertim in
eo omne studium consumeret. Quem libenter cenasse
nemo negat. Cur igitur non bene? Quia quod bene, id
15 recte frugaliter honeste; ille porro [male] prave nequi-
ter turpiter cenabat; non igitur ⟨bene⟩. Nec lapathi
suavitatem acupenseri Galloni Laelius anteponebat,
sed suavitatem ipsam neglegebat; quod non faceret si
in voluptate summum bonum poneret.

20   [IX] 'Semovenda est igitur voluptas, non solum ut
recta sequamini sed etiam ut loqui deceat frugaliter.
Possumusne ergo in vita summum bonum dicere, cum 26
id ne in cena quidem posse videamur? Quomodo
autem philosophus loquitur? "Tria genera cupidita-
25 tum, naturales et necessariae, naturales et non necessariae, nec naturales nec necessariae." Primum divisit

4 *1122–3 Marx, 1136–7 Krenkel. Cf. Att. 13. 52. 1, 14. 12. 1*
24 *Epicurus, Sent. 29*

3 dicet β: diceret *A*: dicit φ   15 male *del. Wesenberg*
16 bene *add. Mdv.*   lapathi γR: lapithi *A*: laphati P: laphatis φ
17 acupenseri *Klotz²* dub. (acip- *iam Ald.*): accubans (*vel sim.*) aere ω
22–3 cum id] quod T. *Bentley*   25 necessariae¹ *A²ϵ*: -ias *A¹SP*φ:
deficit R   25–6 non necessariae *A²ϵR*: necessariae *A¹*: non
necessarias *SP*: innecessarias φ   26 nec naturales nec necessariae
om. φ   nec necessariae *AϵR²*: nec necessarias *SP*: et necessarias
R¹

51

inelegranter; duo enim genera quae erant fecit tria. Hoc
est non dividere sed frangere. Qui haec didicerunt quae
ille contemnit sic solent: "Duo genera cupiditatum,
naturales et inanes; naturalium duo, necessariae et non
necessariae." Confecta res esset. Vitiosum est enim in 5
27 dividendo partem in genere numerare. Sed hoc sane
concedamus. Contemnit enim disserendi elegantiam,
confuse loquitur; gerendus est mos, modo recte sentiat.
Equidem illud ipsum non nimium probo et tantum
patior, philosophum loqui de cupiditatibus finiendis. 10
An potest cupiditas finiri? Tollenda est atque extra-
henda radicitus. Quis est enim in quo sit cupiditas quin
recte cupidus dici possit? Ergo et avarus erit, sed finite,
et adulter, verum habebit modum, et luxuriosus eodem
modo. Qualis ista philosophia est quae non interitum 15
adferat pravitatis, sed sit contenta mediocritate
vitiorum? Quamquam in hac divisione rem ipsam
prorsus probo, elegantiam desidero. Appellet haec
desideria naturae; cupiditatis nomen servet alio, ut
eam, cum de avaritia, cum de intemperantia, cum de 20
maximis vitiis loquetur, tamquam capitis accuset.
28   'Sed haec quidem liberius ab eo dicuntur et saepius.
Quod equidem non reprehendo; est enim tanti
philosophi tamque nobilis audaciter sua decreta defendere. Sed tamen ex eo quod eam voluptatem quam 25
omnes gentes hoc nomine appellant videtur amplexari
saepe vehementius, in magnis interdum versatur angustiis, ut hominum conscientia remota nihil tam turpe sit
quod voluptatis causa non videatur esse facturus.

3 *Epist. 3. 127*   9 *fr. 454 Usener*   25 *Epicurus fr.*
18 Usener

7 enim *om. φ*   9 equidem *Sφ*: et quidem *rell.*   tantum *A*:
tamen *βφ*   12 quin *Aεδ*: qui *S*: qui non *φ*   17 rem ipsam
ε: remissam *Sδφ*: remissionem *A*   22 quidem *P*: quae
rell.   24 audacter *a (cf. TLL ii. 1248. 66 sqq.)*

Deinde ubi erubuit (vis enim est permagna naturae),
confugit illuc ut neget accedere quicquam posse ad
voluptatem nihil dolentis. At iste non dolendi status
non vocatur voluptas. "Non laboro" inquit "de
5 nomine." Quid quod res alia tota est? "Reperiam
multos, vel innumerabilis potius, non tam curiosos
nec tam molestos quam vos estis, quibus quidquid
velim facile persuadeam." Quid ergo dubitamus quin,
si non dolere voluptas sit summa, non esse in voluptate
10 dolor sit maximus? Cur id non ita fit? "Quia dolori non
voluptas contraria est, sed doloris privatio."

[X] 'Hoc vero non videre, maximo argumento esse **29**
voluptatem illam qua sublata neget se intellegere
omnino quid sit bonum (eam autem ita persequitur:
15 quae palato percipiatur, quae auribus; cetera addit,
quae si appelles, honos praefandus sit)—hoc igitur,
quod solum bonum severus et gravis philosophus
novit, idem non videt ne expetendum quidem esse,
quod eam voluptatem hoc eodem auctore non desider-
20 emus, cum dolore careamus! Quam haec sunt contraria!
Hic si definire, si dividere didicisset, si loquendi vim, si **30**
denique consuetudinem verborum teneret, numquam
in tantas salebras incidisset. Nunc vides quid faciat.
Quam nemo umquam voluptatem appellavit, appellat;
25 quae duo sunt, unum facit. Hanc in motu voluptatem
(sic enim has suaves et quasi dulces voluptates appellat)
interdum ita extenuat ut M'. Curium putes loqui,
interdum ita laudat ut quid praeterea sit bonum neget

---

2 *fr. 419 Usener*   12 *fr. 67 Usener*   21–3 *Non. 177,2*
(s.v. SALEBRAS*)* hic si . . . incidisset   25 *Epicurus frr. 67, 440*
Usener; cf. fr. 1

14 persequar *R*: -sequer *φ*   16 praefandus *AR*: praefraudus
E: perfraudus *B*: praestandus *γ*: prae///dus *P*   18 vidit *φ*
21 si dividere *M²O²Sφ, Non.*: individ- *A¹M¹O¹*: in divid- *R*: vel
divid- *A²P*   26 suaves has *φ*   27 M' *Man.³*: marcum *ω*

se posse ne suspicari quidem. Quae iam oratio non a
philosopho aliquo, sed a censore opprimenda est; non
est enim vitium in oratione solum, sed etiam in
moribus. Luxuriam non reprehendit, modo sit vacua
infinita cupiditate et timore. Hoc loco discipulos 5
quaerere videtur, ut qui asoti esse velint philosophi
ante fiant.

31   'A primo, ut opinor, animantium ortu petitur origo
summi boni. Simul atque natum animal est, gaudet
voluptate et eam appetit ut bonum, aspernatur dolorem 10
ut malum. De malis autem et bonis ab iis animalibus
quae nondum depravata sint ait optime iudicari. Haec
et tu ita posuisti, et verba vestra sunt. Quam multa
vitiosa! Summum enim bonum et malum vagiens puer
utra voluptate diiudicabit, stante an movente? quon- 15
iam, si dis placet, ab Epicuro loqui discimus. Si
stante, hoc natura videlicet vult, salvam esse se, quod
concedimus; si movente, quod tamen dicitis, nulla
turpis voluptas erit quae praetermittenda sit, et simul
non proficiscitur animal illud modo natum a summa 20
voluptate, quae est a te posita in non dolendo.

32   'Nec tamen argumentum hoc Epicurus a parvis
petivit aut etiam a bestiis, quae putat esse specula
naturae, ut diceret ab iis duce natura hanc voluptatem
expeti nihil dolendi. Nec enim haec movere potest 25
appetitum animi, nec ullum habet ictum quo pellat
animum status hic non dolendi (itaque in hoc eodem
peccat Hieronymus), at ille pellit qui permulcet sensum
voluptate. Itaque Epicurus semper hoc utitur ut probet
voluptatem natura expeti, quod ea voluptas quae in 30
motu sit et parvos ad se adliciat et bestias, non illa

8 *fr. 398 Usener*   28 *fr. 10b Wehrli*

9 animal γP: -male *rell*.   12 sint Pφ: sunt *rell*.   15 an
P: ante A¹Rφ: an te A²ε: aut S   16 dis placet AP²: displicet
βφ   27 animum status *Man*.: animi statum ω

stabilis, in qua tantum inest nihil dolere. Qui igitur convenit ab alia voluptate dicere naturam proficisci, in alia summum bonum ponere?

[XI] 'Bestiarum vero nullum iudicium puto. Quam- **33**
5 vis enim depravatae non sint, pravae tamen esse possunt. Ut bacillum aliud est inflexum et incurvatum de industria, aliud ita natum, sic ferarum natura non est illa quidem depravata mala disciplina, sed natura sua. Nec vero ut voluptatem expetat natura movet
10 infantem, sed tantum ut se ipse diligat, ut integrum se salvumque velit. Omne enim animal, simul et ortum est, et se ipsum et omnes partes suas diligit duasque quae maximae sunt in primis amplectitur, animum et corpus, deinde utriusque partes. Nam sunt et in animo
15 praecipua quaedam et in corpore, quae cum leviter agnovit, tum discernere incipit, ut ea quae prima data sint natura appetat asperneturque contraria. In his **34** primis naturalibus voluptas insit necne, magna quaestio est; nihil vero putare esse praeter voluptatem, non
20 membra, non sensus, non ingeni motum, non integritatem corporis, non valetudinem [corporis], summae mihi videtur inscitiae.

'Atque ab isto capite fluere necesse est omnem rationem bonorum et malorum. Polemoni et iam ante
25 Aristoteli ea prima visa sunt quae paulo ante dixi. Ergo nata est sententia veterum Academicorum et Peripateticorum, ut finem bonorum dicerent secundum naturam vivere, id est virtute adhibita frui primis a natura datis. Callipho ad virtutem nihil adiunxit nisi

6–7 *Non. 78,18 (s.v.* BACILLUM*)* ut bacillum . . . natum
24 *Polemo fr. 127 Gigante*   25 *Antiochus fr. 9a Mette*

1 nihil α: non φ   qui *Lamb.*: quid ω   6 bacillum *A²γB*, *Non.*: bacc- *A'δE*   12 est *S*: *om. rell.* (*cf. 5. 24*)   16 tunc α   17 sint *AMφ*: sunt *OSδ*   21 corporis *del. ed. Colon.*
24 et iam ante *S*: etiam ante *ARφ*: etiam antea *P*: et ante *O*: et iacinate *M*

voluptatem, Diodorus vacuitatem doloris. *** His
omnibus quos dixi consequentes fines sunt bonorum:
Aristippo simplex voluptas, Stoicis consentire naturae,
quod esse volunt e virtute, id est honeste, vivere, quod
ita interpretantur: vivere cum intellegentia rerum   5
earum quae natura evenirent, eligentem ea quae
essent secundum naturam, reicientemque contraria.

35 Ita tres sunt fines expertes honestatis, unus Aristippi
vel Epicuri, alter Hieronymi, Carneadi tertius; tres in
quibus honestas cum aliqua accessione, Polemonis,   10
Calliphontis, Diodori; una simplex, cuius Zeno
auctor, posita in decore tota, id est ⟨in⟩ honestate;
nam Pyrrho, Aristo, Erillus iam diu abiecti. Reliqui
sibi constiterunt, ut extrema cum initiis convenirent, ut
Aristippo voluptas, Hieronymo doloris vacuitas, Car-   15
neadi frui principiis naturalibus esset extremum.
[XIII] Epicurus autem cum in prima commendatione
voluptatem dixisset, si eam quam Aristippus, idem
tenere debuit ultimum bonorum quod ille; sin eam
quam Hieronymus, fecisset idem ut voluptatem illam   20
[Aristippi] in prima commendatione poneret.

36 'Nam quod ait sensibus ipsis iudicari voluptatem
bonum esse, dolorem malum, plus tribuit sensibus
quam nobis leges permittunt, ⟨cum⟩ privatarum litium
iudices sumus. Nihil enim possumus iudicare nisi quod   25
est nostri iudici. In quo frustra iudices solent, cum
sententiam pronuntiant, addere "si quid mei iudici

1 *fr. 4b Wehrli; SVF III. 14*   3 *fr. 160c Manne-
bach*   9 *Hieronymus fr. 9 b Wehrli; Carneades fr. 6
Mette*   11 *Diodorus fr. 3a Wehrli*   13 *Pyrrho test. 69M
Decleva Caizzi; Aristo, SVF I. 363*

1 *lacunam statuit Mdv.*   3 Stoicis *P*: -ci *rell.*
7 reicientemque *A²O*: -eque *P*: reficientemque *A¹MRφ*: refug-
S   9 Carneadi *A¹Rφ*: -dis *A²γP* (*cf. 5. 4*)   12 in *ed.
Rom.: om. ω*   21 Aristippi *α*: -po *φ: del. Marsus*
24 cum *hic add. Mdv.², post* litium *Lamb.*   26 solent iudices *φ*

est"; si enim non fuit eorum iudici, nihilo magis hoc
non addito illud est iudicatum. Quid iudicant sensus?
dulce amarum, leve asperum, prope longe, stare
movere, quadratum rotundum. Aequam igitur pronun- 37
5 tiabit sententiam ratio, adhibita primum divinarum
humanarumque rerum scientia, quae potest appellari
rite sapientia, deinde adiunctis virtutibus, quas ratio
rerum omnium dominas, tu voluptatum satellites et
ministras esse voluisti. Quarum adeo omnium sententia
10 pronuntiabit primum de voluptate, nihil esse ei loci
non modo ut sola ponatur in summi boni sede quam
quaerimus, sed ne illo quidem modo, ut ad honestatem
applicetur. De vacuitate doloris eadem sententia erit. 38
Reicietur etiam Carneades, nec ulla de summo bono
15 ratio aut voluptatis non dolendive particeps aut honestatis expers probabitur. Ita relinquet duas, de quibus
etiam atque etiam consideret. Aut enim statuet nihil
esse bonum nisi honestum, nihil malum nisi turpe,
cetera aut omnino nihil habere momenti aut tantum
20 ut nec expetenda nec fugienda, sed eligenda modo aut
reicienda sint, aut anteponet eam quam cum honestate
ornatissimam, tum etiam ipsis initiis naturae et totius
perfectione vitae locupletatam videbit. Quod eo liqui-
dius faciet, si perspexerit rerum inter eas verborumne
25 sit controversia.

[XIII] 'Huius ego nunc auctoritatem sequens idem 39
faciam. Quantum enim potero, minuam contentiones
omnesque simplices sententias eorum in quibus nulla
inest virtutis adiunctio omnino a philosophia

7 *Epicurus fr. 514 Usener*

2 quid ς: quod ω   iudicant *Ernesti dub.*: -at ω   3 lene
γP   3–4 movere stare φ   4 moveri *coni. Ernesti*
aequam *Asc.*: quam ω   6–7 rite potest appellari φ
11 quam] quod *Reid*   13 erit *T. Bentley*: est ω   29 est Pφ

semovendas putabo, primum Aristippi Cyrenaicorum-
que omnium, quos non est veritum in ea voluptate
quae maxima dulcedine sensum moveret summum
bonum ponere, contemnentis istam vacuitatem doloris.
40 Hi non viderunt, ut ad cursum equum, ad arandum 5
bovem, ad indagandum canem, sic hominem ad duas
res, ut ait Aristoteles, ad intellegendum et ⟨ad⟩ agendum esse natum quasi mortalem deum, contraque ut
tardam aliquam et languidam pecudem ad pastum et ad
procreandi voluptatem hoc divinum animal ortum esse 10
41 voluerunt, quo nihil mihi videtur absurdius. Atque
haec contra Aristippum, qui eam voluptatem non
modo summam sed solam etiam ducit, quam omnes
unam appellamus voluptatem. Aliter autem vobis
placet. Sed ille, ut dixi, vitiose. Nec enim figura 15
corporis nec ratio excellens ingeni humani significat
ad unam hanc rem natum hominem, ut frueretur
voluptatibus. Nec vero audiendus Hieronymus, cui
summum bonum est idem quod vos interdum vel
potius nimium saepe dicitis, nihil dolere. Non enim, 20
si malum est dolor, carere eo malo satis est ad bene
vivendum. Hoc dixerit potius Ennius:

> Nimium boni est cui nihil est mali:

nos beatam vitam non depulsione mali sed adeptione
boni iudicemus, nec eam cessando, sive gaudentem, ut 25
Aristippus, sive non dolentem, ut hic, sed agendo
aliquid considerandove quaeramus.
42   'Quae possunt eadem contra Carneadeum illud

1–4 primum . . . ponere *Gell. 15. 13. 9, Macr. Exc. gramm., GL. v.
648.6*   1 *fr. 196 Mannebach*   18 *Hieronymus fr. 8b
Wehrli; Epicurus fr. 419 Usener*   23 *Ennius, trag. 354 Ribbeck¹,
335 Jocelyn*   26 *fr. 158 Mannebach*   28 *fr. 6 Mette*

7 ad' *om.* a   ad² *suppl.* ς   13 dicit φ   26 dolendo β
28 carneadeum *MP*: carne ad eum *O¹*: carnem ad eum *R*: carneadem
O² mg., *S*: -dum φ (*cf. 4. 49, 5. 16, 22, De orat. 3. 71, Luc. 148, Tim. 1*)

summum bonum dici, quod is non tam ut probaret
protulit quam ut Stoicis, quibuscum bellum gereret,
opponeret. Id autem eiusmodi est ut additum ad
virtutem auctoritatem videatur habiturum et exple-
5 turum cumulate vitam beatam, de quo omnis haec
quaestio est. Nam qui ad virtutem adiungunt vel
voluptatem, quam unam virtus minimi facit, vel vacuitatem doloris, quae etiamsi malo caret, tamen non est
summum bonum, accessione utuntur non ita probabili,
10 nec tamen cur id tam parce tamque restricte faciant
intellego. Quasi enim emendum eis sit quod addant ad
virtutem, primum vilissimas res addunt, dein singulas
potius quam omnia quae prima natura approbavisset ea
cum honestate coniungerent. Quae quod Aristoni et   **43**
15 Pyrrhoni omnino visa sunt pro nihilo, ut inter optime
valere et gravissime aegrotare nihil prorsus dicerent
interesse, recte iam pridem contra eos desitum est
disputari. Dum enim in una virtute sic omnia esse
voluerunt ut eam rerum selectione exspoliarent nec ei
20 quicquam aut unde oriretur darent aut ubi niteretur,
virtutem ipsam quam amplexabantur sustulerunt. Erillus autem ad scientiam omnia revocans unum quoddam
bonum vidit, sed nec optimum nec quo vita gubernari
possit. Itaque hic ipse iam pridem est reiectus; post
25 enim Chrysippum non sane est disputatum.

[XIV] 'Restatis igitur vos; nam cum Academicis
incerta luctatio est, qui nihil adfirmant et quasi

14 *Aristo, SVF I. 364*   15 *Pyrrho test.* 69B *Decleva Caizzi*

9 summum *secludendum coni. Reid, fort. recte*   12 dein
AMR: deinde *rell.*   14 quod *Mdv.:* cum ω: quoniam *F. V.
Otto*   15 sunt visa φ   17 desitum est contra eos φ
19 selectione *SP:* se lectione *AεR:* electione φ   expoliarent *P in
ras.:* -averunt *AOR:* -averint *M:* spoliaverunt φ: -averint *S*
20 oriretur darent] ore retunderet φ *(fort. latet* oreretur)
25 ⟨contra eum⟩ disputatum *Koch*   27 incerta *in ras. P:* uncta
AOSR: iuncta *Mφ*

desperata cognitione certi id sequi volunt quodcumque
44 veri simile videatur. Cum Epicuro autem hoc plus est
negoti quod e duplici genere voluptatis coniunctus est,
quodque et ipse et amici eius et multi postea
defensores eius sententiae fuerunt, et nescio quo 5
modo, is qui auctoritatem minimam habet, maximam
vim, populus cum illis facit. Quos nisi redarguimus,
omnis virtus, omne decus, omnis vera laus deserenda
est. Ita ceterorum sententiis semotis relinquitur non
mihi cum Torquato, sed virtuti cum voluptate certatio. 10
Quam quidem certationem homo et acutus et diligens,
Chrysippus, non contemnit totumque discrimen
summi boni in earum comparatione positum putat.
Ego autem existimo, si honestum esse aliquid osten-
dero quod sit ipsum vi sua propter seque expetendum, 15
iacere vestra omnia. Itaque eo quale sit breviter, ut
tempus postulat, constituto, accedam ad omnia tua,
Torquate, nisi memoria forte defecerit.
45   'Honestum igitur id intellegimus quod tale est ut
detracta omni utilitate sine ullis praemiis fructibusve 20
per se ipsum possit iure laudari. Quod quale sit non
tam definitione qua sum usus intellegi potest, quamquam aliquantum potest, quam communi omnium
iudicio et optimi cuiusque studiis atque factis, qui permulta ob eam unam causam faciunt quia decet, quia 25
rectum, quia honestum est, etsi nullum consecuturum
emolumentum vident. Homines enim, etsi aliis multis,
tamen hoc uno plurimum a bestiis differunt quod
rationem habent a natura datam mentemque acrem et

11–13 *Non. 282,13 (s.v.* DISCRIMEN *)* homo . . . putat   12 *SVF
III. 22*

11 et diligens *A²*: sed diligens *a: om. φ*   14 aliquid esse
φ   15 vi sua *γP*: in sua *Rφ*: sua vi *A*   20–1 fructibusve
per se *A²P*: fructibus vespere *A¹Rφ*: fructibusve *γ*   25 unam
causam *Aγ*: causam una *R*: causam *P*: causam unam *φ*
29 habent *ς*: -eant *ω*

vigentem celerrimeque multa simul agitantem et, ut ita
dicam, sagacem, quae et causas rerum et consecutiones
videat et similitudines transferat et disiuncta coniungat
et cum praesentibus futura copulet omnemque com-
5 plectatur vitae consequentis statum. Eademque ratio
fecit hominem hominum appetentem cumque iis
natura et sermone et usu congruentem, ut profectus a
caritate domesticorum ac suorum serpat longius et se
implicet primum civium, deinde omnium mortalium
10 societate atque, ut ad Archytam scripsit Plato, non sibi
se soli natum meminerit sed patriae, sed suis, ut
perexigua pars ipsi relinquatur. Et quoniam eadem **46**
natura cupiditatem ingenuit homini veri videndi,
quod facillime apparet cum vacui curis etiam quid in
15 caelo fiat scire avemus, his initiis inducti omnia vera
diligimus, id est fidelia simplicia constantia, tum vana
falsa fallentia odimus, ut fraudem periurium malitiam
iniuriam. Eadem ratio habet in se quiddam amplum
atque magnificum, ad imperandum magis quam ad
20 parendum accommodatum, omnia humana non tolerabilia solum sed etiam levia ducens, altum quiddam et
excelsum, nihil timens, nemini cedens, semper invic-
tum. Atque his tribus generibus honestorum notatis **47**
quartum sequitur et in eadem pulchritudine et aptum
25 ex illis tribus, in quo inest ordo et moderatio. Cuius
similitudine perspecta in formarum specie ac dignitate
transitum est ad honestatem dictorum atque factorum.
Nam ex his tribus laudibus quas ante dixi et temeritatem reformidat et non audet cuiquam aut dicto
30 protervo aut facto nocere vereturque quicquam aut
facere aut eloqui quod parum virile videatur.

10 *Ep.* 358a

6 hominem fecit φ   9 mortalium omnium φ   15 avemus
γ: habemus *rell.*   18 eadem α: eadem enim φ   26 ac ς: a ω

48   [XV] 'Habes undique expletam et perfectam, Torquate, formam honestatis, quae tota quattuor his virtutibus, quae a te quoque commemoratae sunt, continetur. Hanc se tuus Epicurus omnino ignorare dicit quam aut qualem esse velint qui honestate 5 summum bonum metiantur. Si enim ad honestatem omnia referant neque in ea voluptatem dicant inesse, ait eos voce inani sonare (his enim ipsis verbis utitur) neque intellegere nec videre sub hanc vocem honestatis quae sit subicienda sententia. Ut enim consuetudo 10 loquitur, id solum dicitur honestum quod est populari fama gloriosum. "Quod" inquit "quamquam voluptatibus quibusdam est saepe iucundius, tamen expetitur propter voluptatem."

49   'Videsne quam sit magna dissensio? Philosophus 15 nobilis, a quo non solum Graecia et Italia sed etiam omnis barbaria commota est, honestum quid sit, si id non sit in voluptate, negat se intellegere, nisi forte illud quod multitudinis rumore laudetur. Ego autem hoc etiam turpe esse saepe iudico et, si quando turpe non 20 sit, tum esse non turpe cum id a multitudine laudetur quod sit ipsum per se rectum atque laudabile; non ob eam causam tamen illud dici esse honestum quia laudetur a multis, sed quia tale sit ut, vel si ignorarent id homines vel obmutuissent, sua tamen pulchritudine 25 esset specieque laudabile. Itaque idem natura victus, cui obsisti non potest, dicit alio loco id quod a te etiam paulo ante dictum est, non posse iucunde vivi nisi

50 etiam honeste. Quid nunc "honeste" dicit? idemne quod "incunde"? Ergo ita: non posse honeste vivi 30

---

4 *fr. 69 Usener*   15 *fr. 513 Usener*

2 his quattuor *Pφ*   5 qui *a*: hii qui *φ*: ii qui *Mdv*.   honestate
ed. *Colon*.: -em *ω*   7 referant *T. Bentley*: -tur *ω*   9 hanc
vocem *Wesenberg*: hac voce *ω*   18 sit *Mdv*.: est *ω*
22–3 tamen on ob eam causam *φ*   23 honestum esse *Pφ*

nisi honeste vivatur? An nisi populari fama? Sine ea
igitur iucunde negat posse ⟨se⟩ vivere? Quid turpius
quam sapientis vitam ex insipientium sermone pendere? Quid ergo hoc loco intellegit honestum? Certe
5 nihil nisi quod possit ipsum propter se iure laudari.
Nam si propter voluptatem, quae est ista laus quae
possit e macello peti? Non is vir est ut, cum honestatem
eo loco habeat ut sine ea iucunde neget posse vivi, illud
honestum quod populare sit sentiat et sine eo neget
10 iucunde vivi posse, aut quicquam aliud honestum
intellegat nisi quod sit rectum ipsumque per se, sua
vi, sua natura, sua sponte laudabile.

[XVI] 'Itaque, Torquate, cum diceres clamare 51
Epicurum non posse iucunde vivi nisi honeste et
15 sapienter et iuste viveretur, tu ipse mihi gloriari
videbare. Tanta vis inerat in verbis propter earum
rerum quae significabantur his verbis dignitatem ut
altior fieres, ut interdum insisteres, ut nos intuens
quasi testificarere laudari honestatem et iustitiam ali-
20 quando ab Epicuro. Quam te decebat iis verbis uti
quibus si philosophi non uterentur, philosophia
omnino non egeremus! Istorum enim verborum
amore, quae perraro appellantur ab Epicuro, sapientiae
fortitudinis iustitiae temperantiae, praestantissimis
25 ingeniis homines se ad philosophiae studium contulerunt. "Oculorum" inquit Plato "est in nobis sensus 52
acerrimus, quibus sapientiam non cernimus. Quam illa
ardentis amores excitaret sui!" Cur tandem? an quod
ita callida est ut optime possit architectari voluptates?

14 *fr. 511 Usener*   26 *Phdr. 250d*   28–9 *Non. 70,13*
(*s.v.* ARCHITECTARI) an quod . . . voluptates

2 se *add. Baiter*   3–4 pendere sermone φ   19 testificarere *A²P*: -care *A¹R*: -cari φ: -caveris γ   20 decebat *A²γP*:
dic- *A¹Rφ*   27–8 Quam illa . . . excitaret sui] *addendum vel
subaudiendum* si cerneretur *vel. sim.* (*cf. Pl. Phdr. 250d, Cic. Off. 1.
15*): ⟨si cerneretur⟩ excitaret *MO²*: sui ⟨si videretur⟩ *P*

Cur iustitia laudatur? Aut unde est hoc contritum
vetustate proverbium "quicum in tenebris"? Hoc
dictum in una re latissime patet, ut in omnibus factis
53 re, non teste moveamur. Sunt enim levia et perinfirma
quae dicebantur a te, animi conscientia improbos 5
excruciari, tum etiam poenae timore, qua aut adficiantur aut semper sint in metu ne adficiantur aliquando.
Non oportet timidum aut imbecillo animo fingi non
bonum illum virum qui, quidquid fecerit, ipse se
cruciet omniaque formidet, sed omnia callide referen- 10
tem ad utilitatem, acutum, versutum, veteratorem,
facile ut excogitet quomodo occulte, sine teste, sine
54 ullo conscio fallat. An tu me de L. Tubulo putas
dicere? qui cum praetor quaestionem inter sicarios
exercuisset, ita aperte cepit pecunias ob rem iudican- 15
dam ut anno proximo P. Scaevola tribunus plebis ferret
ad plebem, vellentne de ea re quaeri. Quo plebiscito
decreta a senatu est consuli quaestio Cn. Caepioni:
profectus in exsilium Tubulus statim nec respondere
ausus; erat enim res aperta. 20

[XVII] 'Non igitur de improbo, sed de callido
improbo quaerimus, qualis Q. Pompeius in foedere
Numantino infitiando fuit, nec vero omnia timente,
sed primum qui animi conscientiam non curet, quam
scilicet comprimere nihil est negoti. Is enim qui 25
occultus et tectus dicitur tantum abest ut se indicet,
perficiet etiam ut dolere alterius improbe facto videatur; quid est enim aliud esse versutum?
55 'Memini me adesse P. Sextilio Rufo, cum is rem ad
amicos ita deferret, se esse heredem Q. Fadio Gallo, 30

2 Otto, p. 222

6 aut $A^2\epsilon\delta$: ut $A'S\phi$ 18 scipioni $P\phi$ 20 ausus est ed.
Rom.   21 de^2 S: om. rell.   23 timente Lamb.^{2}: -em
ω   26 indicet $A\gamma$: iud- $\delta\phi$ 29 rufo $P\phi$: fuso rell.
30 Fadio Vict.: fabio ω

cuius in testamento scriptum esset se ab eo rogatum ut
omnis hereditas ad filiam perveniret. Id Sextilius
factum negabat. Poterat autem inpune; quis enim
redargueret? Nemo nostrum credebat, eratque veri
5 similius hunc mentiri, cuius interesset, quam illum,
qui id se rogasse scripsisset quod debuisset rogare.
Addebat etiam se in legem Voconiam iuratum contra
eam facere non audere, nisi aliter amicis videretur.
Aderamus nos quidem adulescentes, sed multi amplis-
10 simi viri, quorum nemo censuit plus Fadiae dandum
quam posset ad eam lege Voconia pervenire. Tenuit
permagnam Sextilius hereditatem unde, si secutus
esset eorum sententiam qui honesta et recta emolumentis omnibus et commodis anteponerent, nummum
15 nullum attigisset. Num igitur eum postea censes anxio
animo aut sollicito fuisse? Nihil minus, contraque illa
hereditate dives ob eamque rem laetus. Magni enim
aestimabat pecuniam non modo non contra leges sed
etiam legibus partam. Quae quidem vel cum periculo
20 est quaerenda vobis; est enim effectrix multarum et
magnarum voluptatum.

'Ut igitur illis qui recta et honesta quae sunt, ea 56
statuunt per se expetenda, adeunda sunt saepe pericula
decoris honestatisque causa, sic vestris, qui omnia
25 voluptate metiuntur, pericula adeunda sunt ut adipis-
cantur magnas voluptates. Si magna res, magna hereditas agetur, cum pecunia voluptates pariantur plurimae,
idem erit Epicuro vestro faciendum, si suum finem
bonorum sequi volet, quod Scipioni, magna gloria
30 proposita si Hannibalem in Africam retraxisset.
Itaque quantum adiit periculum! Ad honestatem

19 Cf. Epicurus fr. 42* Usener

2–3 factum sextilius φ   23 saepe φ: seu A^1: sue R: ceu A^2:
sive ε: quaevis P: om. S   28 idem ς: idemque ω

enim illum omnem conatum suum referebat, non ad
voluptatem. Sic vester sapiens magno aliquo emolumento commotus †cum causa†, si opus erit, dimicabit.
57 Occultum facinus esse potuerit, gaudebit; deprehensus
omnem poenam contemnet. Erit enim instructus ad 5
mortem contemnendam, ad exsilium, ad ipsum etiam
dolorem. Quem quidem vos, cum improbis poenam
proponitis, impetibilem facitis, cum sapientem semper
boni plus habere vultis, tolerabilem.

[XVIII] 'Sed finge non solum callidum eum qui 10
aliquid improbe faciat, verum etiam praepotentem, ut
M. Crassus fuit, qui tamen solebat uti suo bono, ut
hodie est noster Pompeius, cui recte facienti gratia est
habenda; esse enim quam vellet iniustus poterat
impune. Quam multa vero iniuste fieri possunt quae 15
58 nemo possit reprehendere! Si te amicus tuus moriens
rogaverit ut hereditatem reddas suae filiae, nec usquam
id scripserit, ut scripsit Fadius, nec cuiquam dixerit,
quid facies? Tu quidem reddes; ipse Epicurus fortasse
redderet, ut Sex. Peducaeus, Sex. f., is qui hunc 20
nostrum reliquit effigiem et humanitatis et probitatis
suae filium, cum doctus, tum omnium vir optimus et
iustissimus, cum sciret nemo eum rogatum a C. Plotio,
equite Romano splendido, Nursino, ultro ad mulierem
venit eique nihil opinanti viri mandatum exposuit 25
hereditatemque reddidit. Sed ego ex te quaero, quoniam idem tu certe fecisses, nonne intellegas eo
maiorem vim esse naturae quod ipsi vos, qui omnia
ad vestrum commodum et, ut ipsi dicitis, ad voluptatem referatis, tamen ea faciatis e quibus appareat 30
non voluptatem vos, sed officium sequi, plusque
59 rectam naturam quam rationem pravam valere. Si

---

3 *locus nondum sanatus*   14 iniustus ς: iniquus iustus *A*εδ:
iniquus iniustus *S*: iniquus φ   17 filiae suae φ

scieris, inquit Carneades, aspidem occulte latere
uspiam et velle aliquem imprudentem super eam
adsidere cuius mors tibi emolumentum futura sit,
improbe feceris nisi monueris ne adsidat. Sed impunite
5 tamen; scisse enim te quis coarguere possit? Sed nimis
multa. Perspicuum est enim, nisi aequitas fides iustitia
proficiscantur a natura, et si omnia haec ad utilitatem
referantur, virum bonum non posse reperiri; deque his
rebus satis multa in nostris de re publica libris sunt
10 dicta a Laelio.

[XIX] 'Transfer idem ad modestiam vel tempe- 60
rantiam, quae est moderatio cupiditatum rationi
oboediens. Satisne ergo pudori consulat, si quis sine
teste libidini pareat? An est aliquid per se ipsum
15 flagitiosum, etiamsi nulla comitetur infamia?

'Quid? fortes viri voluptatumne calculis subductis
proelium ineunt, sanguinem pro patria profundunt, an
quodam animi ardore atque impetu concitati? Utrum
tandem censes, Torquate, Imperiosum illum, si nostra
20 verba audiret, tuamne de se orationem libentius audi-
turum fuisse an meam, cum ego dicerem nihil eum
fecisse sua causa omniaque rei publicae, tu contra nihil
nisi sua? Si vero id etiam explanare velles apertiusque
diceres nihil eum fecisse nisi voluptatis causa, quo-
25 modo eum tandem laturum fuisse existimas? Esto, 61
fecerit, si ita vis, Torquatus propter suas utilitates
(malo enim dicere quam voluptates, in tanto praesertim
viro): num etiam eius collega P. Decius, princeps in ea
familia consulatus, cum se devoverat et equo admisso in
30 mediam aciem Latinorum inruebat, aliquid de voluptatibus suis cogitabat? Ubi ut eam caperet aut quando?

1 *fr. 6 Mette*

3 emolumento ς   4 monueris *a*: monueris eum φ   27 ⟨ita⟩
dicere *Bremius* (*sed cf. Fam. 3. 10. 1*)   28 collega eius φ
29 devoverat *Dav.*: -eret ω

cum sciret confestim esse moriendum eamque mortem
ardentiore studio peteret quam Epicurus voluptatem
petendam putat. Quod quidem eius factum nisi esset
iure laudatum, non esset imitatus quarto consulatu suo
filius, neque porro ex eo natus cum Pyrrho bellum 5
gerens consul cecidisset in proelio seque e continenti
genere tertiam victimam rei publicae praebuisset.

62 'Contineo me ab exemplis. Graecis hoc modicum
est, Leonidas, Epaminondas, tres aliqui aut quattuor:
ego si nostros colligere coepero, perficiam illud 10
quidem, ut se virtuti tradat constringendam voluptas,
sed dies me deficiet, et, ut Aulus Varius, qui est habitus
iudex durior, dicere consessori solebat, cum datis
testibus alii tamen citarentur, "Aut hoc testium satis
est, aut nescio quid satis sit", sic a me satis datum est 15
testium. Quid enim? te ipsum, dignissimum maioribus
tuis, voluptasne induxit ut adulescentulus eriperes P.
Sullae consulatum? Quem cum ad patrem tuum rettu-
lisses, fortissimum virum, qualis ille vel consul vel civis
cum semper, tum post consulatum fuit! Quo quidem 20
auctore nos ipsi ea gessimus ut omnibus potius quam
ipsis nobis consuluerimus.

63 'At quam pulchre dicere videbare, cum ex altera
parte ponebas cumulatum aliquem plurimis et maximis
voluptatibus nullo nec praesenti nec futuro dolore, ex 25
altera autem cruciatibus maximis toto corpore nulla nec
adiuncta nec sperata voluptate, et quaerebas quis aut
hoc miserior aut superiore illo beatior; deinde conclu-
debas summum malum esse dolorem, summum bonum
voluptatem! 30

[XX] 'L. Thorius Balbus fuit, Lanuvinus, quem
meminisse tu non potes. Is ita vivebat ut nulla tam

12 habitus est φ   13 consessori A: conf- βφ   20 cum
AMSR: tum O: eum φ: est P   24 aliquem cumulatum φ

exquisita posset inveniri voluptas qua non abundaret.
Erat et cupidus voluptatum et eius generis intellegens
et copiosus, ita non superstitiosus ut illa plurima in sua
patria sacrificia et fana contemneret, ita non timidus ad
5 mortem ut in acie sit ob rem publicam interfectus.
Cupiditates non Epicuri divisione finiebat, sed sua **64**
satietate. Habebat tamen rationem valetudinis: uteba-
tur iis exercitationibus ut ad cenam et sitiens et
esuriens veniret, eo cibo qui et suavissimus esset et
10 idem facillimus ad concoquendum, vino et ad voluptatem et ne noceret. Cetera illa adhibebat quibus
demptis negat se Epicurus intellegere quid sit bonum.
Aberat omnis dolor; qui si adesset, nec molliter ferret et
tamen medicis plus quam philosophis uteretur. Color
15 egregius, integra valetudo, summa gratia, vita denique
conferta voluptatum omnium varietate. Hunc vos **65**
beatum: ratio quidem vestra sic cogit. At ego quem
huic anteponam non audeo dicere: dicet pro me ipsa
virtus nec dubitabit isti vestro beato M. Regulum
20 anteponere, quem quidem, cum sua voluntate, nulla
vi coactus praeter fidem quam dederat hosti, ex patria
Carthaginem revertisset, tum ipsum, cum vigiliis et
fame cruciaretur, clamat virtus beatiorem fuisse quam
potantem in rosa Thorium. Bella magna gesserat, bis
25 consul fuerat, triumpharat nec tamen sua illa superiora
tam magna neque tam praeclara ducebat quam illum
ultimum casum quem propter fidem constantiamque
susceperat; qui nobis miserabilis videtur audientibus,
illi perpetienti erat voluptarius. Non enim hilaritate

11 *Epicurus fr. 67 Usener*

1 voluptas posset inveniri ϕ 7 rationem P^1: -e *rell.*
10 coquendum ϕ 11 *fort.* ⟨ut⟩ ne, *ut monuit Wesenberg*
16 vos $A\gamma$: nos ϕ: vero δ 17 cogit. At ego *T. Bentley*: cogitat.
ego ω 22 tum ς: eum ω 24 rosa thorium. bella ϵP: rosa.
thorius bella ASR: rosa thorius bella ϕ 25 illa sua ϕ
29 voluptarius O^2: volunt- ω

nec lascivia nec risu aut ioco, comite levitatis, saepe
66 etiam tristes firmitate et constantia sunt beati. Stuprata
per vim Lucretia a regis filio testata civis se ipsa
interemit. Hic dolor populi Romani duce et auctore
Bruto causa civitati libertatis fuit, ob eiusque mulieris 5
memoriam primo anno et vir et pater eius consul est
factus. Tenuis L.Verginius unusque de multis sexage-
simo anno post libertatem receptam virginem filiam
sua manu occidit potius quam ea Ap. Claudi libidini,
qui tum erat summo ⟨cum⟩ imperio, dederetur. 10

67   [XXI] 'Aut haec tibi, Torquate, sunt vituperanda
aut patrocinium voluptatis repudiandum. Quod autem
patrocinium aut quae ista causa est voluptatis quae nec
testes ullos e claris viris nec laudatores poterit adhibere? Ut enim nos ex annalium monimentis testes 15
excitamus eos quorum omnis vita consumpta est in
laboribus gloriosis, qui voluptatis nomen audire non
possent, sic in vestris disputationibus historia muta est.
Numquam audivi in Epicuri schola Lycurgum,
Solonem, Miltiadem, Themistoclem, Epaminondam 20
nominari, qui in ore sunt ceterorum omnium
philosophorum. Nunc vero, quoniam haec nos etiam
tractare coepimus, suppeditabit nobis Atticus noster e
68 thesauris suis quos et quantos viros! Nonne melius est
de his aliquid quam tantis voluminibus de Themista 25
loqui? Sint ista Graecorum; quamquam ab iis philosophiam et omnes ingenuas disciplinas habemus; sed
tamen est aliquid quod nobis non liceat, liceat illis.

   'Pugnant Stoici cum Peripateticis. Alteri negant
quicquam esse bonum nisi quod honestum sit, alteri 30
plurimum se et longe longeque plurimum tribuere

---

3 ipsa *A*ε: ipsam *SP*φ: ipse *R*   4 interfecit φ   6–7 factus
est φ   9 sua γ: suam *rell.*   App. *Man.*: p. ω   10 cum
suppl. I. Mueller: in *P*   20 Solonem *AO²SP²*: sal- *rell.*
23 e *AB*: ex δ: et *E*: *om.* γ

honestati, sed tamen et in corpore et extra esse quaedam bona. Et certamen honestum et disputatio splendida! Omnis est enim de virtutis dignitate contentio. At
cum tuis cum disseras, multa sunt audienda etiam de
5 obscenis voluptatibus, de quibus ab Epicuro saepis-
sime dicitur. Non potes ergo ista tueri, Torquate, mihi **69**
crede, si te ipse et tuas cogitationes et studia perspex-
eris; pudebit te, inquam, illius tabulae quam Cleanthes
sane commode verbis depingere solebat. Iubebat eos
10 qui audiebant secum ipsos cogitare pictam in tabula
Voluptatem pulcherrimo vestitu et ornatu regali in
solio sedentem; praesto esse Virtutes ut ancillulas,
quae nihil aliud agerent, nullum suum officium ducer-
ent nisi ut Voluptati ministrarent et eam tantum ad
15 aurem admonerent (si modo id pictura intellegi posset)
ut caveret ne quid faceret imprudens quod offenderet
animos hominum, aut quicquam e quo oriretur aliquis
dolor. "Nos quidem Virtutes sic natae sumus ut tibi
serviremus, aliud negoti nihil habemus."

20   [XXII] 'At negat Epicurus (hoc enim vestrum lumen **70**
est) quemquam qui honeste non vivat iucunde posse
vivere. Quasi ego id curem, quid ille aiat aut neget:
illud quaero, quid ei qui in voluptate summum bonum
ponat consentaneum sit dicere. Quid adfers cur Thor-
25 ius, cur †Chius Postumius†, cur omnium horum
magister, Orata, non iucundissime vixerit? Ipse negat,
ut ante dixi, luxuriosorum vitam reprendendam, nisi
plane fatui sint, id est nisi aut cupiant aut metuant.

---

3 *Epicurus fr. 415 Usener*   8 *SVF I. 553*   22 *Non.
70,16 (s.v. AIAT)* quasi . . . neget

4 disseris *Kayser*   5 de *P*: *om. rell.*   6 ergo α: igitur φ
19 negotii nihil ς: negotium nihil α: negocium non φ   22 aiat
γ*P*, *Non.*: alat *ARφ*   25 cur chius postumius *ASR*: curchius
postumius ε: postumius curchius *P*· curchius (curehius *B*) postumus
φ: cur Hirrius, cur Postumius (*sed recte* Hirrus) *Kayser* (*cf. RE s.v.
Postumius (53), C. Lucilius Hirrus (25)*)

Quarum ambarum rerum cum medicinam pollicetur,
luxuriae licentiam pollicetur. His enim rebus detractis
negat se reperire in asotorum vita quod reprendat.

71 'Non igitur potestis voluptate omnia derigentes aut
tueri aut retinere virtutem. Nam nec vir bonus ac ⁵
iustus haberi debet qui, ne malum habeat, abstinet se
ab iniuria. Nosti, credo, illud

Nemo pius est qui pietatem . . .:

cave putes quicquam esse verius. Nec enim dum metuit
iustus est, et certe, si metuere destiterit, non erit; non ¹⁰
metuet autem sive celare poterit sive opibus magnis
quidquid fecerit obtinere, certeque malet existimari
bonus vir, ut non sit, quam esse, ut non putetur. Ita,
quod turpissimum est, pro vera certaque iustitia simu-
lationem nobis iustitiae traditis praecipitisque quodam ¹⁵
modo ut nostram stabilem conscientiam contemnamus,
aliorum errantem opinionem aucupemur.

72 'Quae dici eadem de ceteris virtutibus possunt,
quarum omnium fundamenta vos in voluptate tamquam in aqua ponitis. Quid enim? fortemne possumus ²⁰
dicere eundem illum Torquatum?—delector enim,
quamquam te non possum, ut ais, corrumpere, delector, inquam, et familia vestra et nomine. Et hercule
mihi vir optimus nostrique amantissimus, A. Torquatus, versatur ante oculos, cuius quantum studium et ²⁵
quam insigne fuerit erga me temporibus illis quae nota
sunt omnibus scire necesse est utrumque vestrum.
Quae mihi ipsi, qui volo et esse et haberi gratus,

8 versus ignoti poetae

1 medicinam cum φ   4 dirigentes ω   10 destiterit β:
desistit A: destitere φ   11 potuerit φ   12 malet ed. Ven.
1480: mallet ω   13 vir bonus φ   14 turpissimum T.
Bentley: cert- ω

72

grata non essent, nisi eum perspicerem mea causa mihi amicum fuisse, non sua, nisi hoc dicis sua, quod interest omnium recte facere. Si id dicis, vicimus; id enim volumus, id contendimus, ut offici fructus sit

5 ipsum officium. Hoc ille tuus non vult, omnibusque ex 73 rebus voluptatem quasi mercedem exigit. Sed ad illum redeo. Si voluptatis causa cum Gallo apud Anienem depugnavit provocatus et ex eius spoliis sibi et torquem et cognomen induit ullam aliam ob causam nisi quod ei

10 talia facta digna viro videbantur, fortem non puto. Iam si pudor, si modestia, si pudicitia, si uno verbo temperantia poenae aut infamiae metu coercebuntur, non sanctitate sua se tuebuntur, quod adulterium, quod stuprum, quae libido non se proripiet ac proiciet aut

15 occultatione proposita aut impunitate aut licentia?

'Quid? illud, Torquate, quale tandem videtur, te isto 74 nomine ingenio gloria quae facis, quae cogitas, quae contendis quo referas, cuius rei causa perficere quae conaris velis, quid optimum denique in vita iudices

20 non audere in conventu dicere? Quid enim mereri velis, iam cum magistratum inieris et in contionem ascenderis (est enim tibi edicendum quae sis observaturus in iure dicendo, et fortasse etiam, si tibi erit visum, aliquid de maioribus tuis et de te ipso dices more

25 maiorum), quid merearis igitur ut dicas te in eo magistratu omnia voluptatis causa facturum esse teque nihil fecisse in vita nisi voluptatis causa? "An me" inquis "tam amentem putas ut apud imperitos isto modo loquar?" At tu eadem ista dic in iudicio aut, si

30 coronam times, dic in senatu. Numquam facies. Cur, nisi quod turpis oratio est? Mene ergo et Triarium dignos existimas apud quos turpiter loquare?

9 ullam *ed. Ven. 1480*: nullam ω   15 aut²] ac *Lamb.*
19 quid ς: quod ω   31 quod *om.* φ   32 existimas Sφ: -es
rell.

75   [XXIII] 'Verum esto: verbum ipsum voluptatis non
habet dignitatem, nec nos fortasse intellegimus; hoc
enim identidem dicitis, non intellegere nos quam
dicatis voluptatem. Rem videlicet difficilem et
obscuram! Individua cum dicitis et intermundia, quae 5
nec sunt ulla nec possunt esse, intellegimus, voluptas,
quae passeribus omnibus nota est, a nobis intellegi non
potest? Quid si efficio ut fateare me non modo quid sit
voluptas scire (est enim iucundus motus in sensu), sed
etiam quid eam tu velis esse? Tum enim eam ipsam vis 10
quam modo ego dixi, et nomen imponis in motu ut sit
et faciat aliquam varietatem, tum aliam quandam
summam voluptatem, quo addi nihil possit; eam tum
adesse cum dolor omnis absit; eam stabilem appellas.

76 Sit sane ista voluptas. Dic in quovis conventu te omnia 15
facere ne doleas. Si ne hoc quidem satis ample, satis
honeste dici putas, dic te omnia et in isto magistratu et
in omni vita utilitatis tuae causa facturum, nihil nisi
quod expediat, nihil denique nisi tua causa: quem
clamorem contionis aut quam spem consulatus eius 20
qui tibi paratissimus est futuram putas? Eamne rationem igitur sequere qua tecum ipse et cum tuis utare,
profiteri et in medium proferre non audeas? At vero illa
quae Peripatetici, quae Stoici dicunt, semper tibi in ore
sunt in iudiciis, in senatu. Officium, aequitatem, 25
dignitatem, fidem, recta, honesta, digna imperio,
digna populo Romano, omnia pericula pro re publica,
mori pro patria, haec cum loqueris, nos barones

77 stupemus, tu videlicet tecum ipse rides. Nam inter
ista tam magnifica verba tamque preclara non habet 30
ullum voluptas locum, non modo illa quam in motu

10 Cf. Epicurus fr. 1 Usener   31 Cf. Epicurus fr. 1 Usener

4 videlicet Man.: vides ω   13 quo AγR: qua φ: cui P (cf.
TLL. i. 589. 3 sqq.)   19 tui φ   21 putas ε: putes rell.

esse dicitis, quam omnes urbani rustici, omnes, inquam, qui Latine loquuntur, voluptatem vocant, sed ne haec quidem stabilis, quam praeter vos nemo appellat voluptatem.

5 [XXIV] 'Vide igitur ne non debeas verbis nostris uti, sententiis tuis. Quod si vultum tibi, si incessum fingeres quo gravior viderere, non esses tui similis: verba tu fingas et ea dicas quae non sentias? aut etiam, ut vestitum, sic sententiam habeas aliam domes-
10 ticam, aliam forensem, ut in fronte ostentatio sit, intus veritas occultetur? Vide, quaeso, rectumne sit. Mihi quidem eae verae videntur opiniones quae honestae, quae laudabiles, quae gloriosae, quae in senatu, quae apud populum, quae in omni coetu concilioque profit-
15 endae sint, ne id non pudeat sentire quod pudeat dicere.

'Amicitiae vero locus ubi esse potest aut quis 78 amicus esse cuiquam quem non ipsum amet propter ipsum? Quid autem est amare, e quo nomen ductum
20 amicitiae est, nisi velle bonis aliquem adfici quam maximis, etiamsi ad se ex iis nihil redundet? "Prodest" inquit "mihi eo esse animo." Immo videri fortasse; esse enim, nisi eris, non potes. Qui autem esse poteris, nisi te amor ipse ceperit? quod non subducta utilitatis
25 ratione effici solet, sed ipsum a se oritur et sua sponte nascitur. "At enim sequor utilitatem." Manebit ergo amicitia tam diu quam diu sequetur utilitas, et, si utilitas amicitiam constituet, tollet eadem. Sed quid 79 ages tandem, si utilitas ab amicitia, ut fit saepe,

23–5 *Non. 399,16 (s.v. SUBDUCERE)* qui autem . . . solet

12 eae *S*: hae *Aδ*: et *φ*: esse *ε*   21 nihil ex hi(i)s *Oφ* redundet *Mdv.²*: redeunt. et *AM*: redeunt et *Rφ*: redeat. et *OP*: redeat. quid *S*   24 subducta *Non.*: subdubia *ASRφ*: sub dubia *OP*: subsidia *M*   27 tam diu quam diu *A²P*: tam diu *A¹Rφ*: quam diu *γ*

defecerit? Relinquesne? quae ista amicitia est? Retine-
bis? qui convenit? quid enim de amicitia statueris
[utilitatis causa expetenda] vides. "Ne in odium
veniam si amicum destitero tueri." Primum cur ista
res digna odio est nisi quod est turpis? Quod si, ne quo   5
incommodo adficiare, non relinques amicum, tamen,
ne sine fructu adligatus sis, ut moriatur optabis. Quid si
non modo utilitatem tibi nullam adferet, sed iacturae
rei familiaris erunt faciendae, labores suscipiendi,
adeundum vitae periculum? Ne tum quidem te respi-   10
cies et cogitabis sibi quemque natum esse et suis
voluptatibus? Vadem te ad mortem tyranno dabis pro
amico, ut Pythagoreus ille Siculo fecit tyranno, aut
Pylades cum sis, dices te esse Orestem, ut moriare
pro amico, aut si esses Orestes, Pyladem refelleres, te   15
indicares et, si id non probares, quominus ambo una
necaremini non precarere?

80   [XXV] 'Faceres tu quidem, Torquate, haec omnia;
nihil enim arbitror esse magna laude dignum quod te
praetermissurum credam aut mortis aut doloris metu.   20
Non quaeritur autem quid naturae tuae consentaneum
sit, sed quid disciplinae. Ratio ista quam defendis,
praecepta quae didicisti, quae probas, funditus evertunt amicitiam, quamvis eam Epicurus, ut facit, in
caelum efferat laudibus. "At coluit ipse amicitias."   25
Quis, quaeso, illum negat et bonum virum et comem
et humanum fuisse? De ingenio eius in his disputationibus, non de moribus quaeritur. Sit ista in Graecorum

---

23 *Epicurus fr. 539 Usener*   24 *Cf. fr. 539 Usener, Sent. 27*

---

1 relinquesne? quae] relinques ne que *B*: relinquens ne que *E*:
relinquens neque *A¹R¹*: relinques neque *A²P*: relinquens ne qua *R²*:
relinques ne quaque *OS*: *deficit M*   3 utilitatis causa expetenda
om. ς   14 oresten *A*   19 esse *Aγ*: esse *B*, esset *E*, *sed ab
utroque post* dignum *conlocatum: om.* δ, *edd. multi*   22 quid *γP²*:
quod *rell.*   26 quaeso *Dav. dub.*: quasi ω

levitate perversitas, qui maledictis insectantur eos a
quibus de veritate dissentiunt. Sed quamvis comis in
amicis tuendis fuerit, tamen, si haec vera sunt (nihil
enim adfirmo), non satis acutus fuit. "At multis se
5 probavit." Et quidem iure fortasse, sed tamen non 81
gravissimum est testimonium multitudinis. In omni
enim arte vel studio vel quavis scientia vel in ipsa
virtute optimum quidque rarissimum est. Ac mihi
quidem, quod et ipse bonus vir fuit et multi Epicurei
10 et fuerunt et hodie sunt et in amicitiis fideles et in omni
vita constantes et graves nec voluptate sed officio
consilia moderantes, hoc videtur maior vis honestatis
et minor voluptatis. Ita enim vivunt quidam ut eorum
vita refellatur oratio. Atque ut ceteri dicere exi-
15 stimantur melius quam facere, sic hi mihi videntur
facere melius quam dicere.

[XXVI] 'Sed haec nihil sane ad rem: illa videamus 82
quae a te de amicitia dicta sunt. E quibus unum mihi
videbar ab ipso Epicuro dictum cognoscere, amici-
20 tiam a voluptate non posse divelli ob eamque rem
colendam esse quod, ⟨cum⟩ sine ea tuto et sine metu
vivi non posset, ne iucunde quidem posset. Satis est ad
hoc responsum. Adtulisti aliud humanius horum
recentiorum, numquam dictum ab ipso illo, quod
25 sciam, primo utilitatis causa amicum expeti, cum
autem usus accessisset, tum ipsum amari per se etiam
omissa spe voluptatis. Hoc etsi multis modis repre-
hendi potest, tamen accipio quod dant; mihi enim

---

17 *fr. 541 Usener*   23-5 *Non. 167,22 (s.v.* RECENTIORUM*)*
horum . . . sciam

2-3 fuerit in amicis tuendis φ   9-10 Epicurei et *Lamb.*: et
epicurei *AOS*: epicurei *Mδ*: epicurei sunt φ   11 sed *A²γP*: se
A¹Rφ   21 cum *add. Mdv.*: si *Man.¹*   22 ne *Lamb.*: nec
ω   24 ipso illo α: illo ipso φ: illo *Non.*   27 multis modis γ:
multimodis *rell.* (*cf. Orat. 153*)

satis est, ipsis non satis. Nam aliquando posse recte
fieri dicunt nulla exspectata nec quaesita voluptate.

83 Posuisti etiam dicere alios foedus quoddam inter se
facere sapientis, ut, quem ad modum sint in se ipsos
animati, eodem modo sint erga amicos; id et fieri posse 5
et saepe esse factum et ad voluptates percipiendas
maxime pertinere. Hoc foedus facere si potuerunt,
faciant etiam illud, ut aequitatem modestiam virtutes
omnis per se ipsas gratis diligant. An vero, si fructibus
et emolumentis et utilitatibus amicitias colemus, si 10
nulla caritas erit quae faciat amicitiam ipsam sua
sponte, vi sua, ex se et propter se expetendam,
dubium est quin fundos et insulas amicis anteponamus?

84   'Licet hic rursus ea commemores quae optimis 15
verbis ab Epicuro de laude amicitiae dicta sunt: non
quaero quid dicat, sed quid convenienter possit rationi
et sententiae suae dicere. "Utilitatis causa amicitia est
quaesita." Num igitur utiliorem tibi hunc Triarium
putas esse posse quam si tua sint Puteolis granaria? 20
Collige omnia quae soletis: "Praesidium amicorum."
Satis est tibi in te, satis in legibus, satis in mediocribus
amicitiis praesidi; iam contemni non poteris; odium
autem et invidiam facile vitabis; ad eas enim res ab
Epicuro praecepta dantur. Et tamen tantis vectigalibus 25
ad liberalitatem utens etiam sine hac Pyladea amicitia
multorum te benivolentia praeclare tuebere et munies.

85 "At quicum ioca seria, ut dicitur, quicum arcana,

---

15 *fr. 539 Usener*   16 *Cf. fr. 539 Usener, Sent. 27*
18 *fr. 541 Usener*   28 ioca seria] *Otto, pp. 176–7*

2 exquisita φ   6 percipiendas *OS*: perspic- *rell.*   9 an
φ: at α   18–19 quaesita est φ   20 granaria *S*: gramana
AεRφ: -ina *P*: -iana *M²*   23 praesidii *Crat. mg.*: -ium ω
26 liberalitatem *ed. Colon.*: libert- ω   etiam *Man.*: eam *AεRφ*: ea *S*:
eis *P*   27 tuebere et *Mdv.*: et tuebere et α: tuebare φ

quicum occulta omnia?" Tecum optime, deinde etiam
cum mediocri amico. Sed fac ista esse non importuna:
quid ad utilitatem tantae pecuniae? Vides igitur, si
amicitiam sua caritate metiare, nihil esse praestantius,
5 sin emolumento, summas familiaritates praediorum
fructuosorum mercede superari. Me igitur ipsum
ames oportet, non mea, si veri amici futuri sumus.

   [XXVII] 'Sed in rebus apertissimis nimium longi
sumus. Perfecto enim et concluso neque virtutibus
10 neque amicitiis usquam locum esse si ad voluptatem
omnia referantur, nihil praeterea est magnopere dicendum. Ac tamen, ne cui loco non videatur esse responsum, pauca etiam nunc dicam ad reliquam orationem
tuam. Quoniam igitur omnis summa philosophiae ad **86**
15 beate vivendum refertur, idque unum expetentes
homines se ad hoc studium contulerunt, beate autem
vivere alii in alio, vos in voluptate ponitis, item contra
miseriam omnem in dolore, id primum videamus,
beate vivere vestrum quale sit. Atque hoc dabitis, ut
20 opinor, si modo sit aliquid esse beatum, id oportere
totum poni in potestate sapientis. Nam si amitti vita
beata potest, beata esse non potest. Quis enim confidit
semper sibi illud stabile et firmum permansurum quod
fragile et caducum sit? Qui autem diffidet perpetuitati
25 bonorum suorum, timeat necesse est ne aliquando
amissis illis sit miser. Beatus autem esse in maximarum
rerum timore nemo potest. Nemo igitur esse beatus **87**
potest. Neque enim in aliqua parte sed in perpetuitate
temporis vita beata dici solet, nec appellatur omnino
30 vita nisi confecta atque absoluta, nec potest quisquam
alias beatus esse, alias miser; qui enim existimabit
posse se miserum esse beatus non erit. Nam cum

---

2 inportuna *A¹OPφ*: inop- *A²SM*: oportuna *R*   14 summa
omnis *φ*   23 sibi semper *φ*   24 diffidit *φ*   29 dici
S: duci *rell.*

suscepta semel est beata vita, tam permanet quam ipsa
illa effectrix beatae vitae sapientia, neque exspectat
ultimum tempus aetatis, quod Croeso scribit Herodotus
praeceptum a Solone.

'At enim, quem ad modum tute dicebas, negat 5
Epicurus ne diuturnitatem quidem temporis ad beate
vivendum aliquid adferre, nec minorem voluptatem
percipi in brevitate temporis quam si illa sit sempi-
88 terna. Haec dicuntur inconstantissime. Cum enim
summum bonum in voluptate ponat, negat infinito 10
tempore aetatis voluptatem fieri maiorem quam finito
atque modico. Qui bonum omne in virtute ponit, is
potest dicere perfici beatam vitam perfectione virtutis;
negat enim summo bono adferre incrementum diem.
Qui autem voluptate vitam effici beatam putabit, 15
qui sibi is conveniet si negabit voluptatem crescere
longinquitate? Igitur ne dolorem quidem. An dolor
longissimus quisque miserrimus, voluptatem non
optabiliorem diuturnitas facit? Quid est igitur cur ita
semper deum appellet Epicurus beatum et aeternum? 20
Dempta enim aeternitate nihilo beatior Iuppiter quam
Epicurus; uterque enim summo bono fruitur, id est
voluptate. "At enim hic etiam dolore." At eum nihili
facit; ait enim se, si uratur, "Quam hoc suave!"
89 dicturum. Qua igitur re ab deo vincitur si aeternitate 25
non vincitur? In qua quid est boni praeter summam
voluptatem, et eam sempiternam? Quid ergo attinet
gloriose loqui nisi constanter loquare? In voluptate
corporis (addam, si vis, animi, dum ea ipsa, ut vultis,

3 *Hdt. 1. 32*   6 *Sent. 19*   20 *fr. 602 Usener*
23 *fr. 601 Usener*

5 at enim *Man*.⁴: etenim ω   6 ne *Mdv*.²: nec γφ: *om.*
Aδ   20 epicurus appellet beatum B: epicurus beatum appellet
E   23 nihili *ed. Colon.*: nihil ω   24 se si uratur A²: si
uratur φ: si iuratur A¹: sese iuraturum γ: se si iuratum R: se sui ratum
P   25 ab AεR: a SPφ

sit e corpore) situm est vivere beate. Quid? istam
voluptatem perpetuam quis potest praestare sapienti?
Nam quibus rebus efficiuntur voluptates, eae non sunt
in potestate sapientis. Non enim in ipsa sapientia
5 positum est beatum esse, sed in iis rebus quas sapientia
comparat ad voluptatem. Totum autem id externum
est, et quod externum, id in casu est. Ita fit beatae vitae
domina fortuna, quam Epicurus ait exiguam intervenire sapienti.

10 [XXVIII] ' "Age," inquies "ista parva sunt. Sapien- 90
tem locupletat ipsa natura, cuius divitias Epicurus
parabiles esse docuit." Haec bene dicuntur, nec ego
repugno; sed inter sese ipsa pugnant. Negat enim
tenuissimo victu, id est contemptissimis escis et potio-
15 nibus, minorem voluptatem percipi quam rebus exqui-
sitissimis ad epulandum. Huic ego, si negaret
quicquam interesse ad beate vivendum quali uteretur
victu, concederem, laudarem etiam; verum enim
diceret, idque Socratem, qui voluptatem nullo loco
20 numerat, audio dicentem, cibi condimentum esse
famem, potionis sitim. Sed qui ad voluptatem omnia
referens vivit ut Gallonius, loquitur ut Frugi ille Piso,
non audio nec eum quod sentiat dicere existimo.
Naturales divitias dixit parabiles esse, quod parvo 91
25 esset natura contenta. Certe, nisi voluptatem tanti
aestimaretis. "Non minor" inquit "voluptas percipitur
ex vilissimis rebus quam ex pretiosissimis." Hoc est
non modo cor non habere, sed ne palatum quidem. Qui
enim voluptatem ipsam contemnunt, iis licet dicere se

8 *Sent. 16*   11 *fr. 468 Usener*   24 *fr. 468 Usener*
28–p. 82.1 *Non. 550,15 (s.v.* MAENAE) qui enim . . . anteponere

1 e φ: et α: ex *Baiter*   3 eae *Mdv*.: hee *MSφ*: hae *AOδ*
3–4 sunt in potestate *A²β*: sunt potestate *A¹*: in potestate sunt φ
29 voluptates ipsas *Non.*

acupenserem maenae non anteponere. Cui vero in voluptate summum bonum est, huic omnia sensu, non ratione sunt iudicanda, eaque dicenda optima quae sunt suavissima.

92 'Verum esto; consequatur summas voluptates non modo parvo, sed per me nihilo, si potest; sit voluptas non minor in nasturcio illo quo vesci Persas esse solitos scribit Xenophon quam in Syracusanis mensis quae a Platone graviter vituperantur; sit, inquam, tam facilis quam vultis comparatio voluptatis: quid de dolore dicemus? cuius tanta tormenta sunt ut in iis beata vita, si modo dolor summum malum est, esse non possit. Ipse enim Metrodorus, paene alter Epicurus, beatum esse describit his fere verbis: "cum corpus bene constitutum sit et sit exploratum ita futurum." An id exploratum cuiquam potest esse quomodo se hoc habiturum sit corpus non dico ad annum, sed ad vesperum? Dolor ergo, id est summum malum, metuetur semper, etiamsi non aderit; iam enim adesse poterit. Qui potest igitur habitare in beata vita summi mali

93 metus? "Traditur" inquit "ab Epicuro ratio neglegendi doloris." Iam id ipsum absurdum, maximum malum neglegi. Sed quae tandem ista ratio est? "Maximus dolor" inquit "brevis est." Primum quid tu dicis breve? deinde dolorem quem maximum? Quid enim? summus dolor plures dies manere non potest? Vide ne etiam menses! Nisi forte eum dicis qui simul atque arripuit interficit. Quis istum dolorem timet? Illum mallem levares quo optimum atque humanissimum virum, Cn. Octavium, Marci filium, familiarem

8 *Cyr. 1. 2. 8*   9 *Rep. 404d; Ep. 326b*   13 *fr. 5 Koerte*

4 sint α   16 se hoc A^2E: se haec A^1O^1: se hic B: se hee R: si haec M: sese hoc S: sese O^2P 18 ergo Aγ: igitur δφ   22 id T. *Bentley*: ad φ: om. α   28 interfecit φ

meum, confici vidi, nec vero semel nec ad breve
tempus sed et saepe ⟨et⟩ plane diu. Quos ille, di
immortales, cum omnes artus ardere viderentur, cru-
ciatus perferebat! Nec tamen miser esse, quia summum
5 id malum non erat, tantum modo laboriosus videbatur;
at miser, si in flagitiosa et vitiosa vita adflueret voluptatibus.

[XXIX] 'Quod autem magnum dolorem brevem, **94**
longinquum levem esse dicitis, id non intellego quale
10 sit. Video enim et magnos et eosdem bene longinquos
dolores, quorum alia toleratio est verior, qua uti vos
non potestis, qui honestatem ipsam per se non amatis.
Fortitudinis quaedam praecepta sunt ac paene leges,
quae effeminari virum vetant in dolore. Quam ob rem
15 turpe putandum est, non dico dolere (nam id quidem
est interdum necesse), sed saxum illud Lemnium
clamore Philocteteo funestare,

> Quod eiulatu questu gemitu fremitibus
> Resonando mutum flebiles voces refert.

20 Huic Epicurus praecentet, si potest, cui

> ⟨E⟩ viperino morsu venae viscerum
> Veneno inbutae taetros cruciatus cient!

'Sic Epicurus: "Philocteta, si gravis dolor, brevis."
At iam decimum annum in spelunca iacet. "Si longus,

---

8 *Epicurus, Epist. 3. 133*   18 *Accius, Philocteta, trag. 550–1*
Ribbeck³, 215–16 Dangel. Cf. Tusc. 2. 33   21 *trag. 552–3*
Ribbeck³, 235–6 Dangel. Cf. Tusc. 2. 19, Non. 324, 28–9

2 et *add. Halm*   6 et α: atque φ   9 levem *MR*φ: lenem
AOSP   17 philocteteo *A²*: -cteto *A'R*: -ctete *M²O*: -tete *M'S*:
-ctere φ: -tecto *P*   20 praecentet φ: et (*post spatium relictum*) ε:
et (*nullo spatio*) *AS*: praeterirent et *R*: competenter et *P*   cui] cum
Baiter (*conl. Tusc. 2. 19*)   21 e *suppl. Baiter* (*conl. Tusc. loc. cit.
et Non.*)   23 sic *M*φ: sit *AOS*δ   gravis dolor brevis *P*: brevis
dolor levis *rell.*

95 levis; dat enim intervalla et relaxat." Primum non
saepe, deinde quae est ista relaxatio, cum et praeteriti
doloris memoria recens est et futuri atque impendentis
torquet timor? "Moriatur", inquit. Fortasse id optimum, sed ubi illud "Plus semper voluptatis"? Si enim 5
ita est, vide ne facinus facias cum mori suadeas. Potius
ergo illa dicantur, turpe esse, viri non esse debilitari
dolore, frangi, succumbere. Nam ista vestra "Si gravis,
brevis; si longus, levis" dictata sunt. Virtutis, magni-
tudinis animi, patientiae, fortitudinis fomentis dolor 10
mitigari solet.

96 [XXX] 'Audi, ne longe abeam, moriens quid dicat
Epicurus, ut intellegas facta eius cum dictis discrepare:
"Epicurus Hermarcho salutem. Cum ageremus"
inquit "vitae beatum et eundem supremum diem, 15
scribebamus haec. Tanti autem aderant vesicae et
torminum morbi ut nihil ad eorum magnitudinem
posset accedere." Miserum hominem! Si dolor
summum malum est, dici aliter non potest. Sed audiamus ipsum: "Compensabatur" inquit "tamen cum his 20
omnibus animi laetitia quam capiebam memoria ratio-
num inventorumque nostrorum. Sed tu, ut dignum est
tua erga me et philosophiam voluntate ab adulescentulo
97 suscepta, fac ut Metrodori tueare liberos." Non ego
iam Epaminondae, non Leonidae mortem huius morti 25
antepono. Quorum alter cum vicisset Lacedaemonios
apud Mantineam atque ipse gravi vulnere exanimari se
videret, ut primum dispexit, quaesivit salvusne esset
clipeus. Cum salvum esse flentes sui respondissent,
rogavit essentne fusi hostes. Cum id quoque, ut 30

14 *fr. 122 Usener*

1 levis *SPφ*: lenis *AOR*: *deficit M*   6 facias facinus *φ*
13 ut intelligas *A²φ*: -at *A'εR*: -antur *S*: et intellige *P*   23 et
philosophiam *Baiter*: et philosophia *A'R*: et philosophia et *A²γ*:
philosophia *φ*: et erga philosophiam *P*   28 despexit *Pφ*

cupiebat, audivisset, evelli iussit eam qua erat trans-
fixus hastam. Ita multo sanguine profuso in laetitia et
in victoria est mortuus. Leonidas autem, rex Lace-
daemoniorum, se in Thermopylis trecentosque eos
5 quos eduxerat Sparta, cum esset proposita aut fuga
turpis aut gloriosa mors, opposuit hostibus. Praeclarae
mortes sunt imperatoriae; philosophi autem in suis
lectulis plerumque moriuntur. Refert tamen quomodo.
⟨Beatus⟩ sibi videtur esse moriens. Magna laus. "Com-
10 pensabatur" inquit "cum summis doloribus laetitia."
Audio equidem philosophi vocem, Epicure, sed quid **98**
tibi dicendum sit oblitus es. Primum enim, si vera sunt
ea quorum recordatione te gaudere dicis, hoc est, si
vera sunt tua scripta et inventa, gaudere non potes.
15 Nihil enim iam habes quod ad corpus referas; est autem
a te semper dictum nec gaudere quemquam nisi
propter corpus nec dolere. "Praeteritis" inquit
"gaudeo." Quibusnam praeteritis? si ad corpus pertinentibus, rationes tuas te video compensare cum istis
20 doloribus, non memoriam corpore perceptarum voluptatum; sin autem ad animum, falsum est quod negas
animi ullum esse gaudium quod non referatur ad
corpus. Cur deinde Metrodori liberos commendas?
quid ⟨in⟩ isto egregio tuo officio et tanta fide (sic
25 enim existimo) ad corpus refers?

[XXXI] 'Huc et illuc, Torquate, vos versetis licet, **99**
nihil in hac praeclara epistula scriptum ab Epicuro
congruens et conveniens decretis eius reperietis. Ita
redarguitur ipse a sese, convincunturque scripta eius

9 *fr. 122 Usener*   15 *fr. 430 Usener*   17 *Epicurus fr.
122 Usener*

3 in *om.* φ   9 beatus *suppl. Mdv.*   videbatur φ   24 in
addendum coni. Mdv.: ex *Ald.*   29 redarguitur *ed. Colon.*: -etur
ω   convincunturque *Dav.*: vinc- *Aγφ*: veneanturque *R*: veneunt-
que *P*

probitate ipsius ac moribus. Nam ista commendatio
puerorum, memoria et caritas amicitiae, summorum
officiorum in extremo spiritu conservatio indicat
innatam esse homini probitatem gratuitam, non
invitatam voluptatibus nec praemiorum mercedibus 5
evocatam. Quod enim testimonium maius quaerimus,
quae honesta et recta sint, ipsa esse optabilia per sese,
cum videamus tanta officia morientis?

100   'Sed ut epistulam laudandam arbitror eam quam
modo totidem fere verbis interpretatus sum, quam- 10
quam ea cum summa eius philosophia nullo modo
congruebat, sic eiusdem testamentum non solum ⟨a⟩
philosophi gravitate, sed etiam ab ipsius sententia
iudico discrepare. Scripsit enim et multis saepe verbis
et breviter aperteque in eo libro quem modo nominavi, 15
"mortem nihil ad nos pertinere; quod enim dissolutum
sit, id esse sine sensu, quod autem sine sensu sit, id
nihil ad nos pertinere omnino." Hoc ipsum elegantius
poni meliusque potuit. Nam quod ita positum est,
"quod dissolutum sit, id esse sine sensu", id eiusmodi 20
101   est ut non satis plane dicat quid sit dissolutum. Sed
tamen intellego quid velit. Quaero autem quid sit quod,
cum dissolutione, id est morte, sensus omnis exstin-
guatur, et cum reliqui nihil sit omnino quod pertineat
ad nos, tam accurate tamque diligenter caveat et sanciat 25
"ut Amynomachus et Timocrates, heredes sui, de
Hermarchi sententia dent quod satis sit ad diem
agendum natalem suum quotannis mense Gamelione,
itemque omnibus mensibus vicesimo die lunae dent ad
eorum epulas qui una secum philosophati sint, ut et sui 30
102   et Metrodori memoria colatur." Haec ego non possum

---

14 *Epicurus fr. 338 Usener*   25 *fr. 217 (D.L. 10. 18)*
31 *Metrodorus test. 18 Koerte*

11 philosophia ϕ: -phi α: -phiae *Baiter*   12 a *suppl.*
Ald.   15 apteque α

dicere non esse hominis quamvis et belli et humani,
sapientis vero nullo modo, physici praesertim, quem se
ille esse vult, putare ullum esse cuiusquam diem
natalem. Quid? idemne potest esse dies saepius qui
5 semel fuit? Certe non potest. An eiusdem modi? Ne id
quidem, nisi multa annorum intercesserint milia, ut
omnium siderum eodem unde profecta sint fiat ad
unum tempus reversio. Nullus est igitur cuiusquam
dies natalis. "At habetur!" Et ego id scilicet nesciebam!
10 Sed ut sit, etiamne post mortem coletur, idque testamento cavebit is qui nobis quasi oraculum ediderit
nihil post mortem ad nos pertinere? Haec non erant
eius qui innumerabilis mundos infinitasque regiones,
quarum nulla esset ora, nulla extremitas, mente per-
15 agravisset. Num quid tale Democritus? Ut alios omittam, hunc appello, quem ille unum secutus est. Quod si **103**
dies notandus fuit, eumne potius quo natus an eum quo
sapiens factus est? "Non potuit" inquies "fieri sapiens,
nisi natus esset." [et] Isto modo, ne si avia quidem eius
20 nata non esset. Res tota, Torquate, non doctorum
hominum, velle post mortem epulis celebrari memoriam sui nominis. Quos quidem dies quem ad modum
agatis et in quantam hominum facetorum urbanitatem
incurratis, non dico (nihil opus est litibus): tantum
25 dico, magis fuisse vestrum agere Epicuri diem natalem
quam illius tetamento cavere ut ageretur.

[XXXII] 'Sed ut ad propositum (de dolore enim **104**
cum diceremus, ad istam epistulam delati sumus),
nunc totum illud concludi sic licet: qui in summo malo
30 est, is tum cum in eo est non est beatus; sapiens autem
semper beatus est, et est aliquando in dolore; non est
igitur summum malum dolor.

14–15 Cf. Lucr. 1. 74

3 putare Ald.: -ari ω   14 ora M²Oδ: hora rell.   19 et
del. Man.   30 is tum S: istum A¹R: iste rell.

'Iam illud quale tandem est, bona praeterita non
effluere sapienti, mala meminisse non oportere?
Primum in nostrane potestate est quid meminerimus?
Themistocles quidem, cum ei Simonides an quis alius
artem memoriae polliceretur, "Oblivionis" inquit 5
"mallem; nam memini etiam quae nolo, oblivisci non
105 possum quae volo." Magno hic ingenio, sed res se
tamen sic habet, ut nimis imperiosi philosophi sit
vetare meminisse. Vide ne ista sint Manliana vestra,
aut maiora etiam, si imperes quod facere non possim. 10
Quid si etiam iucunda memoria est praeteritorum
malorum? ut proverbia nonnulla veriora sint quam
vestra dogmata. Vulgo enim dicitur "Iucundi acti
labores", nec male Euripides (concludam, si potero,
Latine; Graecum enim hunc versum nostis omnes): 15

Suavis laborum est praeteritorum memoria.

Sed ad bona praeterita redeamus. Quae si a vobis talia
dicerentur qualibus C. Marius uti poterat, ut expulsus,
egens, in palude demersus tropaeorum recordatione
levaret dolorem suum, audirem et plane probarem. Nec 20
enim absolvi beata vita sapientis neque ad exitum
perduci poterit, si prima quaeque bene ab eo consulta
106 atque facta ipsius oblivione obruentur. Sed vobis voluptatum perceptarum recordatio vitam beatam facit, et
quidem corpore perceptarum. Nam si quae sunt aliae, 25
falsum est omnis animi voluptates esse e corporis
societate. Corporis autem voluptas si etiam praeterita
delectat, non intellego cur Aristoteles Sardanapalli

---

1 *Epicurus fr. 438 Usener*   13 *Otto, pp. 180–1*   16 *Euri-*
pides, Andromeda, fr. 133 Nauck²; Cicero, poet. fr. 75 Traglia, 39
Blänsdorf   26 *Epicurus fr. 430 Usener*   28 *Cf. Ath. 336a,*
Tusc. 5. 101

10 possum φ   13 iucundi (*ex* -dere) O²: -de ω
23 obruentur ϛ: -erentur ω   26 voluptas animi φ   e A²εP: est
R: om. A¹Sφ

epigramma tantopere derideat in quo ille rex Syriae
glorietur se omnis secum libidinum voluptates
abstulisse. Quod enim ne vivus quidem, inquit, diutius
sentire poterat quam dum fruebatur, quomodo id
5 potuit mortuo permanere? Fluit igitur voluptas corporis et prima quaeque avolat saepiusque relinquit
causam paenitendi quam recordandi. Itaque beatior
Africanus cum patria illo modo loquens:

Desine, Roma, tuos hostis . . .

10 reliquaque praeclare:

Nam tibi moenimenta mei peperere labores.

Laboribus hic praeteritis gaudet, tu iubes voluptatibus; et hic se ad ea revocat e quibus nihil umquam
rettulerit ad corpus, tu totus haeres in corpore.

15 [XXXIII] 'Illud autem ipsum qui obtineri potest, **107**
quod dicitis omnis animi et voluptates et dolores ad
corporis voluptates ac dolores pertinere? Nihilne te
delectat umquam (video quicum loquar), te igitur,
Torquate, ipsum per se nihil delectat? Omitto dignita-
20 tem, honestatem, speciem ipsam virtutum, de quibus
ante dictum est, haec leviora ponam: poema, orationem
cum aut scribis aut legis, cum omnium factorum, cum
regionum conquiris historiam, signum, tabula, locus
amoenus, ludi, venatio, villa Luculli (nam si tuam

9 *Ennius, Var. 6–7 Vahlen², Op. inc. 6–7 Skutsch. Cf. De orat. 3.*
167   16 *Epicurus fr. 430 Usener*

2 se omnis γ*P*¹: se omnes *P*²φ: omnis *A*: se causas *R*: omnis se
Baiter   2–3 abstulisse libidinum voluptates φ   5 mortuo
potuit φ   effluit *Schiche*   9 hostis *codd. Cic. De orat. 3. 167*:
hostes ω   11 nam *E*: namque *rell.*   moenimenta *Klotz*²:
moni- *ASR*φ: monu- ε*P*: muni- *Muretus*   peperere φ: reperere
OSP: repperere *A*: repcrire *R*· repetere *M*   21 antea φ
ponam poema ς: poema ponam *A*γφ: ponam δ   24 venationes
φ   Luculli *O*²: -illi ω

dicerem, latebram haberes; ad corpus diceres pertinere), sed ea quae dixi ad corpusne refers? an est
aliquid quod te sua sponte delectet? Aut pertinacissi-
mus fueris, si in eo perstiteris, ad corpus ea quae dixi
referri, aut deserueris totam Epicuri voluptatem, si 5
negaveris.

108   'Quod vero a te disputatum est maiores esse
voluptates et dolores animi quam corporis, quia
trium temporum particeps animus sit, corpore autem
praesentia solum sentiantur, qui id probari potest, ut 10
is qui propter me aliquid gaudeat plus quam ego ipse
gaudeat? [Animo voluptas oritur propter voluptatem
corporis, et maior est animi voluptas quam corporis.
Ita fit ut gratulator laetior sit quam is cui gratulatur.]
Sed dum efficere vultis beatum sapientem, cum max- 15
imas animo voluptates percipiat omnibusque partibus
maiores quam corpore, quid occurrat non videtis.
Animi enim quoque dolores percipiet omnibus partibus maiores quam corporis. Ita miser sit aliquando
necesse est is quem vos beatum semper vultis esse, nec 20
vero id, dum omnia ad voluptatem doloremque refer-
etis, efficietis umquam.

109   'Quare aliud aliquod, Torquate, hominis summum
bonum reperiendum est, voluptatem bestiis concedamus, quibus vos de summo bono testibus uti soletis. 25
Quid si etiam bestiae multa faciunt duce sua quaeque
natura, partim indulgenter vel cum labore, ut in

---

24 *Epicurus fr. 398 Usener*

4 in eo *om.* φ   5 referri *Lamb.:* -re ω   10 qui id *B:* quid
id *E:* quid a   11–12 plus quam ego ipse gaudeat *E: om.*
rell.   12–14 Animo voluptas . . . cui gratulatur *del. Goerenz,
Bremium secutus, qui et superiora* ut is . . . *gaudeat damnaverat*
17 maiores *P:* -is *rell.*   18 dolores quoque *Mdv.*
19 maioris γ   23 aliquod *Lamb.:* -quid ω   26 quaeque *P:*
quaque *rell.*

gignendo, in educando perfacile appareat aliud quiddam iis propositum, non voluptatem? Partim cursu et
peragratione laetantur; congregatione aliae coetum
quodam modo civitatis imitantur; videmus in quodam 110
5 volucrium genere nonnulla indicia pietatis, cognitionem, memoriam, in multis etiam desideria videmus.
Ergo in bestiis erunt secreta a voluptate humanarum
quaedam simulacra virtutum, in ipsis hominibus virtus
nisi voluptatis causa nulla erit? Et homini, qui ceteris
10 animantibus plurimum praestat, praecipui a natura
nihil datum esse dicemus?

[XXXIV] 'Nos vero, si quidem in voluptate sunt 111
omnia, longe multumque superamur a bestiis, quibus
ipsa terra fundit ex sese pastus varios atque abun-
15 dantes nihil laborantibus, nobis autem aut vix aut ne
vix quidem suppetunt multo labore quaerentibus. Nec
tamen ullo modo summum pecudis bonum et hominis
idem mihi videri potest. Quid enim tanto opus est
instrumento in optimis artibus comparandis, quid tanto
20 concursu honestissimorum studiorum, tanto virtutum
comitatu, si ea nullam ad aliam rem nisi ad voluptatem
conquiruntur? Ut, si Xerxes, cum tantis classibus 112
tantisque equestribus et pedestribus copiis Hellesponto
iuncto Athone perfosso maria ambulavisset, terram
25 navigavisset, si, cum tanto impetu in Graeciam venisset, causam quis ex eo quaereret tantarum copiarum
tantique belli, mel se auferre ex Hymetto voluisse
diceret, certe sine causa videretur tanta conatus, sic
nos sapientem plurimis et gravissimis artibus atque
30 virtutibus instructum et ornatum non, ut illum, maria

---

5 volucrium] *Charisius, GL i. 146. 28, 186. 5 Barwick*

1 perfacile ⟨ut⟩ *Mueller*   5 volucrium *Charis.*: volucrum α:
voluerunt φ   10 praecipui *Man.*: -ue ω   14 ex sese fundit
φ   18 mihi] nihil β   24 mari . . . terra *Baiter*[2]

pedibus peragrantem, classibus montes, sed omne
caelum totamque cum universo mari terram mente
complexum, voluptatem petere si dicemus, mellis
causa dicemus tanta molitum.

113   'Ad altiora quaedam et magnificentiora, mihi crede, 5
Torquate, nati sumus, nec id ex animi solum partibus,
in quibus inest memoria rerum innumerabilium, in te
quidem infinita, inest coniectura consequentium non
multum a divinatione differens, inest moderator cupiditatis pudor, inest ad humanam societatem iustitiae 10
fida custodia, inest in perpetiendis laboribus adeundis-
que periculis firma et stabilis doloris mortisque con-
temptio—ergo haec in animis, tu autem etiam membra
ipsa sensusque considera, qui tibi, ut reliquae corporis
partes, non comites solum virtutum sed ministri etiam 15
114   videbuntur. Quod si in ipso corpore multa voluptati
praeponenda sunt, ut vires valetudo velocitas pulchritudo, quid tandem in animis censes, in quibus doctissimi illi veteres inesse quiddam caeleste et divinum
putaverunt? Quod si esset in voluptate summum 20
bonum, ut dicitis, optabile esset maxima in voluptate
nullo intervallo interiecto dies noctesque versari, cum
omnes sensus dulcedine omni quasi perfusi move-
rentur. Quis est autem dignus nomine hominis qui
unum diem totum velit esse in genere isto voluptatis? 25
Cyrenaici quidem non recusant; vestri haec verecun-
115   dius, illi fortasse constantius. Sed lustremus animo non
has maximas artis, quibus qui carebant inertes a
maioribus nominabantur, sed quaero num existimes,
non dico Homerum, Archilochum, Pindarum, sed 30

26 *fr. 200 Mannebach*

7 in te] inte *AO'SR*: inde ϕ: vite *MO²P*   10 societatem
⟨tuendam⟩ ς 16 quod *Sϕ*: quid *rell.*   21 maxima in
voluptate *Aγ*: in maxima voluptate ϕ: in voluptate maxima δ
28–9 a maioribus ϵ*PE*: amoribus *ARB*: maioribus *S*

Phidian, Polyclitum, Zeuxim ad voluptatem artis suas
derexisse. Ergo opifex plus sibi proponet ad formarum
quam civis excellens ad factorum pulchritudinem?
Quae autem est alia causa erroris tanti, tam longe
5 lateque diffusi, nisi quod is qui voluptatem summum
bonum esse decernit non cum ea parte animi ⟨in⟩ qua
inest ratio atque consilium, sed cum cupiditate, id est
cum animi levissima parte deliberat? Quaero enim de
te, si sunt di, ut vos etiam putatis, qui possint esse beati
10 cum voluptates corpore percipere non possint, aut, si
sine eo genere voluptatis beati sint, cur similem animi
usum in sapiente esse nolitis.

[XXXV] 'Lege laudationes, Torquate, non eorum **116**
qui sunt ab Homero laudati, non Cyri, non Agesilai,
15 non Aristidi aut Themistocli, non Philippi aut Alexan-
dri, lege nostrorum hominum, lege vestrae familiae:
neminem videbis ita laudatum ut artifex callidus com-
parandarum voluptatum diceretur. Non elogia moni-
mentorum id significant, velut hoc ad portam:

20   HVNC VNVM PLVRIMAE CONSENTIVNT GENTES
      POPVLI PRIMARIVM FVISSE VIRVM.

Idne consensisse de Calatino plurimas gentis arbitra- **117**
mur, primarium populi fuisse quod praestantissimus
fuisset in conficiendis voluptatibus? Ergo in iis
25 adulescentibus bonam spem esse dicemus et magnam
indolem quos suis commodis inservituros et quidquid
ipsis expediat facturos arbitrabimur? Nonne videmus
quanta perturbatio rerum omnium consequatur,

---

2 direxisse ω   6 esse decernit $A\gamma P$: decreverit esse R: decerit
B: dicerit E in add. ed. Colon.   9 possint Lamb.: possunt
ω   10 percipere γP: -cipe AR: -cipi ϕ 11 sunt M, fort.
recte   18 voluptatum ς: utilitatum ω   elogia ed. Rom.: eulogia
ω   19 portam ⟨Capenam⟩ Ernesti dub.   20 hunc unum
Ernesti.: uno cum ω (cf. CIL i^2, 2, 9; ILS 3)

quanta confusio? Tollitur beneficium, tollitur gratia,
quae sunt vincla concordiae. Nec enim cum tua causa
cui commodes, beneficium illud habendum est sed
faeneratio, nec gratia deberi videtur ei qui sua causa
commodaverit. Maximas vero virtutes iacere omnis 5
necesse est voluptate dominante. Sunt etiam turpitu-
dines plurimae quae, nisi honestas natura plurimum
valeat, cur non cadant in sapientem non est facile
defendere.

118   'Ac ne plura complectar (sunt enim innumerabilia), 10
bene laudata virtus voluptatis aditus intercludat
necesse est. Quod iam a me exspectare noli: tute
introspice in mentem tuam ipse eamque omni cogita-
tione pertractans percontare ipse te perpetuisne malis
voluptatibus perfruens in ea quam saepe usurpabas 15
tranquillitate degere omnem aetatem sine dolore,
adsumpto etiam illo quod vos quidem adiungere soletis
sed fieri non potest, sine doloris metu, an, cum de
omnibus gentibus optime mererere, cum opem indi-
gentibus salutemque ferres, vel Herculis perpeti 20
aerumnas. Sic enim maiores nostri labores non fugiendos tristissimo tamen verbo aerumnas etiam in deo
119 nominaverunt. Elicerem ex te cogeremque ut responderes, nisi vererer ne Herculem ipsum ea quae pro
salute gentium summo labore gessisset voluptatis causa 25
gessisse diceres.'

Quae cum dixissem, 'Habeo' inquit Torquatus 'ad
quos ista referam, et, quamquam aliquid ipse poteram,
tamen invenire malo paratiores.'

2 vincula φ   tua causa γ: tuam causam ARφ: tuam ob causam
P   4 sua causa γ: suam causam AR: suam (commodaverit)
causam φ: suam ob causam P   7 honestas ed. Colon.: honesta
ω   14 percunctare P¹φ   19 mererere SP¹: merere
rell.   21–2 fugiendos β: figiendos A: fingendo φ   22 aerumnas secl. Dav.   23 elicerem ς: elig- ω: exig- P² mg.   29 post
paratiores dist. Mdv.: post familiares nostros priores

'Familiares nostros, credo, Sironem dicis et Philo-
demum, cum optimos viros, tum homines doctissimos.'

'Recte' inquit 'intellegis.'

5 'Age sane,' inquam. 'Sed erat aequius Triarium
aliquid de dissensione nostra iudicare.'

'Eiuro' inquit adridens 'iniquum, hac quidem de re;
tu enim ista lenius, hic Stoicorum more nos vexat.'

Tum Triarius 'Posthac quidem' inquit 'audacius.
10 Nam haec ipsa mihi erunt in promptu quae modo
audivi, nec ante aggrediar quam te ab istis quos dicis
instructum videro.'

Quae cum essent dicta, finem fecimus et ambulandi
et disputandi.

---

2 cum *AE*: tum β: dum *B*   7 eiuro *Goerenz*: iuro ω
8 lenius *AOP²* *mg.*: lev- *rell.*   MARCI TULII CICERONIS DE FINIBUS
BONORUM ET MALORUM LIBER SECUNDUS EXPLICIT *M*: TULLII DE
FINIBUS BONORUM LIBER SECUNDUS EXPLICIT *O*: EXPLICIT LIBER II *S²*
mg: EXPLICIT LIBER SECUNDUS *P*: EXPLICIT LIBER SECUNDUS DE FINIBUS
BONORUM ET MALORUM MARCI TULII CICERONIS φ: *in AS¹R nulla*
subscriptio

LIBER TERTIUS

1 [I] VOLUPTATEM quidem, Brute, si ipsa pro se loquatur
nec tam pertinaces habeat patronos, concessuram
arbitror, convictam superiore libro, dignitati. Etenim
sit inpudens, si virtuti diutius repugnet aut si honestis
iucunda anteponat aut pluris esse contendat dulcedi- 5
nem corporis ex eave natam laetitiam quam gravitatem
animi atque constantiam. Quare illam quidem dimitta-
mus et suis se finibus tenere iubeamus, ne blanditiis
2 eius inlecebrisque impediatur disputandi severitas.
Quaerendum est enim ubi sit illud summum bonum 10
quod reperire volumus, quoniam et voluptas ab eo
remota est et eadem fere contra eos dici possunt qui
vacuitatem doloris finem bonorum esse voluerunt; nec
vero ullum probetur summum bonum quod virtute
careat, qua nihil potest esse praestantius. 15

Itaque quamquam in eo sermone qui cum Torquato
est habitus non remissi fuimus, tamen haec acrior est
cum Stoicis parata contentio. Quae enim de voluptate
dicuntur, ea nec acutissime nec abscondite disserun-
tur; neque enim qui defendunt eam versuti in disser- 20
endo sunt nec qui contra dicunt causam difficilem
3 refellunt. Ipse etiam dicit Epicurus ne argumentandum
quidem esse de voluptate, quod sit positum iudicium

22 *fr. 399 Usener*

INCIPIT LIBER TERTIUS DE FINIBUS BONORUM ET MALORUM A: INCIPIT
TERTIUS MP: INCIPIT LIBER TERTIUS O: INCIPIT III S^2mg.: MARCI TULII
CICERONIS DE FINIBUS BONORUM ET MALORUM LIBER TERTIUS INCIPIT
B: TERTIUS EIUSDEM M. T. C. INCIPIT LIBER E: in S^1R *nulla inscriptio*.
8 tenere ς: petere $A\gamma R\phi$: cedere P 14 probetur P: prob- ut
$AR\phi$: prob- aut γ: probetur ⟨oportet⟩ *C. F. W. Mueller*: probatur
I. Mueller   15 potest *ed. Rom.*: possit PB: posset $A\gamma RE$
22 refellunt *Lamb. dub.*: rep- ω (*cf. Brut. 303*)   nec β

eius in sensibus, ut commoneri nos satis sit, nihil attineat doceri. Quare illa nobis simplex fuit in utramque partem disputatio. Nec enim in Torquati sermone quicquam implicatum aut tortuosum fuit, nostraque,

5 ut mihi videtur, dilucida oratio. Stoicorum autem non ignoras quam sit subtile vel spinosum potius disserendi genus, idque cum Graecis tum magis nobis, quibus etiam verba parienda sunt imponendaque nova rebus novis nomina. Quod quidem nemo mediocriter doctus

10 mirabitur, cogitans in omni arte cuius usus vulgaris communisque non sit multam novitatem nominum esse, cum constituantur earum rerum vocabula quae in quaque arte versentur. Itaque et dialectici et physici **4** verbis utuntur iis quae ipsi Graeciae nota non sint,

15 geometrae vero et musici, grammatici etiam, more quodam loquuntur suo. Ipsae rhetorum artes, quae sunt totae forenses atque populares, verbis tamen in docendo quasi privatis utuntur ac suis.

[II] Atque ut omittam has artis elegantis et ingenuas,

20 ne opifices quidem tueri sua artificia possent nisi vocabulis uterentur nobis incognitis, usitatis sibi. Quin etiam agri cultura, quae abhorret ab omni politiore elegantia, tamen eas res in quibus versatur nominibus notavit novis. Quo magis hoc philosopho

25 faciendum est; ars est enim philosophia vitae, de qua disserens arripere verba de foro non potest. Quam- **5** quam ex omnibus philosophis Stoici plurima novaverunt, Zenoque, eorum princeps, non tam rerum inventor fuit quam verborum novorum. Quod si in ea

28 *SVF I. 34*

3 sermone *M²OP*: sermone nec *AM'Rφ*: sermone ne *S* 13 et¹ *om. φ*   14 non *om. Aδ*   sint *Mdv.*: sunt *ω*   15 geometrae *γ*: -tria *A*: -tri *φ*: *deficit* δ   20 opifices *γP*: -cis *ARE*: opositis *B*   23 eas *γP*: ea *rell.*   27 stoici *M²SP*: -cis *rell.*

lingua quam plerique uberiorem putant concessum est
ut doctissimi homines de rebus non pervagatis inusi-
tatis verbis uterentur, quanto id nobis magis est con-
cedendum qui ea nunc primum audemus attingere? Et
quoniam saepe diximus, et quidem cum aliqua querela 5
non Graecorum modo sed eorum etiam qui se Graecos
magis quam nostros haberi volunt, nos non modo non
vinci a Graecis verborum copia sed esse in ea etiam
superiores, elaborandum est ut hoc non in nostris
solum artibus sed etiam in illorum ipsorum adsequa- 10
mur. Quamquam ea verba quibus instituto veterum
utimur pro Latinis, ut ipsa philosophia, ut rhetorica,
dialectica, grammatica, geometria, musica, quamquam
Latine ea dici poterant, tamen, quoniam usu percepta
sunt, nostra ducamus. 15

6   Atque haec quidem de rerum nominibus. De ipsis
rebus autem saepenumero, Brute, vereor ne reprehen-
dar cum haec ad te scribam, qui cum in philosophia,
tum in optimo genere philosophiae tantum processeris.
Quod si facerem quasi te erudiens, iure reprehenderer. 20
Sed ab eo plurimum absum neque ut ea cognoscas quae
tibi notissima sunt ad te mitto, sed quia facillime in
nomine tuo adquiesco et quia te habeo aequissimum
eorum studiorum quae mihi communia tecum sunt
existimatorem et iudicem. Attendes igitur ut soles 25
diligenter, eamque controversiam diiudicabis quae
mihi fuit cum avunculo tuo, divino ac singulari viro.

7   Nam in Tusculano cum essem vellemque e bibliotheca pueri Luculli quibusdam libris uti, veni in eius
villam ut eos ipse, ut solebam, depromerem. Quo cum 30
venissem, M. Catonem, quem ibi esse nescieram, vidi

---

1 concessum φ: concessum a Graecia a   4 et *Mdv*.: etsi
ω   9 superiores elaborandum P: superiore se lab- R: super-
iorise lab- A: superioris sed lab- γ: superioris elab- φ   12 pro
latinis S: prolationis (-latis P¹) *rell*.

in bibliotheca sedentem, multis circumfusum Stoicorum libris. Erat enim, ut scis, in eo aviditas legendi,
nec satiari poterat, quippe qui ne reprensionem quidem
vulgi inanem reformidans in ipsa curia soleret legere
5 saepe dum senatus cogeretur, nihil operae rei publicae
detrahens. Quo magis tum in summo otio maximaque
copia quasi helluari libris, si hoc verbo in tam clara re
utendum est, videbatur. Quod cum accidisset ut alter 8
alterum necopinato videremus, surrexit statim. Deinde
10 prima illa quae in congressu solemus: 'Quid tu' inquit
'huc? a villa enim, credo,' et 'Si ibi te esse scissem, ad te
ipse venissem.'

'Heri' inquam 'ludis commissis ex urbe profectus
veni ad vesperum. Causa autem fuit huc veniendi ut
15 quosdam hinc libros promerem. Et quidem, Cato, hanc
totam copiam iam Lucullo nostro notam esse oportebit;
nam his libris eum malo quam reliquo ornatu villae
delectari. Est enim mihi magnae curae (quamquam hoc
quidem proprium tuum munus est) ut ita erudiatur ut
20 et patri et Caepioni nostro et tibi tam propinquo
respondeat. Laboro autem non sine causa; nam et
avunculi eius memoria moveor (nec enim ignoras
quanti fecerim Caepionem, qui, ut opinio mea fert, in
principibus iam esset si viveret) et ⟨L.⟩ Lucullus mihi
25 versatur ante oculos, vir cum omnibus ⟨virtutibus⟩
excellens, tum mecum et amicitia et omni voluntate
sententiaque coniunctus.

'Praeclare' inquit 'facis, cum et eorum memoriam 9
tenes quorum uterque tibi testamento liberos suos
30 commendavit, et puerum diligis. Quod autem meum

---

3 ne reprensionem *R*: ne prens- *APφ*: repre(he)n- *γ*   15 hinc
SPφ: hic *A*: huc *εR*   20 caepioni *Aγ*: scipioni *δφ*
22 avunculi *Schuetz*: avi *ω* (*cf. Index nominum s.v. Q. Servilius
Caepio*)   23 fert *R*: refert *rell.*   24 L. *add. Halm*
25 virtutibus *add. Baiter²*: ⟨rebus⟩ omnibus *Lamb.²*   28 cum]
quod *Wesenberg* (*cf. TLL. vi. 106. 84 sqq.*)   29 tibi *post* suos *φ*

munus dicis non equidem recuso, sed te adiungo
socium. Addo etiam illud, multa iam mihi dare signa
puerum et pudoris et ingeni, sed aetatem vides.'

'Video equidem,' inquam 'sed tamen iam infici
debet iis artibus quas si dum est tener conbiberit, ad 5
maiora veniet paratior.'

'Sic, et quidem diligentius saepiusque ista loquemur
inter nos agemusque communiter. Sed residamus,'
inquit 'si placet.' Itaque fecimus.

10   [III] Tum ille: 'Tu autem cum ipse tantum librorum 10
habeas, quos hic tandem requiris?'

'Commentarios quosdam' inquam 'Aristotelios,
quos hic sciebam esse, veni ut auferrem, quos legerem
dum essem otiosus; quod quidem nobis non saepe
contingit.'   15

'Quam vellem' inquit 'te ad Stoicos inclinavisses!
Erat enim, si cuiusquam, certe tuum nihil praeter
virtutem in bonis ducere.'

'Vide ne magis' inquam 'tuum fuerit, cum re idem
tibi quod mihi videretur, non nova te rebus nomina 20
imponere. Ratio enim nostra consentit, pugnat oratio.'

'Minime vero' inquit ille 'consentit. Quidquid enim
praeter id quod honestum sit expetendum esse dixeris in
bonisque numeraveris, et honestum ipsum quasi virtutis
lumen exstinxeris et virtutem penitus everteris.'   25

11   'Dicuntur ista, Cato, magnifice,' inquam 'sed
videsne verborum gloriam tibi cum Pyrrhone et cum
Aristone, qui omnia exaequant, esse communem? de
quibus cupio scire quid sentias.'

27 *Pyrrho test.* 69D *Decleva Caizzi; Aristo, cf. SVF I. 364*

3 et' *om. ϕ*   6 *dist. post* paratior *PB, post* sit (*vel* erit) *AγR: in*
E nulla distinctio   7 sic *P:* sit *AϵRϕ:* erit *S*   et quidem *Aϵϕ:*
equidem *δS*   11 hic *SP:* his *AR:* hiis *Mϕ*   12 aristotelios
A: -ilis *ϕ:* -eles *R:* -elicos *P:* -ilicos *ϵ:* -ilis hos *S*   20 te *om. γ*
28 exaequant esse *ϵ:* exaequantes se *ASϕ:* ex sequentes se *R:* exae-
quent esse *P*

'Egone quaeris' inquit 'quid sentiam? quos bonos
viros, fortes, iustos, moderatos aut audivimus in re
publica fuisse aut ipsi vidimus, qui sine ulla doctrina
naturam ipsam secuti multa laudabilia fecerunt, eos
5 melius a natura institutos fuisse quam institui potuis-
sent a philosophia, si ullam aliam probavissent praeter
eam quae nihil aliud in bonis haberet nisi honestum,
nihil nisi turpe in malis; ceterae philosophorum disciplinae, omnino alia magis alia, sed tamen omnes quae
10 rem ullam virtutis expertem aut in bonis aut in malis
numerent, eas non modo nihil adiuvare arbitror neque
confirmare quo meliores simus, sed ipsam depravare
naturam. Nam nisi hoc obtineatur, id solum bonum
esse quod honestum sit, nullo modo probari possit
15 beatam vitam virtute effici; quod si ita sit, cur opera
philosophiae sit danda nescio. Si enim sapiens aliquis
miser esse possit, ne ego istam gloriosam memorabil-
emque virtutem non magno aestimandam putem.'

[IV] 'Quae adhuc, Cato, a te dicta sunt, eadem' 12
20 inquam 'dicere posses, si sequerere Pyrrhonem aut
Aristonem. Nec enim ignoras iis istud honestum non
summum modo, sed etiam, ut tu vis, solum bonum
videri. Quod si ita est, sequitur id ipsum quod te velle
video, omnes semper beatos esse sapientes. Hosne
25 igitur laudas et hanc eorum' inquam 'sententiam
sequi nos censes oportere?'

'Minime vero istorum quidem,' inquit. 'Cum enim
virtutis hoc proprium sit, earum rerum quae secundum naturam sint habere delectum, qui omnia sic

21 SVF I. 364

1 inquit ς: inquam ω   10 expertem virtutis φ   ⟨vitii⟩ in
bonis Dav.: ⟨vitii⟩ in malis Lamb.   12 confirmare ς: adf- ω:
firmare Mdv.: adferre ς   15 si] ni I. Mueller   cur MO²: om.
AO¹δφ: an S   19 a te Pφ: ante rell.   21 iis Mdv.: siis AR¹:
si is ε: si his SP: is R²: si φ: his ς   29 qui P²: quae ω

exaequaverunt ut in utramque partem ita paria red-
derent ut [in] nulla selectione uterentur, hi virtutem
ipsam sustulerunt.'

13   'Istud quidem' inquam 'optime dicis; sed quaero
nonne tibi faciendum idem sit nihil dicenti bonum   5
quod non rectum honestumque sit, reliquarum rerum
discrimen omne tollenti.'

'Si quidem' inquit 'tollerem; sed relinquo.'

14   'Quonam modo?' inquam. 'Si una virtus, unum
istud quod honestum appellas, rectum, laudabile, dec-   10
orum (erit enim notius quale sit pluribus notatum
vocabulis idem declarantibus), id ergo, inquam, si
solum est bonum, quid habebis praeterea quod
sequare? Aut, si nihil malum nisi quod turpe, inhones-
tum, indecorum, pravum, flagitiosum, foedum (ut hoc   15
quoque pluribus nominibus insigne faciamus), quid
praeterea dices esse fugiendum?'

'Non ignoranti tibi' ⟨inquit⟩ 'quid sim dicturus, sed
aliquid, ut ego suspicor, ex mea brevi responsione
arripere cupienti non respondebo ad singula: explicabo   20
potius, quoniam otiosi sumus, nisi alienum putas,
totam Zenonis Stoicorumque sententiam.'

'Minime id quidem' inquam 'alienum, multumque
ad ea quae quaerimus explicatio tua ista profecerit.'

15   'Experiamur igitur,' inquit 'etsi habet haec Stoico-   25
rum ratio difficilius quiddam et obscurius. Nam cum in
Graeco sermone haec ipsa quondam rerum nomina
novarum †non videbantur† quae nunc consuetudo
diuturna trivit: quid censes in Latino fore?'

---

2 ut *scripsi*: ut in ω: uti *Man.*   hi *Mdv.*: hii φ: huius *AγR*: eius *P*
5 dicenti γ*P*: dicendi *rell.*   14 nisi ε*P*: nihil *AR*: nil φ: *om.*
S   18 inquit *hic suppl. Baiter, ante* tibi *iam S*   27 rerum
om. φ   28 novarum non videbantur α: vocarunt non videbantur
φ: novarum ⟨nova erant, ferenda⟩ non videbantur . . . trivit; quid
censes *coni. Mdv.*: novarum nova videbantur (viderentur *ed.⁴*) . . .
trivit, quid censes *Man.*

'Facillimum id quidem est,' inquam. 'Si enim Zenoni licuit, cum rem aliquam invenisset inusitatam, inauditum quoque ei rei nomen imponere, cur non liceat Catoni? Nec tamen exprimi verbum e verbo
5 necesse erit, ut interpretes indiserti solent, cum sit verbum quod idem declaret magis usitatum; equidem soleo etiam quod uno Graeci, si aliter non possum, idem pluribus verbis exponere. Et tamen puto concedi nobis oportere ut Graeco verbo utamur, si quando
10 minus occurret Latinum, ne hoc "ephippiis" et "acratophoris" potius quam "proegmenis" et "apoproegmenis" concedatur; quamquam haec quidem "praeposita" recte et "reiecta" dicere licebit.'

'Bene facis,' inquit 'quod me adiuvas, et istis **16**
15 quidem quae modo dixisti utar potius Latinis; in ceteris subvenies, si me haerentem videbis.'

'Sedulo' inquam 'faciam. Sed "fortuna fortis"; quare conare, quaeso. Quid enim possumus hoc agere divinius?'

20 [V] 'Placet his' inquit 'quorum ratio mihi probatur, simul atque natum sit animal (hinc enim est ordiendum), ipsum sibi conciliari et commendari ad se conservandum et ad suum statum eaque quae conservantia sint eius status diligenda, alienari autem ab
25 interitu iisque rebus quae interitum videantur adferre. Id ita esse sic probant, quod antequam voluptas aut dolor attigerit, salutaria appetant parvi aspernenturque contraria, quod non fieret nisi statum suum diligerent, interitum timerent. Fieri autem non posset ut appe-
30 terent aliquid nisi sensum haberent sui eoque se

17–18 *Non. 37,29 (s.v.* SEDULUM*)* sedulo . . . quaeso   17 *Otto, p. 144*   20 *SVF III. 182*

10 minus γ*P*: munus *rell.*   21 hinc β: hin *A*: huic φ
21–2 ordiendum est *R*φ   23 eaque *Goerenz*: aeque *A*γ*R*φ: et ad
ea *P*   24 sint *I. Mueller*: sunt ω

diligerent. Ex quo intellegi debet principium ductum
17 esse a se diligendo. In principiis autem naturalibus
[diligendi sui] plerique Stoici non putant voluptatem
esse ponendam. Quibus ego vehementer adsentior, ne,
si voluptatem natura posuisse in iis rebus videatur quae 5
primae appetuntur, multa turpia sequantur. Satis esse
autem argumenti videtur quam ob rem illa quae prima
sunt adscita natura diligamus, quod est nemo quin,
cum utrumvis liceat, aptas malit et integras omnis
partis corporis quam, eodem usu, imminutas aut 10
detortas habere. Rerum autem cognitiones, quas vel
comprehensiones vel perceptiones vel, si haec verba aut
minus placent aut minus intelleguntur, catalepsis
appellemus licet, eas igitur ipsas propter se adsciscen-
das arbitramur, quod habeant quiddam in se quasi 15
complexum et continens veritatem. Id ·autem in
parvis intellegi potest, quos delectari videamus, etiamsi
eorum nihil intersit, si quid ratione per se ipsi invener-
18 int. Artis etiam ipsas propter se adsumendas putamus,
cum quia sit in iis aliquid dignum adsumptione, tum 20
quod constent ex cognitionibus et contineant quiddam
in se ratione constitutum et via. A falsa autem adsen-
sione magis nos alienatos esse quam a ceteris rebus
quae sint contra naturam arbitrantur.

[‘Iam membrorum, id est partium corporis, alia 25
videntur propter eorum usum a natura esse donata,
ut manus crura pedes, ut ea quae sunt intus in corpore,

2 SVF III. 154   6 SVF III. 187   11 SVF III.
189   19 SVF I. 73   25 SVF II. 1166

3 diligendi sui del. Ursinus   5 posuisse MO²SP: posuisset
(pot- B) rell.   8 asserta φ   11–12 quas vel . . . perceptiones om. α   16 in P: om. rell.   20 cum] tum β
25–p. 105.4 iam membrorum . . . atque barba neque hic neque usquam
alibi bene quadrant, quod auctori fortasse est imputandum: ad 3. 63 post
non alienum videri traiecit Wright, supra post detortas habere (v. 11)
conlocari malit Powell   27 ut² a: et φ

quorum utilitas quanta sit a medicis etiam disputatur,
alia autem nullam ob utilitatem quasi ad quendam
ornatum, ut cauda pavoni, plumae versicolores colum-
bis, viris mammae atque barba.‖

5 'Haec dicuntur fortasse ieiunius; sunt enim quasi 19
prima elementa naturae, quibus ubertas orationis adhiberi vix potest, nec equidem eam cogito consectari.
Verum tamen cum de rebus grandioribus dicas, ipsae
res verba rapiunt; ita fit cum gravior, tum etiam
10 splendidior oratio.'

'Est ut dicis,' inquam. 'Sed tamen omne quod de re
bona dilucide dicitur mihi praeclare dici videtur. Istius
modi autem res dicere ornate velle puerile est, plane
autem et perspicue expedire posse docti et intellegentis
15 viri.'

[VI] 'Progrediamur igitur, quoniam' inquit 'ab his 20
principiis naturae discessimus, quibus congruere
debent quae sequuntur. Sequitur autem haec prima
divisio: aestimabile esse dicunt (sic enim, ut opinor,
20 appellemus) id quod aut ipsum secundum naturam sit
aut tale quid efficiat ut selectione dignum propterea sit
quod aliquod pondus habeat dignum aestimatione,
quam illi ἀξίαν vocant, contraque inaestimabile quod
sit superiori contrarium. Initiis igitur ita constitutis ut
25 ea quae secundum naturam sunt ipsa propter se
sumenda sint contrariaque item reicienda, primum
est officium (id enim appello καθῆκον) ut se conservet
in naturae statu, deinceps ut ea teneat quae secundum
naturam sint pellatque contraria. Qua inventa selec-
30 tione et item reiectione sequitur deinceps cum officio
selectio, deinde ea perpetua, tum ad extremum constans

19 *SVF III. 143*　　24 *SVF III. 188*

3 pavonibus *Dav*.　　20 appellemus *T. Bentley*: -amus ω (*cf.
Off. 1.8, al.*)　　23 illi . . . vocant *Pearcius*: ille . . . vocat ω (*cf. 3.
21, 24, 39, al.*)　　29 qua *Aγ*: quae δφ

consentaneaque naturae, in qua primum inesse incipit
et intellegi quid sit quod vere bonum possit dici.

21   'Prima est enim conciliatio hominis ad ea quae sunt
secundum naturam. Simul autem cepit intellegentiam
vel notionem potius (quam appellant ἔννοιαν illi) vidit- 5
que rerum agendarum ordinem et, ut ita dicam, con-
cordiam, multo eam pluris aestimavit quam omnia illa
quae prima dilexerat, atque ita cognitione et ratione
collegit ut statueret in eo conlocatum summum illud
hominis per se laudandum et expetendum bonum. 10
Quod cum positum sit in eo quod ὁμολογίαν Stoici,
nos appellemus convenientiam, si placet—cum igitur in
eo sit id bonum quo omnia referenda sunt, honeste
facta ipsumque honestum—quod solum in bonis ducitur, quamquam post oritur—tamen id solum vi sua et 15
dignitate expetendum est; eorum autem quae sunt
22   prima naturae propter se nihil est expetendum. Cum
vero illa quae officia esse dixi proficiscantur ab initiis
naturae, necesse est ea ad haec referri, ut recte dici
possit omnia officia eo referri ut adipiscamur principia 20
naturae, nec tamen ut hoc sit bonorum ultimum,
propterea quod non inest in primis naturae conciliatio-
nibus honesta actio; consequens enim est et post oritur,
ut dixi. Est tamen ea secundum naturam multoque nos
ad se expetendam magis hortatur quam superiora 25
omnia.

'Sed ex hoc primum error tollendus est, ne quis
sequi existimet ut duo sint ultima bonorum. Ut enim
si cui propositum sit conliniare hastam aliquo aut

9 *SVF I. 179*   17 *SVF III. 497*   27 *SVF III. 18*

2 intellegit α   7 aestimavit P^2 *in ras.*: estimabit *AMδB*: ext-
OS: exist- *E*   11 cum positum φ: comp- α   13 sunt *P*:
sint *rell*.   honeste *S*: omnia honeste (-sta B^2) *rell*.   14 solum
om. α   23 est enim φ   28 ut enim] etenim *Schiche*
29 hastam aliquo *AγP*: aliquo hastam φ: hastam *R*

sagittam, sicut nos ultimum in bonis dicimus, sic illi
facere omnia quae possit ut conliniet. Huic in eiusmodi
similitudine omnia sint facienda ut conliniet, et tamen,
ut omnia faciat quo propositum adsequatur, sit hoc
5 quasi ultimum (quale nos summum in vita bonum
dicimus), illud autem, ut feriat, quasi seligendum,
non expetendum.

[VII] 'Cum autem omnia officia a principiis naturae **23**
proficiscantur, ab isdem necesse est proficisci ipsam
10 sapientiam. Sed quem ad modum saepe fit ut is qui
commendatus sit alicui pluris eum faciat cui commendatus sit quam illum a quo, sic minime mirum est
primo nos sapientiae commendari ab initiis naturae,
post autem ipsam sapientiam nobis cariorem fieri
15 quam illa sint a quibus ad hanc venerimus. Atque ut
membra nobis ita data sunt ut ad quandam rationem
vivendi data esse appareat, sic appetitio animi, quae
ὁρμή Graece vocatur, non ad quodvis genus vitae sed ad
quandam formam vivendi videtur data, itemque et
20 ratio et perfecta ratio. Ut enim histrioni actio, saltatori **24**
motus non quivis sed certus quidam est datus, sic vita
agenda est certo genere quodam, non quolibet; quod
genus conveniens consentaneumque dicimus. Nec
enim gubernationi aut medicinae similem sapientiam
25 esse arbitramur, sed actioni illi potius quam modo dixi
et saltationi, ut in ipsa insit, non foris petatur extremum, id est artis effectio. Et tamen est etiam aliqua
cum his ipsis artibus sapientiae dissimilitudo, propterea
quod in illis quae recte facta sunt non continent tamen

8 *SVF III. 186*   15 *SVF III. 11*

1 sicut] sic ς   1–2 sic illi . . . conliniet *del. Ursinus et iam, ut
vid., Marsus*   4 sit *Ernesti*: sed ω   11–12 alicui . . .
commendatus sit *om.* φ   12 sit β: *om.* A   sic Aε: sit
rell.   17 appareat *Lamb.*: -eant ω   27 aliqua *Bremius*:
alia ω

omnes partes e quibus constant; quae autem nos aut
recta aut recte facta dicamus, si placet, illi autem
appellant κατορθώματα, omnes numeros virtutis continent. Sola enim sapientia in se tota conversa est,
25 quod idem in ceteris artibus non fit. Inscite autem 5
medicinae et gubernationis ultimum cum ultimo
sapientiae comparatur. Sapientia enim et animi magnitudinem complectitur et iustitiam et ut omnia quae
homini accidant infra se esse iudicet, quod idem ceteris
artibus non contingit. Tenere autem virtutes eas ipsas 10
quarum modo feci mentionem nemo poterit nisi statuerit nihil esse quod intersit aut differat aliud ab alio
praeter honesta et turpia.

26   'Videamus nunc quam sint praeclare illa his quae
iam posui consequentia. Cum enim hoc sit extremum 15
(sentis enim, credo, me iam diu quod τέλος Graeci
dicunt id dicere tum extremum, tum ultimum, tum
summum; licebit etiam finem pro extremo aut ultimo
dicere)—cum igitur hoc sit extremum, congruenter
naturae convenienterque vivere, necessario sequitur 20
omnes sapientes semper feliciter absolute fortunate
vivere, nulla re impediri, nulla prohiberi, nulla egere.
Quod autem continet non magis eam disciplinam de
qua loquor quam vitam fortunasque nostras, id est ut
quod honestum sit id solum bonum iudicemus, potest 25
id quidem fuse et copiose et omnibus electissimis
verbis gravissimisque sententiis rhetorice et augeri et
ornari; sed consectaria me Stoicorum brevia et acuta
delectant.

27   [VIII] 'Concluduntur igitur eorum argumenta sic: 30
quod est bonum, omne laudabile est; quod autem

19 *SVF III. 582*   31 *SVF III. 37*

8 accidunt φ *et fort.* P¹   12 praeter a: nisi φ   16 graeci
celos φ   17 dicunt Sφ: -ant AεR: -at P   28 consectaria
M², P²*mg.*: consectari a ω

laudabile est, omne est honestum; bonum igitur quod
est, honestum est. Satisne hoc conclusum videtur?
Certe; quod enim efficiebatur ex iis duobus quae
erant sumpta, in eo vides esse conclusum. Duorum
5 autem e quibus effecta conclusio est contra superius
dici solet non omne bonum esse laudabile; nam quod
laudabile sit honestum esse conceditur. Illud autem
perabsurdum, bonum esse aliquid quod non expetendum sit, aut expetendum quod non placens, aut, si id,
10 non etiam diligendum; ergo et probandum; ita etiam
laudabile; id autem honestum. Ita fit ut quod bonum
sit id etiam honestum sit.

'Deinde quaero quis aut de misera vita possit **28**
gloriari aut de non beata. De sola igitur beata. Ex quo
15 efficitur gloriatione, ut ita dicam, dignam esse beatam
vitam, quod non possit nisi honestae vitae iure contingere. Ita fit ut honesta vita beata vita sit. Et quoniam
is cui contingit ut iure laudetur habet insigne quiddam
ad decus et ad gloriam, ut ob ea quae tanta sint beatus
20 dici iure possit, idem de vita talis viri rectissime
dicetur. Ita si beata vita honestate cernitur, quod
honestum est id bonum solum habendum est.

'Quid vero? negarine ullo modo possit ⟨numquam⟩ **29**
quemquam stabili et firmo et magno animo, quem
25 fortem virum dicimus, effici posse, nisi constitutum sit
non esse malum dolorem? Ut enim qui mortem in malis
ponit non potest eam non timere, sic nemo ulla in re
potest id quod malum esse decreverit non curare idque
contemnere. Quo posito et omnium adsensu approbato
30 illud adsumitur, eum qui magno sit animo atque forti

13 *SVF III. 34*   23 *SVF III. 35*

4 vides *ed. Colon.*: vide ω   10 et] etiam *Baiter²*   14 de
non *S*: non de *rell.*   quo *Asc.*: qua ω   19 ob *Man.*: ad
ω   23 quid *Marsus*: quod α: qui φ   negarine ullo *Dav.*:
negari nullo ω   numquam *add. Mdv.*

omnia quae cadere in hominem possint despicere ac
pro nihilo putare. Quae cum ita sint, effectum est nihil
esse malum quod turpe non sit. Atque iste vir altus et
excellens, magno animo, vere fortis, infra se omnia
humana ducens, is, inquam, quem efficere volumus, 5
quem quaerimus, certe et confidere sibi debet ac suae
vitae et actae et consequenti et bene de sese iudicare,
statuens nihil posse mali incidere sapienti. Ex quo
intellegitur idem illud, solum bonum esse quod honestum sit, idque esse beate vivere, honeste—id est cum 10
virtute—vivere.

30   [IX] 'Nec vero ignoro varias philosophorum fuisse
sententias, eorum dico qui summum bonum, quod
ultimum appello, in animo ponerent. Quae quamquam
vitiose quidam secuti sunt, tamen non modo iis tribus 15
qui virtutem a summo bono segregaverunt, cum aut
voluptatem aut vacuitatem doloris aut prima naturae in
summis bonis ponerent, sed etiam alteris tribus qui
mancam fore putaverunt sine aliqua accessione virtutem ob eamque rem trium earum rerum quas supra dixi 20
singuli singulas addiderunt—his tamen omnibus eos
antepono, cuicuimodi sunt, qui summum bonum in
31   animo atque in virtute posuerunt. Sed sunt tamen
perabsurdi et ii qui cum scientia vivere ultimum
bonorum, et qui nullam rerum differentiam esse dix- 25
erunt atque ita sapientem beatum fore, nihil aliud alii
momento ullo anteponentem, ⟨et qui⟩, ut quidam
Academici constituisse dicuntur, extremum bonorum

3 *SVF III. 36*   13–14 *Non. 417,28 (s.v.* ULTIMUM*)* eorum . . .
ponerent   18–19 *Non. 141,10 (s.v.* MANCUM*)* sed etiam . . .
virtutem   23 *SVF I. 415*

14 appellant *Non.*   quos *T. Bentley*   14–15 qui quamquam vitiosa quaedam *coni. Mdv.*[3]   21 singuli *Faber:* -is
ω   22 antepono cuicuimodi *Lamb.*[2]: antep- cuimodi *Rφ*:
antep- cuiusmodi *γP*: ante potui modi *A*   27 et qui *suppl.*
Heine

et summum munus esse sapientis obsistere visis adsen-
susque suos firme sustinere. His singulis copiose
responderi solet, sed quae perspicua sunt longa esse
non debent. Quid autem apertius quam, si selectio
5 nulla sit ab iis rebus quae contra naturam sint earum
rerum quae sint secundum naturam, ⟨sequi ut⟩ tollatur
omnis ea quae quaeratur laudeturque prudentia?

'Circumscriptis igitur iis sententiis quas posui, et iis
si quae similes earum sunt, relinquitur ut summum
10 bonum sit vivere scientiam adhibentem earum rerum
quae natura eveniant, seligentem quae secundum naturam et quae contra naturam sint reicientem, id est
convenienter congruenterque naturae vivere.

⟦'Sed in ceteris artibus cum dicitur "artificiose", 32
15 posterum quodam modo et consequens putandum est,
quod illi ἐπιγεννηματικόν appellant; cum autem in quo
"sapienter" dicimus, id a primo rectissime dicitur.
Quidquid enim a sapientia proficiscitur, id continuo
debet expletum esse omnibus suis partibus; in eo enim
20 positum est id quod dicimus esse expetendum. Nam ut
peccatum est patriam prodere, parentes violare, fana
depeculari, quae sunt in effectu, sic timere, sic maerere,
sic in libidine esse peccatum est etiam sine effectu.
Verum ut haec non in posteris et in consequentibus,
25 sed in primis continuo peccata sunt, sic ea quae

4 *SVF III. 190*   9 *SVF III. 15*   14 *SVF III. 504*

4 apertius? Nam *Ussing*   6 sequi ut *supplendum coni.
Mdv.*, fore ut *Lamb.*   12 sint *Ernesti*: sunt ω
14–p. 112.2 sed in ceteris . . . recta sunt iudicanda *hoc loco vix
commode posita sunt. Melius cohaerere cum iis quae supra de artibus
explicarentur (3. 24) putavit Madvig: infra ad 3. 25 post* non contingit
transtulit Wright: Powell post in artibus esse videamus (3. 50) *ponenda
esse coniecit*   16 cum *Dav.*: quod ω   17 a primo φ: ad primo
AMO²R²: adprime *O'P*. ad primi *R¹·* ad primum *S*   18 sapientia
O²φ: -ti *A*ε*R*: -te *SP*   21 violare γ: -ri *rell.*   22 effectu *S'*:
-to *AS'δφ*: -tum ε

proficiscuntur a virtute susceptione prima, non perfectione recta sunt iudicanda.]

33   [X] '"Bonum" autem, quod in hoc sermone totiens usurpatum est, id etiam definitione explicatur. Sed eorum definitiones paulum oppido inter se differunt, et 5 tamen eodem spectant. Ego adsentior Diogeni, qui bonum definierit id quod esset natura absolutum. Id autem sequens illud etiam quod prodesset (ὠφέλημα enim sic appellemus) motum aut statum esse dixit e natura absoluto. Cumque rerum notiones in animis 10 fiant, si aut usu aliquid cognitum sit aut coniunctione aut similitudine aut collatione rationis, hoc quarto quod extremum posui boni notitia facta est. Cum enim ab iis rebus quae sunt secundum naturam ascendit animus collatione rationis, tum ad notionem boni 15
34   pervenit. Hoc autem ipsum bonum non accessione neque crescendo aut cum ceteris comparando, sed propria vi sua et sentimus et appellamus bonum. Ut enim mel, etsi dulcissimum est, suo tamen proprio genere saporis, non comparatione cum aliis dulce esse 20 sentitur, sic bonum hoc de quo agimus est illud quidem plurimi aestimandum, sed ea aestimatio genere valet, non magnitudine. Nam cum aestimatio (quae ἀξία dicitur) neque in bonis numerata sit nec rursus in malis, quantumcumque eo addideris, in suo genere 25 manebit. Alia est igitur propria aestimatio virtutis, quae genere, non crescendo valet.

35   'Nec vero perturbationes animorum, quae vitam insipientium miseram acerbamque reddunt (quas Graeci πάθη appellant; poteram ego verbum ipsum 30

6 SVF III. Diog. 40   10 SVF III. 72   28 SVF III. 381

5 oppido SP: opido rell.   7 esset P: esset e AεR: esset a S:
esse a φ   10 absoluto Bremius: -ta ω   13 boni Lamb.²:
bonum ω   notitia α: nocio φ   24 rursus O², P² mg: risus ω
30 graeci P: graece rell.

interpretans morbos appellare, sed non conveniret ad
omnia; quis enim misericordiam aut ipsam iracundiam
morbum solet dicere? At illi dicunt πάθος; sit igitur
perturbatio, quae nomine ipso vitiosa declarari videtur
5 [nec eae perturbationes vi aliqua naturali moventur])—
omnesque eae sunt genere quattuor, partibus plures,
aegritudo, formido, libido, quamque Stoici communi
nomine corporis et animi ἡδονήν appellant, ego malo
laetitiam appellare, quasi gestientis animi elationem
10 voluptariam. Perturbationes autem nulla naturae vi
commoventur, omniaque ea sunt opiniones ac iudicia
levitatis. Itaque his sapiens semper vacabit.

[XII] 'Omne autem quod honestum sit id esse **36**
propter se expetendum commune nobis est cum
15 multorum aliorum philosophorum sententiis. Praeter
enim tres disciplinas quae virtutem a summo bono
excludunt, ceteris omnibus philosophis haec est
tuenda sententia, maxime tamen his [Stoicis] qui nihil
aliud in bonorum numero nisi honestum esse voluer-
20 unt. Sed haec quidem est perfacilis et perexpedita
defensio. Quis est enim aut quis umquam fuit aut
avaritia tam ardenti aut tam effrenatis cupiditatibus
ut eandem illam rem quam adipisci scelere quovis velit
non multis partibus malit ad sese etiam omni impuni-
25 tate proposita sine facinore quam illo modo pervenire?

'Quam vero utilitatem aut quem fructum petentes **37**
scire cupimus illa quae occulta nobis sunt, quomodo
moveantur quibusque de causis ea ⟨quae⟩ versantur in
caelo? Quis autem tam agrestibus institutis vivit aut

13 *SVF III. 41*

1 conveniret *Ald.*: -iet ω   5 nec eae . . . moventur *secl.*
Mdv.   perturbatione sui γφ   6 eae] ee *M'R*: ea e *OS*: hee
M²: hae *P*: haec φ: om. *spat. rel. A*   18 his *del. Lachmann*
Stoicis *del. Lamb.²*   20 expedita φ   23 quam ς: quam-
quam ω   28 quae *addendum coni. Mdv.*   versentur φ

quis contra studia naturae tam vehementer obduruit ut
a rebus cognitione dignis abhorreat easque sine
voluptate aut utilitate aliqua non requirat et pro
nihilo putet? Aut quis est qui Maximorum aut
Africanorum aut eius quem tu in ore semper habes, 5
proavi mei, ceterorumque virorum fortium atque omni
virtute praestantium facta dicta consilia cognoscens
38 nulla animo adficiatur voluptate? Quis autem honesta
in familia institutus et educatus ingenue non ipsa
turpitudine, etiamsi eum laesura non sit, offenditur? 10
Quis animo aequo videt eum quem impure ac flagitiose
putet vivere? Quis non odit sordidos vanos leves
futtiles? Quid autem dici poterit, si turpitudinem non
ipsam per se fugiendam esse statuemus, quominus
homines tenebras et solitudinem nacti nullo dedecore 15
se abstineant, nisi eos per se foeditate sua turpitudo
ipsa deterreat? Innumerabilia dici possunt in hanc
sententiam, sed non necesse est; nihil est enim de quo
minus dubitari possit quam et honesta expetenda per se
et eodem modo turpia per se esse fugienda.   20

39   'Constituto autem illo de quo ante diximus, quod
honestum esset id esse solum bonum, intellegi necesse
est pluris id quod honestum sit aestimandum esse
quam illa media quae ex eo comparentur. Stultitiam
autem et timiditatem et iniustitiam et intemperantiam 25
cum dicimus esse fugienda propter eas res quae ex ipsis
eveniant, non ita dicimus ut cum illo quod positum est,
solum id esse malum quod turpe sit, haec pugnare
videatur oratio, propterea quod ea non ad corporis
incommodum referuntur, sed ad turpes actiones quae 30
oriuntur e vitiis (quas enim κακίας Graeci appellant,
vitia malo quam malitias nominare).'

  1 obduruit ϛ: -duravit ω   3 et a: aut φ   4 Maximorum
Alanus: maiorum ω (*cf. Sen. 13, N.D. 2. 165, Tusc. 1. 110, al.*)
25 timiditatem *Guyet*: temeritatem ω   26 fugienda R^2: -dam
αB: -dum E: -das *Schiche*

[XII] 'Ne tu', inquam 'Cato, verbis inlustribus et id **40**
quod vis declarantibus! Itaque mihi videris Latine
docere philosophiam et ei quasi civitatem dare; quae
quidem adhuc peregrinari Romae videbatur nec
5 offerre sese nostris sermonibus, et ista maxime propter
limatam quandam et rerum et verborum tenuitatem.
(Scio enim esse quosdam qui quavis lingua philosophari possint; nullis enim partitionibus, nullis defini-
tionibus utuntur, ipsique dicunt ea se modo probare
10 quibus natura tacita adsentiatur. Itaque in rebus
minime obscuris non multus est apud eos disserendi
labor.) Quare attendo te studiose et quaecumque rebus
iis de quibus hic sermo est nomina imponis memoriae
mando; mihi enim erit isdem istis fortasse iam uten-
15 dum. Virtutibus igitur rectissime mihi videris et ad
consuetudinem nostrae orationis vitia posuisse contraria. Quod enim vituperabile est per se ipsum, id eo ipso
vitium nominatum puto, vel etiam a vitio dictum
vituperari. Sin κακίαν malitiam dixisses, ad aliud nos
20 unum certum vitium consuetudo Latina traduceret:
nunc omni virtuti vitium contrario nomine opponitur.'
     Tum ille: 'His igitur ita positis,' inquit 'sequitur **41**
magna contentio, quam tractatam a Peripateticis
mollius (est enim eorum consuetudo dicendi non
25 satis acuta propter ignorationem dialecticae) Carneades
tuus egregia quadam exercitatione in dialecticis sum-
maque eloquentia rem in summum discrimen adduxit,
propterea quod pugnare non destitit in omni hac
quaestione quae de bonis et malis appelletur non esse
30 rerum Stoicis cum Peripateticis controversiam sed
nominum. Mihi autem nihil tam perspicuum videtur

25 *fr. 6 Mette*

7 quavis *M*: quamvis *rell.*   17 id eo *S*: ideo *rell.*   18 vitium
ed. Colon.: vitio ω   23 qua tractata *Guyet*   27 rem
delendum coni. Mdv.

quam has sententias eorum philosophorum re inter se
magis quam verbis dissidere; maiorem multo inter
Stoicos et Peripateticos rerum esse aio discrepantiam
quam verborum, quippe cum Peripatetici omnia quae
ipsi bona appellant pertinere dicant ad beate vivendum, 5
nostri non ex omni quod aestimatione aliqua dignum
sit compleri vitam beatam putent.

42   [XIII] 'An vero certius quicquam potest esse quam
illorum ratione qui dolorem in malis ponunt non posse
sapientem beatum esse cum eculeo torqueatur? Eorum 10
autem qui dolorem in malis non habent ratio certe cogit
ut in omnibus tormentis conservetur beata vita
sapienti. Etenim si dolores eosdem tolerabilius patiun-
tur qui excipiunt eos pro patria quam qui leviore de
causa, opinio facit, non natura, vim doloris aut 15
43 maiorem aut minorem. Ne illud quidem est consentaneum, ut si, cum tria genera bonorum sint, quae
sententia est Peripateticorum, eo beatior quisque sit
quo sit corporis aut externis bonis plenior, ut hoc idem
approbandum sit nobis, ut qui plura habeat ea quae in 20
corpore magni aetimantur sit beatior. Illi enim corporis
commodis compleri vitam beatam putant, nostri nihil
minus. Nam cum ita placeat, ne eorum quidem
bonorum quae nos bona vere appellemus frequentia
beatiorem vitam fieri aut magis expetendam aut pluris 25
aestimandam, certe minus ad beatam vitam pertinet
44 multitudo corporis commodorum. Etenim si et sapere
expetendum sit et valere, coniunctum utrumque magis
expetendum sit quam sapere solum, neque tamen, si

16 SVF III. 60

3 aio *Aφ*: animo εδ: omnino *S*, *P²* *mg.*   6 non α: noro φ   ex
omni quod *O*: quod ex omni *AMSRφ*: quod ex (*punct.*) aestimatione
omnino *P*   7 putant *Rφ*   9 illorum *Lamb.²*: illo *AR*: illa
rell.   12 ut in omnibus *MS*: uti nominibus *AORφ*: uti in
omnibus *P*   vita beata φ   14 leviori *Pφ*

utrumque sit aestimatione dignum, pluris sit coniunctum quam sapere ipsum separatim. Nam qui valetudinem aestimatione aliqua dignam iudicamus neque eam
tamen in bonis ponimus, idem censemus nullam esse
5 tantam aestimationem ut ea virtuti anteponatur. Quod
idem Peripatetici non tenent, quibus dicendum est
quae et honesta actio sit et sine dolore eam magis esse
expetendam quam si esset eadem actio cum dolore.
Nobis aliter videtur; recte secusne, postea; sed potestne
10 rerum maior esse dissensio?

[XIV] 'Ut enim obscuratur et offunditur luce solis **45**
lumen lucernae, et ut interit ⟨in⟩ magnitudine maris
Aegaei stilla mellis, et ut in divitiis Croesi terunci
accessio et gradus unus in ea via quae est hinc in
15 Indiam, sic, cum sit is bonorum finis quem Stoici
dicunt, omnis ista rerum corporearum aestimatio
splendore virtutis et magnitudine obscuretur et obrua-
tur atque intereat necesse est. Et quem ad modum
opportunitas (sic enim appellemus εὐκαιρίαν) non fit
20 maior productione temporis (habent enim suum
modum quae opportuna dicuntur), sic recta effectio
(κατόρθωσιν enim ita appello, quoniam rectum factum
κατόρθωμα)—recta igitur effectio, item convenientia,
denique ipsum bonum, quod in eo positum est ut
25 naturae consentiat, crescendi accessionem nullam
habet. Ut enim opportunitas illa, sic haec de quibus **46**
dixi non fiunt temporis productione maiora, ob
eamque causam Stoicis non videtur optabilior nec
magis expetenda beata vita si sit longa quam si
30 brevis, utunturque simili: ut, si cothurni laus illa

18 *SVF III. 524*

2 separatum *Madvig*   9 potestne *M²O²SP*: postne *AR¹φ*:
post ne ε: ne *R²*   12 in *add. Halm*   16 corporearum ς:
in corpore harum *AP²φ*: incorporearum *OSδ*: in corpore sitarum
M   22 quoniam α: quod φ

esset, ad pedem apte convenire, neque multi cothurni
paucis anteponerentur nec maiores minoribus, sic,
quorum omne bonum convenientia atque opportunitate finitur, nec plura paucioribus nec longinquiora
47 brevioribus anteponentur. Nec vero satis acute 5
dicunt: si bona valetudo pluris aestimanda sit longa
quam brevis, sapientiae quoque usus longissimus quisque sit plurimi. Non intellegunt valetudinis aestimationem spatio iudicari, virtutis opportunitate, ut
videantur qui illud dicant idem hoc esse dicturi, 10
bonam mortem et bonum partum meliorem longum
esse quam brevem. Non vident alia brevitate pluris
48 aestimari, alia diuturnitate. Itaque consentaneum est
his quae dicta sunt ratione illorum qui illum bonorum
finem, quod appellamus extremum, quod ultimum, 15
crescere putent posse—isdem placere esse alium alio
et sapientiorem itemque alium magis alio vel peccare
vel recte facere, quod nobis non licet dicere qui
crescere bonorum finem non putamus. Ut enim qui
demersi sunt in aqua nihilo magis respirare possunt si 20
non longe absunt a summo, ut iam iamque possint
emergere, quam si etiam tum essent in profundo, nec
catulus ille qui iam appropinquat ut videat plus cernit
quam is qui modo est natus, item qui processit
aliquantum ad virtutis habitum nihilo minus in miseria 25
est quam ille qui nihil processit.

[XV] 'Haec mirabilia videri intellego; sed cum certe
superiora firma ac vera sint, his autem ea consentanea
et consequentia, ne de horum quidem est veritate
dubitandum. Sed quamquam negant nec virtutes nec 30

---

19 *SVF III. 530*

5 anteponentur α: -ponerentur φ: -ponent (*scil.* Stoici) *T. Bent-*
ley   11–12 esse longum φ   22 tum *AP*: cum *rell.*
23 appropinquat *MP*: ut prop- *ARφ*: prop- *OS*   25 habitum ς:
aditum (add- *R*) ω

vitia crescere, [et] tamen utrumque eorum fundi
quodam modo et quasi dilatari putant.

'Divitias autem Diogenes censet ⟨non⟩ eam modo **49**
vim habere ut quasi duces sint ad voluptatem et ad
5 valetudinem bonam sed etiam ut ea contineant: non
idem facere eas in virtute neque in ceteris artibus, ad
quas esse dux pecunia potest, continere autem non
potest. Itaque si voluptas aut si bona valetudo sit in
bonis, divitias quoque in bonis esse ponendas; at si
10 sapientia bonum sit, non sequi ut etiam divitias bonum
esse dicamus. Neque ab ulla re quae non sit in bonis id
quod sit in bonis contineri potest, ob eamque causam,
quia cognitiones comprehensionesque rerum, e quibus
efficiuntur artes, appetitionem movent, cum divitiae
15 non sint in bonis, nulla ars divitiis contineri potest.
Quod si de artibus concedamus, virtutis tamen non sit **50**
eadem ratio, propterea quod haec plurimae commentationis et exercitationis indigeat, quod idem in artibus
non sit, et quod virtus stabilitatem firmitatem con-
20 stantiam totius vitae complectatur, nec haec eadem in
artibus esse videamus.

'Deinceps explicatur differentia rerum, quam si non
ullam esse diceremus, confunderetur omnis vita, ut ab
Aristone, neque ullum sapientiae munus aut opus
25 inveniretur, cum inter res eas quae ad vitam degendam
pertinerent nihil omnino interesset neque ullum delectum adhiberi oporteret. Itaque cum esset satis constitutum id solum esse bonum quod esset honestum et id

3 *SVF III. Diog. 41*   22 *SVF I. 365*   27 *SVF III.*
129

1 et *om.* ς   3 non *add. Ald.*   5 ut ε: ut in *ASδφ*: uti
Baiter   9 at ς: aut ω   11–12 id quod sit in bonis β: id qua
sit in bonis φ: nulla ars divitiis (*ex v. 15*) *A*   17–18 commendationis α   22–3 non ullam *AMSP*: non nullam *R*: non nulla *B*:
non ulla *E*: nullam *O*   26–7 delectum *P*: di- *rell.*

malum solum quod turpe, tum inter illa quae nihil
valerent ad beate misereve vivendum aliquid tamen
quod differret esse voluerunt, ut essent eorum alia
51 aestimabilia, alia contra, alia neutrum. Quae autem
aestimanda essent, eorum in aliis satis esse causae
quam ob rem quibusdam anteponerentur, ut in valetudine, ut in integritate sensuum, ut in doloris vacuitate, ut gloriae, divitiarum, similium rerum, alia autem
non esse eiusmodi, itemque eorum quae nulla aestimatione digna essent partim satis habere causae quam
ob rem reicerentur, ut dolorem morbum sensuum
amissionem paupertatem ignominiam, similia horum,
partim non item. Hinc est illud exortum quod Zeno
προηγμένον, contraque quod ἀποπροηγμένον nominavit,
cum uteretur in lingua copiosa factis tamen nominibus
ac novis, quod nobis in hac inopi lingua non conceci-
tur; quamquam tu hanc copiosiorem etiam soles dicere.
Sed non alienum est, quo facilius vis verbi intellegatur,
rationem huius verbi faciendi Zenonis exponere.
52 [XVI] 'Ut enim, inquit, nemo dicit in regia regem
ipsum quasi productum esse ad dignitatem (id est enim
προηγμένον), sed eos qui in aliquo honore sunt, quorum
ordo proxime accedit, ut secundus sit, ad regium
principatum, sic in vita non ea quae primo loco sunt
sed ea quae secundum locum obtinet προηγμένα, id est
producta, nominentur; quae vel ita appellemus (id erit
verbum e verbo) vel promota et remota vel, ut dudum

18 *SVF I. 194*

4 alia   neutrum   β: alia   neutrumque   φ: aliane   verum   *A*
8 gloriae, divitiarum, similium rerum *non habent unde pendeant: nisi
dormitavit auctor*, in possessione *vel* in usu (*sic Heine, sed is post*
rerum) *ante* gloriae *addendum est* (*cf. 3. 57*)   13 non. Item *γR*:
non. Itemque *P*   21 id est enim *Mdv*.: idem enim est *Aδφ*:
idem est *γ*   22 sunt *R*: sint *rell.*   24 primo *Heine*: prim-
orie *A*: primiore *γ*: primorio *P*: primove *R*: primori e *E*: primori in
(loco e loco) *B*

diximus, praeposita vel praecipua, et illa reiecta. Re enim intellecta in verborum usu faciles esse debemus.

Quoniam autem omne quod est bonum primum locum **53** tenere dicimus, necesse est nec bonum esse nec malum
5 hoc quod praepositum vel praecipuum nominamus. Idque ita definimus: quod sit indifferens cum aestimatione mediocri; quod enim illi ἀδιάφορον dicunt, id mihi ita occurrit ut indifferens dicerem. Neque enim illud fieri poterat ullo modo ut nihil relinqueretur in mediis
10 quod aut secundum naturam esset aut contra, nec, cum id relinqueretur, nihil in his poni quod satis aestimabile esset, nec hoc posito non aliqua esse praeposita. Recte **54** igitur haec facta distinctio est, atque etiam ab iis, quo facilius res perspici possit, hoc simile ponitur: ut enim,
15 inquiunt, si hoc fingamus esse quasi finem et ultimum, ita iacere talum ut rectus adsistat, qui ita talus erit iactus ut cadat rectus praepositum quiddam habebit ad finem, qui aliter, contra, neque tamen illa praepositio tali ad eum quem dixi finem pertinebit, sic ea quae sunt
20 praeposita referuntur illa quidem ad finem, sed ad eius vim naturamque nihil pertinent.

'Sequitur illa divisio, ut bonorum alia sint ad illud **55** ultimum pertinentia (sic enim appello quae τελικά dicuntur; nam hoc ipsum instituamus, ut placuit,
25 pluribus verbis dicere quod ⟨uno⟩ non poterimus, ut res intellegatur), alia autem efficientia, quae Graeci ποιητικά, alia utrumque. De pertinentibus nihil est bonum praeter actiones honestas, de efficientibus nihil praeter amicum, sed et pertinentem et efficientem
30 sapientiam volunt esse. Nam quia sapientia est

3 *SVF III. 130*   22 *SVF III. 108*

5 praepositum *P²*: pro- ω   12 esse *coni. Man.*: esset *AєRφ*: essent *SP*   18 qui aliter *ed. Colon*: qualiter qui *AR*: qui aliter qui *rell.*   25 uno *suppl. Asc.*   30 sapientiam *ed. Rom.*; -tem ω

conveniens actio, est ⟨in⟩ illo pertinenti genere quod
dixi; quod autem honestas actiones adfert et efficit, [id]
efficiens dici potest.

56   [XVII] 'Haec quae praeposita dicimus partim sunt
per se ipsa praeposita, partim quod aliquid efficiunt,   5
partim utrumque: per se, ut quidam habitus oris et
vultus, ut status, ut motus, in quibus sunt et praeponenda quaedam et reicienda; alia ob eam rem praeposita dicentur, quod ex se aliquid efficiant, ut pecunia,
alia autem ob utramque rem, ut integri sensus, ut bona   10

57   valetudo. De bona autem fama (quam enim appellant
εὐδοξίαν aptius est bonam famam hoc loco appellare
quam gloriam) Chrysippus quidem et Diogenes
detracta utilitate ne digitum quidem eius causa porri-
gendum esse dicebant; quibus ego vehementer adsen-   15
tior. Qui autem post eos fuerunt, cum Carneadem
sustinere non possent, hanc quam dixi bonam famam
ipsam propter se praepositam et sumendam esse dixerunt, esseque hominis ingenui et liberaliter educati
velle bene audire a parentibus, a propinquis, a bonis   20
etiam viris, idque propter rem ipsam, non propter
usum, dicuntque, ut liberis consultum velimus, etiamsi
postumi futuri sint, propter ipsos, sic futurae post
mortem famae tamen esse propter rem, etiam detracto
usu, consulendum.   25

58   'Sed cum quod honestum sit id solum bonum esse
dicamus, consentaneum tamen est fungi officio, cum
id officium nec in bonis ponamus nec in malis. Est
enim aliquid in his rebus probabile, et quidem ita ut

    4 SVF III. 134   11 SVF III. 159, Diog. 42   16 SVF
III Ant. 55; fr. 6 Mette   26 SVF III. 498

    1 est in Dav. (cf. 3. 69): est ex Lamb.² (cf. 3. 70): est Αεδφ: cum
S   2 id secl. Mdv.: ideo ς   7 ut² Αδ: aut γ: et φ
7–8 sunt et praeponenda β: sunt et ponenda A: et praeponenda sunt
φ   19 esseque γφ: esse AP: om. R

eius ratio reddi possit; ergo ut etiam probabiliter acti ratio reddi possit. Est autem officium quod ita factum est ut eius facti probabilis ratio reddi possit; ex quo intellegitur officium medium quiddam esse, quod
5 neque in bonis ponatur neque in contrariis. Quoniamque in iis rebus quae neque in virtutibus sunt neque in vitiis est tamen quiddam quod usui possit esse, tollendum id non est. Est autem eius generis actio quoque quaedam, et quidem talis ut ratio postulet agere aliquid
10 et facere eorum; quod autem ratione actum est, id officium appellamus; est igitur officium eius generis quod nec in bonis ponatur nec in contrariis.

[XVIII] 'Atque perspicuum etiam illud est, in istis **59** rebus mediis aliquid agere sapientem; iudicat igitur,
15 cum agit, officium illud esse. Quod quoniam numquam fallitur in iudicando, erit in mediis rebus officium. Quod efficitur hac etiam conclusione rationis: quoniam enim videmus esse quiddam quod recte factum appellemus, id autem est perfectum officium, erit [autem]
20 etiam inchoatum; ut, si iuste depositum reddere in recte factis sit, in officiis ponatur depositum reddere; illo enim addito "iuste" fit recte factum, per se autem hoc ipsum reddere in officio ponitur. Quoniamque non dubium est quin in iis quae media dicimus sit aliud
25 sumendum, aliud reiciendum, quidquid ita fit aut dicitur omne officio continetur. Ex quo intellegitur, quoniam se ipsi omnes natura diligant, tam insipientem quam sapientem sumpturum quae secundum naturam sint reiecturumque contraria. Ita est quoddam

---

2 *SVF I. 230*

4 quiddam *Mdv*.: quod- ω   10 est *Crat*.: sit ω
13 atque *P*: at qui *AMR*: atqui *OSφ*   19 autem *del.*
Lamb.   22 fit *Lamb.*: facit ω   26 omne *Gruter*: omni
ω   27 ipsos *a*

commune officium sapientis et insipientis, ex quo
efficitur versari in iis quae media dicamus.

60   'Sed cum ab his omnia proficiscantur officia, non
sine causa dicitur ad ea referri omnes nostras
cogitationes, in his et excessum e vita et in vita 5
mansionem. In quo enim plura sunt quae secundum
naturam sunt, huius officium est in vita manere; in quo
autem aut sunt plura contraria aut fore videntur, huius
officium est de vita excedere. E quo apparet et sapientis
esse aliquando officium excedere e vita, cum beatus sit, 10
61   et stulti manere in vita, cum sit miser. Nam bonum
illud et malum, quod saepe iam dictum est, postea
consequitur; prima autem illa naturae sive secunda
sive contraria sub iudicium sapientis et delectum
cadunt, estque illa subiecta quasi materia sapientiae. 15
Itaque et manendi in vita et migrandi ratio omnis iis
rebus quas supra dixi metienda. Nam neque ⟨virtute
qui est praeditus⟩ virtute retinetur in vita, nec iis qui
sine virtute sunt mors est oppetenda. Et saepe officium
est sapientis desciscere a vita, cum sit beatissimus, si id 20
opportune facere possit. Sic enim censent, opportuni-
tatis esse beate vivere, quod est convenienter naturae
vivere. Itaque a sapientia praecipitur se ipsam, si usus
sit, sapiens ut relinquat. Quam ob rem cum vitiorum
ista vis non sit ut causam adferant mortis voluntariae, 25
perspicuum est etiam stultorum, qui idem miseri sint,
officium esse manere in vita, si sint in maiore parte
rerum earum quas secundum naturam esse dicimus. Et

3 *SVF III. 763*

9 de] e *P*   e *AOφ*: ex *MSδ*   14 delectum *O²P*: di-
rell.   15 materiae *φ*   17–18 *lacunam statuit Mdv.*: virtute
qui est praeditus *exempli gratia suppl. Powell*   19 et *Ursinus*: ut
ω   22–3 quod est convenienter naturae vivere (vivere *om. B*)
post facere possit (*v. 21*) *conlocant codices: huc transponendum coni.
Mdv.*   28 earum rerum *Pφ*

quoniam excedens e vita et manens aeque miser est nec
diuturnitas magis ei vitam fugiendam facit, non sine
causa dicitur iis qui pluribus naturalibus frui possint
esse in vita manendum.

5 [XIX] 'Pertinere autem ad rem arbitrantur intellegi **62**
natura fieri ut liberi a parentibus amentur; a quo initio
profectam communem humani generis societatem per-
sequimur. Quod primum intellegi debet figura mem-
brisque corporum, quae ipsa declarant procreandi a
10 natura habitam esse rationem. Neque vero haec inter se
congruere possent, ut natura et procreari vellet et diligi
procreatos non curaret. Atque etiam in bestiis vis
naturae perspici potest; quarum in fetu et in educatione
laborem cum cernimus, naturae ipsius vocem videmur
15 audire. Quare ⟨ut⟩ perspicuum est natura nos a dolore
abhorrere, sic apparet a natura ipsa ut eos quos
genuerimus amemus impelli. Ex hoc nascitur ut **63**
etiam communis hominum inter homines naturalis sit
commendatio, ut oporteat hominem ab homine ob id
20 ipsum quod homo sit non alienum videri. Ut enim in
membris alia sunt tamquam sibi nata, ut oculi, ut aures,
alia etiam ceterorum membrorum usum adiuvant, ut
crura, ut manus, sic immanes quaedam bestiae sibi
solum natae sunt, at illa quae in concha patula pina
25 dicitur, isque qui enat e concha (qui, quod eam custo-
dit, pinoteres vocatur) in eandemque cum se recepit
includitur, ut videatur monuisse ut caveret, itemque
formicae apes ciconiae aliorum etiam causa quaedam

5 *SVF III. 340*   20 *SVF III. 369*

2 ei magis *B*: et magis *E*   3 possunt *φ*   11 possent
P: possint *rell.*   15 ut *add. Man.*   17–18 etiam ut
φ   21 sunt *P*: sint *rell.*   22 alia *Marsus*: aliqua *α*:
aliaque *φ*   23 bestiae quaedam *φ*   26 eandemque *φ*:
eamque *α*   recepit *ς*: -cipit *ω*

faciunt. Multo haec coniunctius homines. Itaque
natura sumus apti ad coetus concilia civitates.

64   'Mundum autem censent regi numine deorum,
eumque esse quasi communem urbem et civitatem
hominum et deorum, et unum quemque nostrum eius ₅
mundi esse partem; ex quo illud natura consequi, ut
communem utilitatem nostrae anteponamus. Ut enim
leges omnium salutem singulorum saluti anteponunt,
sic vir bonus et sapiens et legibus parens et civilis offici
non ignarus utilitati omnium plus quam unius alicuius ₁₀
aut suae consulit. Nec magis est vituperandus proditor
patriae quam communis utilitatis aut salutis desertor
propter suam utilitatem aut salutem. Ex quo fit ut
laudandus is sit qui mortem oppetat pro re publica,
quod deceat cariorem nobis esse patriam quam nosmet ₁₅
ipsos. Quoniamque illa vox inhumana et scelerata
ducitur eorum qui negant se recusare quominus ipsis
mortuis terrarum omnium deflagratio consequatur
(quod vulgari quodam versu Graeco pronuntiari
solet), certe verum est etiam iis qui aliquando futuri ₂₀
sint esse propter ipsos consulendum.

65   [XX] 'Ex hac animorum adfectione testamenta
commendationesque morientium natae sunt. Quodque
nemo in summa solitudine vitam agere velit ne cum
infinita quidem voluptatum abundantia, facile intelle- ₂₅
gitur nos ad coniunctionem congregationemque hominum et ad naturalem communitatem esse natos.
Impellimur autem natura ut prodesse velimus quam
plurimis in primisque docendo rationibusque pruden-
66 tiae tradendis. Itaque non facile est invenire qui quod ₃₀

1–2 *Non. 234,21 (s.v.* APTAM*)* itaque . . . *civitatis*   3 *SVF III. 333*   16 *SVF III. 341*   19 *Adesp. 513 Kannicht–Snell*   23 *SVF III. 342*

1 coniunctius homines *Mdv.²*: coniunctio est hominis ω
2 consilia *Non.*   15 deceat *ç*: doceat (*ex* dic- *A*) ω

sciat ipse non tradat alteri; ita non solum ad discendum
propensi sumus verum etiam ad docendum. Atque ut
tauris natura datum est ut pro vitulis contra leones
summa vi impetuque contendant, sic ii qui valent
5 opibus atque id facere possunt, ut de Hercule et de
Libero accepimus, ad servandum genus hominum
natura incitantur. Atque etiam Iovem cum Optimum
et Maximum dicimus cumque eundem Salutarem,
Hospitalem, Statorem, hoc intellegi volumus, salutem
10 hominum in eius esse tutela. Minime autem convenit,
cum ipsi inter nos viles neglectique simus, postulare ut
diis inmortalibus cari simus et ab iis diligamur. Quem
ad modum igitur membris utimur prius quam didici-
mus cuius ea causa utilitatis habeamus, sic inter nos
15 natura ad civilem communitatem coniuncti et conso-
ciati sumus. Quod ni ita se haberet, nec iustitiae ullus
esset nec bonitati locus.

'Sed quomodo hominum inter homines iuris esse **67**
vincula putant, sic homini nihil iuris esse cum bestiis.
20 Praeclare enim Chrysippus, cetera nata esse hominum
causa et deorum, eos autem communitatis et societatis
suae, ut bestiis homines uti ad utilitatem suam possint
sine iniuria. Quoniamque ea natura esset hominis ut ei
cum genere humano quasi civile ius intercederet, qui id
25 conservaret, eum iustum, qui migraret, iniustum fore.
Sed quem ad modum, theatrum cum commune sit,
recte tamen dici potest eius esse eum locum quem
quisque occuparit, sic in urbe mundove communi
non adversatur ius quominus suum quidque cuiusque
30 sit. Cum autem ad tuendos conservandosque homines **68**
hominem natum esse videamus, consentaneum est huic

18 *SVF III. 371*   30 *SVF III. 616*

1 ita non *Pφ*: tamen *AR*: nec *γ*   11 viles *γ*: cules *A*: eules *R*:
civiles *φ*: abiecti *P*   18 sed *Mdv.²*: et *ω*   22 possint suam
φ   possent *Mueller*   23 ei *Lamb.*: et *AεPφ*: om. *SR*

naturae ut sapiens velit gerere et administrare rem publicam atque, ut e natura vivat, uxorem adiungere et velle ex ea liberos. Ne amores quidem sanctos a sapiente alienos esse arbitrantur. Cynicorum autem rationem atque vitam alii cadere in sapientem dicunt, si qui eiusmodi forte casus inciderit ut id faciendum sit, alii nullo modo.

69 [XXI] 'Ut vero conservetur omnis homini erga hominem societas coniunctio caritas, et emolumenta et detrimenta, quae ὠφελήματα et βλάμματα appellant, communia esse voluerunt; quorum altera prosunt, nocent altera; neque solum ea communia verum etiam paria esse dixerunt. Commoda autem et incommoda (ita enim εὐχρηστήματα et δυσχρηστήματα appello) communia esse voluerunt, paria noluerunt. Illa enim quae prosunt aut quae nocent aut bona sunt aut mala, quae sint paria necesse est. Commoda autem et incommoda in eo genere sunt quae praeposita et reiecta diximus; ea possunt paria non esse. Sed emolumenta ⟨et detrimenta⟩ communia esse dicuntur, recte autem facta et peccata non habentur communia.

70 'Amicitiam autem adhibendam esse censent, quia sit ex eo genere quae prosunt. Quamquam autem in amicitia alii dicant aeque caram esse sapienti rationem amici ac suam, alii autem sibi cuique cariorem suam, tamen hi quoque posteriores fatentur alienum esse a iustitia, ad quam nati esse videamur, detrahere quid de aliquo quod sibi adsumat. Minime vero probatur huic disciplinae de qua loquor aut iustitiam aut amicitiam propter utilitates adscisci aut probari. Eaedem enim

3 *SVF III. 651*   4 *SVF III. 645*   8 *SVF III. 93*   22 *SVF III. 348*

4 arbitramur φ   6 quis Pφ   13 commoda . . . incommoda *Dav.: inv. ord.* ω   18 dicimus Pφ   19–20 et detrimenta *add. Lamb.*   24 dicunt *F. V. Otto*

utilitates poterunt eas labefactare atque pervertere. Etenim nec iustitia nec amicitia esse omnino poterunt nisi ipsae per se expetuntur.

'Ius autem, quod ita dici appellarique possit, id esse **71** natura, alienumque esse a sapiente non modo iniuriam cui facere verum etiam nocere. Nec vero rectum est cum amicis aut bene meritis consociare aut coniungere iniuriam, gravissimeque et verissime defenditur numquam aequitatem ab utilitate posse seiungi, et quidquid aequum iustumque esset id etiam honestum, vicissimque quidquid esset honestum id iustum etiam atque aequum fore.

'Ad easque virtutes de quibus disputatum est **72** dialecticam etiam adiungunt et physicam, easque ambas virtutum nomine appellant, alteram quod habeat rationem ne cui falso adsentiamur neve umquam captiosa probabilitate fallamur, eaque quae de bonis et malis didicerimus ut tenere tuerique possimus; nam sine hac arte quemvis arbitrantur a vero abduci fallique posse. Recte igitur, si omnibus in rebus temeritas ignoratioque vitiosa est, ars ea quae tollit haec virtus nominata est.

[XXII] 'Physicae quoque non sine causa tributus **73** idem est honos, propterea quod qui convenienter naturae victurus sit, ei proficiscendum est ab omni mundo atque ab eius procuratione. Nec vero potest quisquam de bonis et malis vere iudicare nisi omni cognita ratione naturae et vitae etiam deorum, et utrum

---

4 *SVF III. 309*   13 *SVF III. 281*   23 *SVF III. 282*

2 iustitia nec amicitia *Mdv.*: iustitiae nec amicitiae ω 5 natura *ed. Ven. 1480*: -am ω   alienumque *SP*: -amque *rell.*   7 sociare φ   17 eaque *S*: aeque *rell.*   18 didicerimus φ: didiceremus *A*: diceremus β   tenere γ: teneri *AR*: ceteri *P*: ne φ   19 ab φ   23 quoque α: quidem φ   25 ei *O*: et *Aδφ*: ei et *MS*

conveniat necne natura hominis cum universa. Quaeque sunt vetera praecepta sapientium, qui iubent
"tempori parere" et "sequi deum" et "se noscere" et
"nihil nimis", haec sine physicis quam vim habeant (et
habent maximam) videre nemo potest. Atque etiam ad 5
iustitiam colendam, ad tuendas amicitias et reliquas
caritates quid natura valeat haec una cognitio potest
tradere. Nec vero pietas adversus deos nec quanta iis
gratia debeatur sine explicatione naturae intellegi
potest.   10

74   'Sed iam sentio me esse longius provectum quam
proposita ratio postularet. Verum admirabilis compo-
sitio disciplinae incredibilisque rerum me traxit ordo;
quem, per deos inmortales, nonne miraris? Quid enim
aut in natura, qua nihil est aptius, nihil descriptius, aut 15
in operibus manu factis tam compositum tamque
compactum et coagmentatum inveniri potest? quid
posterius priori non convenit? quid sequitur quod
non respondeat superiori? quid non sic aliud ex alio
nectitur ut, [non] si unam litteram moveris, labent 20
omnia? Nec tamen quicquam est quod moveri possit.

75   'Quam gravis vero, quam magnifica, quam constans
conficitur persona sapientis! qui, cum ratio docuerit
quod honestum esset id esse solum bonum, semper sit
necesse est beatus vereque omnia ista nomina possideat 25
quae inrideri ab imperitis solent. Rectius enim appellabitur rex quam Tarquinius, qui nec se nec suos
regere potuit, rectius magister populi (is enim est
dictator) quam Sulla, qui trium pestiferorum vitiorum,
luxuriae avaritiae crudelitatis, magister fuit, rectius 30

8–10 *Non. 232,29 (s.v.* ADVORSUM*)* nec vero . . . potest

8 advorsum *Non.*   13 rerum me *R*: rerum *AγP*: me rerum φ
17 coagmentatum *ed. Colon*: coaug-   (cocic- *A*, cocio- *R*) ω
20 non *del. aliquis apud T. Bentleium*   unam *ed. Mediolanensis*:
ullam ω (*cf. 4. 53*)   21 quo *a*   28–9 dictator est φ

dives quam Crassus, qui nisi eguisset numquam
Euphraten nulla belli causa transire voluisset. Recte
eius omnia dicentur qui scit uti solus omnibus, recte
etiam pulcher appellabitur (animi enim liniamenta sunt
5 pulchriora quam corporis), recte solus liber nec dom-
inationi cuiusquam parens nec oboediens cupiditati,
recte invictus, cuius etiamsi corpus constringatur,
animo tamen vincula inici nulla possint. Nec exspectet 76
ullum tempus aetatis, ut tum denique iudicetur
10 beatusne fuerit cum extremum vitae diem morte con-
fecerit, quod ille unus e septem sapientibus non
sapienter Croesum monuit; nam si beatus umquam
fuisset, beatam vitam usque ad illum a Cyro exstruc-
tum rogum pertulisset. Quod si ita est, ut neque
15 quisquam nisi bonus vir et omnes boni beati sint,
quid philosophia magis colendum aut quid est virtute
divinius?'

2 *SVF III. 591*   3 *SVF I. 221*

3 omnia dicentur *AP*: omni adicientur *RE*: omni adicietur *εB*:
adicietur *S*   5 corporis *γP*: -oribus *rell.*   9 ut tum *P²*:
virtutum *ASδφ*: ubi tum *ε*   15 nisi ⟨sapiens⟩ *Sandbach*
MARCI TULII CICERONIS DE FINE BONORUM ET MALORUM LIBER TERTIUS
EXPLICIT *M*: EXPLICIT LIBER TERTIUS *P*: ET SIC EST FINIS TERTII LIBRI
DE FINIBUS BONORUM ET MALORUM MARCI TULII CICERONIS *B*: ET SIC
EST FINIS TERTII LIBRI DE FINIBUS MALORUM ET BONORUM *E*: *in AOSR
nulla subscriptio*

LIBER QUARTUS

1 [I] Quae cum dixisset, finem ille. Ego autem: 'Ne tu,'
inquam 'Cato, ista exposuisti, ut tam multa, memoriter, ut tam obscura, dilucide. Itaque aut omittamus
contra omnino velle aliquid aut spatium sumamus ad
cogitandum; tam enim diligenter, etiam si minus vere 5
(nam nondum id quidem audeo dicere), sed tamen
⟨tam⟩ accurate non modo fundatam verum etiam
exstructam disciplinam non est facile perdiscere.'

Tum ille: 'Ain tandem?' inquit 'cum ego te hac nova
lege videam eodem die accusatori respondere et tribus 10
horis perorare, in hac me causa tempus dilaturum
putas? Quae tamen a te agetur non melior quam illae
sunt quas interdum obtines. Quare istam quoque
aggredere, tractatam praesertim et ab aliis et a te ipso
saepe, ut tibi deesse non possit oratio.' 15

2 Tum ego: 'Non mehercule' inquam 'soleo temere
contra Stoicos, non quo illis admodum adsentiar, sed
pudore impedior; ita multa dicunt quae vix intellegam.'

'Obscura' inquit 'quaedam esse confiteor, nec tamen 20
ab illis ita dicuntur de industria, sed inest in rebus ipsis
obscuritas.'

'Cur igitur easdem res' inquam 'Peripateticis
dicentibus verbum nullum est quod non intellegatur?'

INCIPIT LIBER QUARTUS DE FINIBUS BONORUM ET MALORUM MARCI
TULLII CICERONIS *A*: INCIPIT QUARTUS *MP*: INCIPIT LIBER QUARTUS DE
FINIBUS BONORUM ET MALORUM MARCI TULII CICERONIS *B*: INCIPIT
QUARTUS LIBER DE FINIBUS BONORUM ET MALORUM M. T. C. *E*: *in OSR
nulla inscriptio*   2 ut tam ϕ: vitam *AR*: in tam γ: in vita *P*[1]: in
tam vel vitam *P*[2] *mg.*   3 ut tam *Mdv.*: vitam $\epsilon R\phi$: in tam *AM*[2]*S*:
in vita *P*[1]: in tam vel vitam *P*[2] *mg.*   6–7 tamen tam *Lamb.*:
tamen ω: tam *Dav.*   16 soleo temere ς: sole temere ϕ: sole te
temere *A*: sole te tenere ϵ: solere te tenere *S*: solere temere δ

'Easdemne res?' inquit; 'an parum disserui non verbis Stoicos a Peripateticis sed universa re et tota sententia dissidere?'

'Atqui,' inquam 'Cato, si istud obtinueris, traducas
5 me ad te totum licebit.'

'Putabam equidem satis' inquit 'me dixisse. Quare ad ea primum, si videtur; sin aliud quid voles, postea.'

'Immo istud quidem,' inquam 'quo loco quidque *** nisi iniquum postulo, arbitratu meo.'

10 'Ut placet,' inquit. 'Etsi enim illud erat aptius, aequum cuique concedere.'

[II] 'Existimo igitur,' inquam 'Cato, veteres illos **3** Platonis auditores, Speusippum, Aristotelem, Xenocratem, deinde eorum Polemonem, Theophrastum,
15 satis et copiose et eleganter habuisse constitutam disciplinam, ut non esset causa Zenoni, cum Polemonem audisset, cur et ab eo ipso et a superioribus dissideret. Quorum fuit haec institutio, in qua animadvertas velim quid mutandum putes, nec exspectes dum ad omnia
20 dicam quae a te dicta sunt; universa enim illorum ratione cum tota vestra confligendum puto. Qui cum **4** viderent ita nos esse natos ut et communiter ad eas virtutes apti essemus quae notae inlustresque sunt, iustitiam dico, temperantiam, ceteras generis eiusdem
25 (quae omnes similes artium reliquarum materia tantum ad meliorem partem et tractatione differunt), easque ipsas virtutes viderent nos magnificentius appetere et ardentius, habere etiam insitam quandam vel potius innatam cupiditatem scientiae natosque esse ad

13 *Speusippus fr. 27 Isnardi Parente*   14 *Polemo fr. 7 Gigante; Theophrastus fr. 10 n. 8 Fortenbaugh et al.*   16 *SVF I. 13*

9 *lacunam statuit Mdv.*, *qui* visum fuerit *vel* occurrerit *supplendum censuit*   arbitratu meo *SP*: -tum eo εφ· -tum. Eo *AR*   13 auditores Platonis φ   20 a te *ed. Rom.*: ante ω   28 insitam ς: -amque ω   vel *P*: velut *rell.*

congregationem hominum et ad societatem commu-
nitatemque generis humani, eaque in maximis ingeniis
maxime elucere, totam philosophiam tris in partis
diviserunt, quam partitionem a Zenone esse retentam
5 videmus. Quarum cum una sit qua mores conformari   5
putantur, differo eam partem, quae quasi stirps est
huius quaestionis; qui sit enim finis bonorum, mox;
hoc loco tantum dico a veteribus Peripateticis Acade-
micisque, qui re consentientes vocabulis differebant,
eum locum quem civilem recte appellaturi videmur   10
(Graeci πολιτικόν) graviter et copiose esse tractatum.

[III] 'Quam multa illi de re publica scripserunt,
quam multa de legibus! quam multa non solum praecepta in artibus sed etiam exempla in orationibus bene
dicendi reliquerunt! Primum enim ipsa illa quae sub-   15
tiliter disserenda erant polite apteque dixerunt, tum
definientes, tum partientes, ut vestri etiam; sed vos
6 squalidius: illorum vides quam niteat oratio. Deinde ea
quae requirebant orationem ornatam et gravem, quam
magnifice sunt dicta ab illis, quam splendide! de   20
iustitia, ⟨de temperantia,⟩ de fortitudine, de amicitia,
de aetate degenda, de philosophia, de capessenda re
publica, [de temperantia de fortitudine] hominum non
spinas vellentium, ut Stoici, nec ossa nudantium, sed
eorum qui grandia ornate vellent, enucleate minora   25
dicere. Itaque quae sunt eorum consolationes, quae
cohortationes, quae etiam monita et consilia scripta
ad summos viros! Erat enim apud eos, ut est rerum
ipsarum natura, sic dicendi exercitatio duplex. Nam
quidquid quaeritur, id habet aut generis ipsius sine   30

4 *SVF I. 45*

5 conformari *Ald.*: confirm- ω   7 quis φ (*cf. I. 11
adn.*)   21 de temperantia *hic supplendum et* de temperantia de
fortitudine *infra delendum coni.* Mdv.   23–4 non spinas *coni.*
Lamb.: de spinas Aφ: de spinis β: nec spinas ς

personis temporibusque aut his adiunctis facti aut iuris
aut nominis controversiam. Ergo in utroque exerce-
bantur, eaque disciplina effecit tantam illorum utroque
in genere dicendi copiam. Totum genus hoc Zeno et 7
5 qui ab eo sunt aut non potuerunt aut noluerunt, certe
reliquerunt. Quamquam scripsit artem rhetoricam
Cleanthes, Chrysippus etiam, sed sic ut si quis obmu-
tescere concupierit nihil aliud legere debeat. Itaque
vides quomodo loquantur: nova verba fingunt, deser-
10 unt usitata. At quanta conantur! mundum hunc
omnem oppidum esse nostrum! Vides quantam rem
agat, ut Circeiis qui habitet totum hunc mundum suum
municipium esse existimet. Incendit igitur eos qui
audiunt. Quid? ille incendat? Restinguet citius si
15 ardentem acceperit. Ista ipsa quae tu breviter, regem
dictatorem divitem solum esse sapientem, a te quidem
apte ac rotunde; quippe; habes enim a rhetoribus:
illorum vero ista ipsa quam exilia de virtutis vi, quam
tantam volunt esse ut beatum per se efficere possit!
20 Pungunt enim quasi aculeis interrogatiunculis angus-
tis, quibus etiam qui adsentiuntur nihil commutantur
animo et idem abeunt qui venerant. Res enim fortasse
verae, certe graves, non ita tractantur ut debent, sed
aliquanto minutius.

25 [IV] 'Sequitur disserendi ratio cognitioque naturae; 8
nam de summo bono mox, ut dixi, videbimus et ad id
explicandum disputationem omnem conferemus. In his
igitur partibus duabus nihil erat quod Zeno commutare

---

4 *SVF I. 76*   7 *SVF I. 492, II. 288*   15–17 *Non.*
164,2 (s.v. RUTUNDE*)* regem . . . rhetoribus

3 effecit *P*: -ficit *rell.*   5 potuerunt ⟨tueri⟩ *Cobet (conl. 4.*
41)   12 agat *ς*: agas *ω*   ut circeiis *om. φ*   Circeiis *ed. Rom.*:
cercelis *AγP*: certelis *R*   13–14 incendi (*in* incendit *corr. ς*) . . .
audiunt *huc transp. Dav.*: *post* esse nostrum (*v. 11*) conlocant
codices   20 enim *om. a*

gestiret. Res enim se praeclare habebat, et quidem in
utraque parte. Quid enim ab antiquis ex eo genere quod
ad disserendum valet praetermissum est? qui et defi-
nierunt plurima et definiendi artes reliquerunt, quodque est definitioni adiunctum, ut res in partes 5
dividatur, id et fit ab illis et quem ad modum fieri
oporteat traditur; item de contrariis, a quibus ad genera
formasque generum venerunt. Iam argumenti ratione
conclusi caput esse faciunt ea quae perspicua dicunt,
deinde ordinem sequuntur, tum quid verum sit in 10
9 singulis extrema conclusio est. Quanta autem ab illis
varietas argumentorum ratione concludentium eorumque cum captiosis interrogationibus dissimilitudo!
Quid quod plurimis locis quasi denuntiant ut neque
sensuum fidem sine ratione nec rationis sine sensibus 15
exquiramus, atque ut eorum alterum ab altero ⟨ne⟩
separemus? Quid? ea quae dialectici nunc tradunt et
docent, nonne ab illis instituta sunt [inventa sunt]? De
quibus etsi a Chrysippo maxime est elaboratum, tamen
a Zenone minus multo quam ab antiquis; ab hoc autem 20
quaedam non melius quam veteres, quaedam omnino
10 relicta. Cumque duae sint artes quibus perfecte ratio et
oratio compleatur, una inveniendi, altera disserendi,
hanc posteriorem et Stoici et Peripatetici, priorem
autem illi egregie tradiderunt, hi omnino ne attigerunt 25
quidem. Nam e quibus locis quasi thesauris argumenta
depromerentur vestri ne suspicati quidem sunt, superiores autem artificio et via tradiderunt. Quae quidem
ars efficit ne necesse sit isdem de rebus semper quasi
dictata decantare neque a commentariolis suis disce- 30
dere. Nam qui sciet ubi quidque positum sit quaque eo

17 *SVF II. 45*　　20 *SVF I. 47*

1 habebat *Baiter*: habeat *AγRφ*: habent *P*　　9 esse *del. Bremius*　　15 sine² *P*: *om. rell.*　　16 ne *suppl. Lamb.*²
18 inventa sunt *om.* ς　　29 ars *Mdv.*²: res *βφ*: *om. A*

veniat, is, etiamsi quid obrutum erit, poterit eruere
semperque esse in disputando suus. Quod etsi ingeniis
magnis praediti quidam dicendi copiam sine ratione
consequuntur, ars tamen est dux certior quam natura.
5 Aliud est enim poetarum more verba fundere, aliud ea
quae dicas ratione et arte distinguere.

[V] 'Similia dici possunt de explicatione naturae, **11**
qua et hi utuntur et vestri, neque vero ob duas modo
causas, quomodo Epicuro videtur, ut pellatur mortis et
10 religionis metus, sed etiam modestiam quandam cognitio rerum caelestium adfert iis qui videant quanta sit
etiam apud deos moderatio, quantus ordo, et magnitudinem animi deorum opera et facta cernentibus, iustitiam etiam, cum cognitum habeas quod sit summi
15 rectoris ac domini numen, quod consilium, quae
voluntas; cuius ad naturam apta ratio vera illa et
summa lex a philosophis dicitur. Inest in eadem **12**
explicatione naturae insatiabilis quaedam e cognos-
cendis rebus voluptas, in qua una confectis rebus
20 necessariis vacui negotiis honeste ac liberaliter possimus vivere. Ergo in hac ratione tota de maximis fere
rebus Stoici illos secuti sunt, ut et deos esse et quattuor
ex rebus omnia constare dicerent. Cum autem quaereretur res admodum difficilis, num quinta quaedam
25 natura videretur esse, ex qua ratio et intellegentia
oriretur, in quo etiam de animis cuius generis essent
quaereretur, Zeno id dixit esse ignem; nonnulla deinde
aliter, sed ea pauca; de maxima autem re eodem modo,
divina mente atque natura mundum universum et eius
30 maximas partis administrari. Materiam vero rerum et
copiam apud hos exilem, apud illos uberrimam reperiemus. Quam multa ab iis conquisita et conlecta sunt de **13**

27 *SVF I. 134*

8 qua et hi ς: quae hic *AMRφ*: qua hic *S*: qua hi *OP*

omnium animantium genere ortu membris aetatibus,
quam multa de rebus iis quae gignuntur e terra, quam
multae quamque de variis rebus et causae cur quidque
fiat et demonstrationes quem ad modum quidque fiat!
Qua ex omni copia plurima et certissima argumenta 5
sumuntur ad cuiusque rei naturam explicandam.
Ergo adhuc, quantum equidem intellego, causa non
videtur fuisse mutandi nominis; non enim, si omnia
non sequebatur, idcirco non erat ortus illinc. Equidem
etiam Epicurum, in physicis quidem, Democriteum 10
puto. Pauca mutat, vel plura sane; at cum de plurimis
eadem dicit, tum certe de maximis. Quod idem cum
vestri faciant, non satis magnam tribuunt inventoribus
gratiam.

14   [VI] 'Sed haec hactenus. Nunc videamus, quaeso, de 15
summo bono, quod continet philosophiam, quid
tandem attulerit quam ob rem ob inventoribus tamquam a parentibus dissentiret. Hoc igitur loco, quamquam a te, Cato, diligenter est explicatum, finis hic
bonorum [qui continet philosophiam] et quis a Stoicis 20
et quem ad modum diceretur, tamen ego quoque
exponam, ut perspiciamus, si potuerimus, quidnam a
Zenone novi sit adlatum. Cum enim superiores, e
quibus planissime Polemo, secundum naturam vivere
summum bonum esse dixissent, his verbis tria signifi- 25
cari Stoici dicunt, unum eiusmodi, vivere adhibentem
scientiam earum rerum quae natura evenirent; hunc
ipsum Zenonis aiunt esse finem, declarantem illud
quod a te dictum est, convenienter naturae vivere.

---

23 *SVF III. 13*   24 *Polemo fr. 129 Gigante*   28 *SVF
I. 179*

10 Epicurum *Ald.*: -orum *ARϕ*: -eorum γP Democriteum (*sed
is* -tium) *Vict.*: -tum ω 11 de *Man.*[4]: e (ex *S*) ω
12 idem *Ernesti*: item ω 20 qui . . . philosophiam *del. T.
Bentley*   quis *a*: qui ϕ (*cf. I. 11 adn.*)   25 dixissent *Ald.*: -et ω

Alterum significari idem ut si diceretur officia media 15
omnia aut pleraque servantem vivere. Hoc sic exposi-
tum dissimile est superiori; illud enim rectum est
(quod κατόρθωμα dicebas) contingitque sapienti soli,
5 hoc autem inchoati cuiusdam offici est, non perfecti,
quod cadere in nonnullos insipientes potest. Tertium
autem omnibus aut maximis rebus iis quae secundum
naturam sint fruentem vivere. Hoc non est positum in
nostra actione; completur enim et ex eo genere vitae
10 quod virtute fruitur et ex iis rebus quae sunt secundum
naturam neque sunt in nostra potestate. Sed hoc
summum bonum quod tertia significatione intellegitur,
eaque vita quae ex summo bono degitur, quia coniuncta ei virtus est, in sapientem solum cadit, isque
15 finis bonorum, ut ab ipsis Stoicis scriptum videmus, a
Xenocrate atque ab Aristotele constitutus est. Itaque
ab iis institutio illa prima naturae, a qua tu quoque
ordiebare, his prope verbis exponitur.

[VII] 'Omnis natura vult esse conservatrix sui, ut et 16
20 salva sit et in genere conservetur suo. Ad hanc rem
aiunt artis quoque requisitas quae naturam adiuvarent,
in quibus ea numeretur in primis quae est vivendi ars,
ut tueatur quod a natura datum sit, quod desit
adquirat. Idemque diviserunt naturam hominis in
25 animum et corpus; cumque eorum utrumque per se
expetendum esse dixissent, virtutes quoque utriusque
eorum per se expetendas esse dicebant; ⟨et⟩ cum
animum infinita quadam laude anteponerent corpori,

16 *Xenocrates fr. 79 Heinze*

1 significare a   1–2 omnia media *Pφ*   2 pleraque *P*:
plenaque *AγR*: plena *φ*   17 institutio *ς* (*cf. 4. 32, 41, 5. 24*):
constitutio *ω*   naturae *ς*: -ra *ω*   22 vivendi *Rφ*: videndi
rell.   23 natura] *hic desinit codex A, verbis* -di ars ut tueatur
quod a natura *erasis. Infra pallidiore atramento aliquis addidit* Multa
desunt   27 ⟨et⟩ cum *Lamb.*: cum ⟨autem⟩ *Dav.*

virtutes quoque animi bonis corporis anteponebant.
17 Sed cum sapientiam totius hominis custodem et pro-
curatricem esse vellent, quae esset naturae comes et
adiutrix, hoc sapientiae munus esse dicebant ut, ⟨cum⟩
eum tueretur qui constaret ex animo et corpore, in 5
utroque iuvaret eum ac contineret. Atque ita re sim-
pliciter primo conlocata reliqua subtilius persequentes
corporis bona facilem quandam rationem habere cen-
sebant; de animi bonis accuratius exquirebant in primisque reperiebant inesse in iis iustitiae semina 10
primique ex omnibus philosophis natura tributum
esse docuerunt ut ii qui procreati essent a procreatoribus amarentur, et, id quod temporum ordine antiquius
est, ut coniugia virorum et uxorum natura coniuncta
esse dicerent, qua ex stirpe orirentur amicitiae cogna- 15
tionum. Atque ab his initiis profecti omnium virtutum
et originem et progressionem persecuti sunt. Ex quo
magnitudo quoque animi exsistebat, qua facile posset
repugnari obsistique fortunae, quod maximae res
essent in potestate sapientis; varietates autem iniurias- 20
que fortunae facile veterum philosophorum praeceptis
18 instituta vita superabat. Principiis autem a natura datis
amplitudines quaedam bonorum excitabantur, partim
profectae a contemplatione rerum occultiorum, quod
erat insitus menti cognitionis amor, e quo etiam 25
rationis explicandae disserendique cupiditas consequebatur; quodque hoc solum animal natum est pudoris ac
verecundiae particeps appetensque convictum hominum ac societatem animadvertensque in omnibus rebus
quas ageret aut diceret ut ne quid ab eo fieret nisi 30

4 cum *add. Mdv.*   10 esse *Sφ*   24 occultorum *R*:
-arum *ς (cf. 1. 64, 5. 10, Off. 1. 13, al.)*   25 amor e quo
MO²: amore quo *O¹Rφ*: amor ex quo *SP*   28 convictum
Mdv. (cf. Off. 3. 21): coniunctium *φ*: -ionum *α*   29 ac *ϵPE*:
atque *S*: ad *R*: et *B*   societatem *SR*: -tum *rell.*

honeste ac decore, his initiis ⟨et⟩, ut ante dixi, semi-
nibus a natura datis temperantia modestia iustitia et
omnis honestas perfecte absoluta est.

[VIII] 'Habes,' inquam 'Cato, formam eorum de **19**
5 quibus loquor philosophorum. Qua exposita scire
cupio quae causa sit cur Zeno ab hac antiqua constitutione desciverit, quidnam horum ab eo non sit probatum: quodne omnem naturam conservatricem sui
dixerint, an quod omne animal ipsum sibi commenda-
10 tum ut se [et] salvum in suo genere incolumeque vellet,
an ⟨quod⟩, cum omnium artium finis is esset quem
natura maxime quaereret, idem statui debere de totius
arte vitae, an quod, cum ex animo constaremus et
corpore, et haec ipsa et eorum virtutes per se esse
15 sumendas. An vero displicuit ea quae tributa est
animi virtutibus tanta praestantia? an quae de prudentia, de cognitione rerum, de coniunctione generis
humani, quaeque ab eisdem de temperantia, de modestia, de magnitudine animi, de omni honestate dicun-
20 tur? Fatebuntur Stoici haec omnia dicta esse praeclare,
neque eam causam Zenoni desciscendi fuisse. Alia **20**
quaedam dicent, credo, magna antiquorum esse peccata quae ille veri investigandi cupidus nullo modo
ferre potuerit. Quid enim perversius, quid intolerabil-
25 ius, quid stultius quam bonam valetudinem, quam
dolorum omnium vacuitatem, quam integritatem
oculorum reliquorumque sensuum ponere in bonis
potius quam dicerent nihil omnino inter eas res iisque
contrarias interesse? Ea enim omnia quae illi bona
30 dicerent praeposita esse, non bona; itemque illa quae
in corpore excellerent stulte antiquos dixisse per se esse

---

1 ac φ: et β   et suppl. Mdv.   10 et secl. Lamb.   incolumeque P²: -memque P¹: -men OSR: -mem φ: -me M
11 quod add. Dav.   14 haec P: hac rell.   18 hisdem
φ   23 veri SP: vere εφ: vero R

expetenda; sumenda potius quam expetenda; ea denique omni vita quae in una virtute consisteret illam
vitam quae etiam ceteris rebus quae essent secundum
naturam abundaret magis expetendam non esse, sed
magis sumendam; cumque ipsa virtus efficiat ita 5
beatam vitam ut beatior esse non possit, tamen quaedam deesse sapientibus tum cum sint beatissimi; itaque
eos id agere ut a se dolores morbos debilitates repellant.

21   [IX] 'O magnam vim ingeni causamque iustam cur
nova exsisteret disciplina! Perge porro; sequuntur enim 10
ea quae tu scientissime complexus es, omnium insipientiam, iniustitiam, alia vitia similia esse, omniaque
peccata esse paria, eosque qui natura doctrinaque longe
ad virtutem processissent, nisi eam plane consecuti
essent, summe esse miseros, neque inter eorum vitam 15
et improbissimorum quicquam omnino interesse, ut
Plato, tantus ille vir, si sapiens non fuerit, nihilo melius
quam quivis improbissimus nec beatius vixerit. Haec
videlicet est correctio philosophiae veteris et emenda-
tio, quae omnino aditum habere nullum potest in 20
urbem, in forum, in curiam. Quis enim ferre posset
ita loquentem eum qui se auctorem vitae graviter et
sapienter agendae profiteretur [nomina rerum commu-
tantem], cumque idem sentiret quod omnes, quibus
rebus eandem vim tribueret alia nomina imponentem, 25
verba modo mutantem, de opinionibus nihil detrahen-
22   tem? Patronusne causae in epilogo pro reo dicens
negaret esse malum exsilium, publicationem bonorum?
haec reicienda esse, non fugienda? nec misericordem
iudicem esse oportere? In contione autem si loqueretur, 30

11 *SVF III. 532*

18 beatius ε: -tus *rell.*   19 correctio ς: -reptio ω
20 nullum   habere   *Mφ*   23 agendae   *OP²*: -da
rell.   23–4 nomina rerum commutantem *delendum coni.*
Man.⁴   29 fugienda ς: fac- ω

si Hannibal ad portas venisset murumque iaculo
traiecisset, negaret esse in malis capi, venire, interfici,
patriam amittere? An senatus, cum triumphum Afri-
cano decerneret, "quod eius virtute" aut "felicitate"
5 posset dicere, si neque virtus in ullo nisi in sapiente nec
felicitas vere dici potest? Quae est igitur ista philosophia quae communi more in foro loquitur, in libellis
suo? praesertim cum quod illi suis verbis significant in
eo nihil novetur, [de ipsis rebus nihil mutetur] eaedem
10 res maneant alio modo. Quid enim interest, divitias **23**
opes valetudinem bona dicas anne praeposita, cum ille
qui ista bona dicit nihilo plus iis tribuat quam tu qui
eadem illa praeposita nominas? Itaque homo in primis
ingenuus et gravis, dignus illa familiaritate Scipionis et
15 Laeli, Panaetius, cum ad Q. Tuberonem de dolore
patiendo scriberet, quod esse caput debebat si probari
posset nusquam posuit, non esse malum dolorem, sed
quid esset et quale, quantumque in eo inesset alieni,
deinde quae ratio esset perferendi; cuius quidem,
20 quoniam Stoicus fuit, sententia condemnata mihi videtur esse inanitas ista verborum.

[X] 'Sed ut propius ad ea, Cato, accedam quae a te **24**
dicta sunt, pressius agamus eaque quae modo dixisti
cum iis conferamus quae tuis antepono. Quae sunt
25 igitur communia vobis cum antiquis, iis sic utamur
quasi concessis; quae in controversiam veniunt, de iis,
si placet, disseramus.'

15 *Panaetius frr. 113, 142 van Straaten*

3 an senatus] in senatu *Lamb.*: *malim* an in senatu   5 ullo *ed.*
Rom.: nullo ω   in² *R*: *om. rell.*   8 suis *M²OP*: sui *rell.*
significant *Kayser*: -ent ω   9 novetur *Lamb.²*: mov- εδφ: innov-
S   de ipsis . . . mutetur *delendum coni. Man.⁴*   eaedem *OSP*:
eadem *MRE*: adem *B*   11 bona *γP²*: bonam δφ   15 ad Q.
P: ad que *O*: atque *MR*. ad *Sφ*   18 inesset *MO²δ*: esset *Sφ*: esse
O'   21 immanitas *β*   22 a te *ed. Rom.*: at ea *R*: ad ea *γP*:
antea *φ*   25 vobis *ed. Ven. 1480*: nobis ω

'Mihi vero' inquit 'placet agi subtilius et, ut ipse dixisti, pressius. Quae enim adhuc protulisti popularia sunt, ego autem a te elegantiora desidero.'

'A mene tu?' inquam. 'Sed tamen enitar, et si minus

25 multa mihi occurrent, non fugiam ista popularia. Sed 5 primum positum sit nosmet ipsos commendatos esse nobis primamque ex natura hanc habere appetitionem ut conservemus nosmet ipsos. Hoc convenit; sequitur illud, ut animadvertamus qui simus ipsi, ut nos quales oportet esse servemus. Sumus igitur homines; ex 10 animo constamus et corpore, quae sunt cuiusdam modi, nosque oportet, ut prima appetitio naturalis postulat, haec diligere constituereque ex his finem illum summi boni atque ultimi. Quem, si prima vera sunt, ita constitui necesse est, earum rerum quae sint 15 secundum naturam quam plurima et quam maxima

26 adipisci. Hunc igitur finem illi tenuerunt, quodque ego pluribus verbis, illi brevius, secundum naturam vivere, hoc iis bonorum videbatur extremum.

[XI] 'Age nunc isti doceant, vel tu potius (quis enim 20 ista melius?), quonam modo ab isdem principiis profecti efficiatis ut honeste vivere (id est enim vel e virtute vel naturae congruenter vivere) summum bonum sit, et quonam modo aut quo loco corpus subito deserueritis omniaque ea quae, secundum na- 25 turam cum sint, absint a nostra potestate, ipsum denique officium. Quaero igitur quomodo hae tantae commendationes a natura profectae subito a sapientia

27 relictae sint. Quod si non hominis summum bonum quaereremus sed cuiusdam animantis, is autem esset 30

3 a te elegantiora γ: elegantiora a te R: elegantiora Pφ
5 multa *delendum esse coni. Ernesti*   6 positum sit primum
φ   12 appetitio ς: pet- (pot- S) ω   19 videbatur *Wesenberg*: videatur ω   25–6 secundum naturam cum φ: secundum naturam R: si secundum naturam S: cum secundum naturam
εP   27 he P: hee R: ee γ: haec φ

nihil nisi animus (liceat enim fingere aliquid eiusmodi
quo verum facilius reperiamus), tamen illi animo non
esset hic vester finis. Desideraret enim valetudinem,
vacuitatem doloris, appeteret etiam conservationem sui
5 earumque rerum custodiam, finemque sibi constitueret
secundum naturam vivere, quod est, ut dixi, habere ea
quae secundum naturam sint vel omnia vel plurima et
maxima. Cuiuscumque enim modi animal constitueris, **28**
necesse est, etiamsi id sine corpore sit, ut fingimus,
10 tamen esse in animo quaedam similia eorum quae sunt
in corpore, ut nullo modo nisi ut exposui constitui
possit finis bonorum. Chrysippus autem exponens
differentias animantium ait alias earum corpore excellere, alias autem animo, nonnullas valere utraque re;
15 deinde disputat quod cuiusque generis animantium
statui deceat extremum. Cum autem hominem in eo
genere posuisset ut ei tribueret animi excellentiam,
summum bonum id constituit, non ut excellere
animus sed ut nihil esse praeter animum videretur.
20 [XII] Uno autem modo in virtute sola summum
bonum recte poneretur, si quod esset animal quod
totum ex mente constaret, id ipsum tamen sic ut ea
mens nihil haberet in se quod esset secundum naturam,
ut valetudo est. Sed id ne cogitari quidem potest quale **29**
25 sit ut non repugnet ipsum sibi.

'Sin dicit obscurari quaedam nec apparere quia
valde parva sint, nos quoque concedimus; quod dicit
Epicurus etiam de voluptate, quae minimae sint
voluptates, eas obscurari saepe et obrui. Sed non sunt
30 in eo genere tantae commoditates corporis tamque
productae temporibus tamque multae. Itaque in

12 *SVF III. 20* 28 *fr. 441 Usener*

9 fingimus *P*φ: fingamus γ: fugimus *R* 11 ut' β: et ψ
15 animantium φ: animantis γ: animant *R*: animal *P*

quibus propter eorum exiguitatem obscuratio consequitur saepe accidit ut nihil interesse nostra fateamur
sint illa necne sint, ut in sole, quod a te dicebatur,
lucernam adhibere nihil interest aut teruncium adicere
30 Croesi pecuniae. Quibus autem in rebus tanta obscur- 5
atio non fit, fieri tamen potest ut id ipsum quod interest
non sit magnum. Ut ei qui iucunde vixerit annos
decem, si aeque vita iucunda menstrua addatur, quia
momentum aliquod habeat ad iucundum accessio,
bonum sit; si autem id non concedatur, non continuo 10
vita beata tollitur. Bona autem corporis huic sunt quod
posterius posui similiora. Habent enim accessionem
dignam in qua elaboretur, ut mihi in hoc Stoici iocari
videantur interdum, cum ita dicant, si ad illam vitam
quae cum virtute degatur ampulla aut strigilis accedat, 15
sumpturum sapientem eam vitam potius quo haec
adiecta sint nec beatiorem tamen ob eam causam
31 fore. Hoc simile tandem est? non risu potius quam
oratione eiciendum? Ampulla enim sit necne sit, quis
⟨non⟩ iure optimo inrideatur, si laboret? At vero 20
pravitate membrorum et cruciatu dolorum si quis
quem levet, magnam ineat gratiam; nec si ille sapiens
ad tortoris eculeum a tyranno ire cogatur, similem
habeat vultum et si ampullam perdidisset, sed ut
magnum et difficile certamen iniens, cum sibi cum 25
capitali adversario, dolore, depugnandum videret, excitaret omnes rationes fortitudinis ac patientiae quarum
praesidio iniret illud difficile, ut dixi, magnumque
proelium. Deinde non quaerimus quid obscuretur aut

---

13 *SVF III. 61*

1 eorum *Man.*[2]: earum ω   3 sole *P*: solem *rell.*   4 aut
β: ut φ   6 fit *R*: sit *rell.*   9 iucundum accessio ς: iocun-
dum accessionem β: iocundam accessionem φ   20 non *suppl. ed.*
Colon.   21 pravitate *R. Bentley*: grav- ω   22 ille *om.*
φ   29 quaerimus *ed. Rom.*: -emus ω

intereat quia sit admodum parvum, sed quid tale sit ut
expleat summam. Una voluptas e multis obscuratur in
illa vita voluptaria, sed tamen ea, quamvis parva sit,
pars est eius vitae quae posita est in voluptate.
5 Nummus in Croesi divitiis obscuratur, pars est tamen
divitiarum. Quare obscurentur etiam haec quae secundum naturam esse dicimus in vita beata, sint modo
partes vitae beatae.

[XIII] 'Atqui si, ut convenire debet inter nos, est **32**
10 quaedam appetitio naturalis ea quae secundum naturam sunt appetens, eorum omnium est aliqua
summa facienda. Quo constituto tum licebit otiose
ista quaerere, de magnitudine rerum, de excellentia
quanta in quoque sit ad beate vivendum, de istis ipsis
15 obscurationibus quae propter exiguitatem vix aut ne
vix quidem appareant. Quid de quo nulla dissensio est?
Nemo enim est qui aliter dixerit quin omnium naturarum simile esset id ad quod omnia referrentur, quod est
ultimum rerum appetendarum. Omnis enim est natura
20 diligens sui. Quae est enim quae se umquam deserat
aut partem aliquam sui aut eius partis habitum aut vim
aut ullius earum rerum quae secundum naturam sunt
aut motum aut statum? Quae autem natura suae primae
institutionis oblita est? Nulla profecto ⟨est⟩ quin suam
25 vim retineat a primo ad extremum. Quomodo igitur
evenit ut hominis natura sola esset quae hominem
relinqueret, quae oblivisceretur corporis, quae
summum bonum non in toto homine sed in parte
hominis poneret? Quomodo autem, quod ipsi etiam **33**
30 fatentur constatque inter omnis, conservabitur ut
simile sit omnium naturarum illud ultimum de quo

11 aliqua *SP*: aliqua e *rell.*   16 nulla φ: multa β
18 referrentur *E*: -ferentur *B*: -feruntur β   24 est *hic suppl.*
Mdv., *alii alias*   29 poneret γ*P*²: -etur δφ   31 naturarum
ς: naturale ω

quaeritur? Tum enim esset simile si in ceteris quoque
naturis id cuique esset ultimum quod in quaque
excelleret. Tale enim visum est ultimum Stoicorum.

34 Quid dubitas igitur mutare principia naturae? Quid
enim dicis omne animal, simul atque sit ortum, appli- 5
catum esse ad se diligendum esseque in se conservando
occupatum? Quin potius ita dicis, omne animal appli-
catum esse ad id quod in eo sit optimum et in eius unius
occupatum esse custodia, reliquasque naturas nihil
aliud agere nisi ut id conservent quod in quaque 10
optimum sit? Quomodo autem optimum, si bonum
praeterea nullum est? Sin autem reliqua appetenda
sunt, cur, quod est ultimum rerum appetendarum, id
non aut ex omnium earum aut ex plurimarum et
maximarum appetitione concluditur? Ut Phidias 15
potest a primo instituere signum idque perficere,
potest ab alio inchoatum accipere et absolvere, huic
similis est sapientia; non enim ipsa genuit hominem,
sed accepit a natura inchoatum; hanc ergo intuens
debet institutum illud quasi signum absolvere. 20

35 'Qualem igitur hominem natura inchoavit? et quod
est munus, quod opus sapientiae? quid est quod ab
ea absolvi et perfici debeat? Sit nihil in eo quod
perficiendum est praeter motum ingeni quendam, id
est rationem: necesse est huic ultimum esse ex virtute 25
agere; rationis enim perfectio est virtus. Sit nihil nisi
corpus: summa erunt illa: valetudo, vacuitas doloris,

36 pulchritudo, cetera. [XIV] Nunc de hominis summo
bono quaeritur; quid igitur dubitamus in tota eius
natura quaerere quid sit effectum? Cum enim constet 30
inter omnis omne officium munusque sapientiae in

---

3 est *Mdv. et Wesenberg*: esset ω   ultimum *MP¹B*: -timi
rell.   13 appetendarum *S*: -dum *rell.*   18 est sapientia
similis β   23 sit γR: sic φ: si P   26 agere Rφ: frangere
P¹: fing- P²mg.: vitam augere γ   sit γR: sic φ: si P

hominis cultu esse occupatum, alii (ne me existimes
contra Stoicos solum dicere) eas sententias adferunt
ut summum bonum in eo genere ponant quod sit extra
nostram potestatem, tamquam de inanimo aliquo
5 loquantur, alii contra, quasi corpus nullum sit hominis,
ita praeter animum nihil curant, cum praesertim ipse
quoque animus non inane nescio quid sit (neque enim
id possum intellegere) sed in quodam genere corporis,
ut ne is quidem virtute una contentus sit, sed appetat
10 vacuitatem doloris. Quam ob rem utrique idem faciunt
ut si laevam partem neglegerent, dexteram tuerentur,
aut ipsius animi, ut fecit Erillus, cognitionem amplex-
arentur, actionem relinquerent. Eorum enim omnium,
multa praetermittentium dum eligant aliquid quod
15 sequantur, quasi curta sententia; at vero illa perfecta
atque plena eorum qui, cum de hominis summo bono
quaererent, nullam in eo neque animi neque corporis
partem vacuam tutela reliquerunt.

'Vos autem, Cato, quia virtus, ut omnes fatemur, **37**
20 altissimum locum in homine et maxime excellentem
tenet, et quod eos qui sapientes sunt absolutos et
perfectos putamus, aciem animorum nostrorum virtutis splendore praestringitis. In omni enim animante est
summum aliquid atque optimum, ut in equis, in
25 canibus, quibus tamen et dolore vacare opus est et
valere; sic igitur in homine perfectio ista in eo potissimum quod est optimum, id est in virtute, laudatur.
Itaque mihi non satis videmini considerare quod iter sit
naturae quaeque progressio. Non enim, quod facit in

---

12 *SVF I. 416*   22-3 *Non. 35,5 (s.v. praestringere)* aciem
. . . praestringitis

4 inanimo aliquo *Mdv.*: inanimali quo γ: in animali quo φ: animali
quo δ   7 non inane φ: nomina nc *cR*: nominare *P*: nomine *S*
11 dextram β   15 sententia ⟨est⟩ *Marsus*   28 iter sit γ*P*:
intersit *R*φ

frugibus, ut, cum ad spicam perduxerit ab herba,
relinquat et pro nihilo habeat herbam, idem facit in
homine, cum eum ad rationis habitum perduxit.
Semper enim ita adsumit aliquid ut ea quae prima
38 dederit non deserat. Itaque sensibus rationem adiunxit ₅
et ratione effecta sensus non reliquit. Ut si cultura
vitium, cuius hoc munus est ut efficiat ut vitis cum
partibus suis omnibus quam optime se habeat—sed sic
intellegamus (licet enim, ut vos quoque soletis, fingere
aliquid docendi causa)—si igitur illa cultura vitium in ₁₀
vite insit ipsa, cetera, credo, velit quae ad colendam
vitem attinebunt sicut antea, se autem omnibus vitis
partibus praeferat statuatque nihil esse melius in vite
quam se; similiter sensus, cum accessit ad naturam,
tuetur illam quidem sed etiam se tuetur; cum autem ₁₅
adsumpta ratio est, tanto in dominatu locatur ut omnia
39 illa prima naturae huius tutelae subiciantur. Itaque non
discedit ab eorum curatione quibus praeposita vitam
omnem debet gubernare, ut mirari satis istorum incon-
stantiam non possim. Naturalem enim appetitionem, ₂₀
quam vocant ὁρμήν, itemque officium, ipsam etiam
virtutem volunt esse earum rerum quae secundum
naturam sunt. Cum autem ad summum bonum
volunt pervenire, transiliunt omnia et duo nobis
opera pro uno relinquunt, ut alia sumamus, alia ₂₅
expetamus, potius quam uno fine utrumque concluderent.
40   [XV] 'At enim [nam] dicitis virtutem non posse

20 *SVF III. 132*

3 perduxit *Mdv.*: -erit ω   8 omnibus partibus suis φ
13 melius esse φ   16 est ratio φ   19 istorum *Wesenberg*:
eorum ω   20 possim *Crat. mg.*: possum φ: possimus β
22 virtutem φ: virtutem tuentem γR: tuentem P   26 expetamus *Baiter*: ea petamus εRφ: earum pet- S: appet- P: apet- M²
28 nam γPφ: iam R: *secl. Mdv.*

constitui, si ea quae extra virtutem sint ad beate
vivendum pertineant. Quod totum contra est; intro-
duci enim virtus nullo modo potest, nisi omnia quae
leget quaeque reiciet unam referentur ad summam.
5 Nam si †omnino nos† neglegemus, in Aristonea vitia et
peccata incidemus obliviscemurque quae virtuti ipsi
principia dederimus; sin ea non neglegemus neque
tamen ad finem summi boni referemus, non multum
ab Erilli levitate aberrabimus; duarum enim vitarum
10 nobis erunt instituta capienda. Facit enim ille duo
seiuncta ultima bonorum, quae ut essent vera, coniungi
debuerunt: nunc ita separantur ut disiuncta sint, quo
nihil potest esse perversius. Itaque contra est ac dicitis; 41
nam constitui virtus nullo modo potest nisi ea quae
15 sunt prima naturae ut ad summam pertinentia tenebit.
Quaesita enim virtus est non quae relinqueret naturam
sed quae tueretur; at illa, ut vobis placet, partem
quandam tuetur, reliquam deserit.

'Atque ipsa hominis institutio si loqueretur, hoc
20 diceret, primos suos quasi coeptus appetendi fuisse ut
se conservaret in ea natura in qua ortus esset. Nondum
autem explanatum satis erat quid maxime natura vellet.
Explanetur igitur. Quid ergo aliud intellegetur nisi ut
ne quae pars naturae neglegatur? In qua si nihil est
25 praeter rationem, sit in una virtute finis bonorum; sin
est etiam corpus, ista explanatio naturae nempe hoc
effecerit, ut ea quae ante explanationem tenebamus

2 *SVF I. 412*

4 reiciet *ed. Ven. 1480*: refic- ω   5 omnino nos] omnino ea
Lamb.: omnino haec *Dav.*: omnino [nos] *T. Bentley: fort.* ⟨ea⟩ omnino
[nos]   negligemus *R*: -imus *rell.*   5–6 incidemus et peccata
φ   7 negligemus *B*:   negligimus   β: intelligemus   *E*
9 aberrabimus γ*P*: -avimus *R*φ: aberimus *Cobet*   12 ita ς: ista
ω   seiuncta φ   15 summam *Ald.*: -um ω   23 intelligetur *P*: -eretur *rell.*   23–4 ut ne quae *Goerenz* (ut ne qua *iam
Man.*): ut ineque *R*φ: ut eque γ*P*: uti ne quae *Mdv.*

151

relinquamus. Ergo id est convenienter naturae vivere, a
42 natura discedere. Ut quidam philosophi, cum a sensibus profecti maiora quaedam et diviniora vidissent,
sensus reliquerunt, sic isti, cum ex appetitione rerum
virtutis pulchritudinem aspexissent, omnia quae 5
praeter virtutem ipsam viderant abiecerunt, obliti naturam omnem appetendarum rerum ita late patere ut a
principiis permanaret ad fines, neque intellegunt se
rerum illarum pulchrarum atque admirabilium fundamenta subducere. 10
43 [XVI] 'Itaque mihi videntur omnes quidem illi
errasse qui finem bonorum esse dixerunt honeste
vivere, sed alius alio magis; Pyrrho scilicet maxime,
qui virtute constituta nihil omnino quod appetendum
sit relinquat; deinde Aristo, qui nihil relinquere non est 15
ausus, introduxit autem, quibus commotus sapiens
appeteret aliquid, "quodcumque in mentem inci-
deret", et "quodcumque tamquam occurreret". Is
hoc melior quam Pyrrho, quod aliquod genus appetendi dedit, deterior quam ceteri, quod penitus a natura 20
recessit. Stoici autem, quod finem bonorum in una
virtute ponunt, similes sunt illorum; quod autem principium offici quaerunt, melius quam Pyrrho; quod ea
non "occurrentia" fingunt, vincunt Aristonem; quod
autem ea quae ad naturam accommodata et per se 25
adsumenda esse dicunt non adiungunt ad finem
bonorum, desciscunt a natura et quodam modo sunt
non dissimiles Aristonis. Ille enim "occurrentia"
nescio quae comminiscebatur; hi autem ponunt illi
quidem prima naturae, sed ea seiungunt a finibus et a 30

13 *test. 69c Decleva Caizzi*   15 *SVF I. 369*

6 praeter ς: propter ω   8 permanaret O²: -eret ω
17 quodcumque S: quod cuique εPφ: cuique R (*cf. 4. 47*)   20 a
S: *om. rell.*   25 quae β: quae et φ   30 a² *om.* φ

summa bonorum; quae cum praeponunt, ut sit aliqua
rerum selectio, naturam videntur sequi; cum autem
negant ea quicquam ad beatam vitam pertinere, rursus
naturam relinquunt.

5 'Atque adhuc ea dixi, causa cur Zenoni non fuisset **44**
quam ob rem a superiorum auctoritate discederet: nunc
reliqua videamus, nisi aut ad haec, Cato, dicere aliquid
vis aut nos iam longiores sumus.'

'Neutrum vero,' inquit ille; 'nam et a te perfici istam
10 disputationem volo nec tua mihi oratio longa videri
potest.'

'Optime,' inquam. 'Quid enim mihi potest esse
optatius quam cum Catone, omnium virtutum auctore,
de virtutibus disputare? Sed primum illud vide, **45**
15 gravissimam illam vestram sententiam, quae familiam
ducit, honestum quod sit id esse bonum solum honeste-
que vivere bonorum finem, communem fore vobis
cum omnibus qui in una virtute constituunt finem
bonorum, quodque dicitis informari non posse virtu-
20 tem, si quicquam nisi quod honestum sit numeretur,
idem dicetur ab illis modo quos nominavi. Mihi autem
aequius videbatur Zenonem cum Polemone disceptan-
tem, a quo quae essent principia naturae acceperat, a
communibus initiis progredientem videre ubi primum
25 insisteret et unde causa controversiae nasceretur, non,
stantem cum iis qui ne dicerent quidem sua summa
bona esse a natura profecta, uti isdem argumentis
quibus illi uterentur isdemque sententiis.

[XVII] 'Minime vero illud probo, quod, cum **46**
30 docuistis, ut vobis videmini, bonum solum esse quod

22 *SVF I. 198; Polemo fr. 128 Gigante*

1 praeponunt ϛ: pro- ω   5 cur *P²mg.*: cum εδφ: est *S*
21 quos modo *P, edd. plerique, sed cf. Amic. 19*   23 acceperat
SP: accederat εR: accederet φ   27 a *S: om. rell.*   uti *Man.⁴*: ut
ω

honestum sit, tum rursum dicitis initia proponi necesse
esse apta et accommodata naturae, quorum ex selectione virtus possit exsistere. Non enim in selectione
virtus ponenda erat, ut id ipsum quod erat bonorum
ultimum aliud aliquid adquireret. Nam omnia quae 5
sumenda quaeque legenda aut optanda sunt inesse
debent in summa bonorum, ut is qui eam adeptus sit
nihil praeterea desideret. Videsne ut quibus summa est
in voluptate perspicuum sit quid iis faciendum sit aut
non faciendum? ut nemo dubitet eorum omnia officia 10
quo spectare, quid sequi, quid fugere debeant? Sit hoc
ultimum bonorum quod nunc a me defenditur: apparet
statim quae sint officia, quae actiones. Vobis autem,
quibus nihil est aliud propositum nisi rectum atque
honestum, unde offici, unde agendi principium nasca- 15
47 tur non reperietis. Hoc igitur quaerentes omnes, et ii
qui quodcumque in mentem veniat aut quodcumque
occurrat se sequi dicent et vos, ad naturam revertemini.
Quibus natura iure responderit non esse verum aliunde
finem beate vivendi, a se principia rei gerendae peti; 20
esse enim unam rationem qua et principia rerum
agendarum ut ultima bonorum continerentur, atque
ut Aristonis esset explosa sententia dicentis nihil
differre aliud ab alio nec esse res ullas praeter virtutes
et vitia, inter quas quicquam omnino interesset, sic 25
errare Zenonem, qui nulla in re nisi in virtute [aut
vitio] propensionem ne minimi quidem momenti ad
summum bonum adipiscendum esse diceret et, cum ad

23 SVF I. 364   26 SVF I. 189

1 rursum Sφ: rursus εδ   2 esse apta γP²mg: esse acta P': est
acta Rφ   2–3 selectione Aldus Manutius Pauli f.: elect- ω
5 aliquod φ   16 reperietis SP: -ieris rell.   hoc SR: haec
rell.   quaerentes Goerenz: quaeritis Pφ: quer- γR   18 revertemini γP: -imini O²Rφ   20–1 peti. esse P: petiisse rell.
26–7 aut vitio secl. Dav.

beatam vitam nullum momentum cetera haberent, ad
appetitionem tamen rerum esse in iis momenta diceret;
quasi vero haec appetitio non ad summi boni adeptio-
nem pertineret! Quid autem minus consentaneum est **48**
5 quam quod aiunt cognito summo bono reverti se ad
naturam, ut ab ea petant agendi principium, id est
offici? Non enim actionis aut offici ratio impellit ad
ea quae secundum naturam sunt appetenda, sed ab iis
et appetitio et actio commovetur.

10 [XVIII] 'Nunc venio ad tua illa brevia, quae consectaria esse dicebas, et primum illud quo nihil potest
brevius: "Bonum omne laudabile; laudabile autem
omne honestum; bonum igitur omne honestum." O
plumbeum pugionem! Quis enim tibi primum illud
15 concesserit? (quo quidem concesso nihil opus est
secundo; si enim omne bonum laudabile est, omne
honestum est); quis tibi ergo istud dabit praeter Pyr- **49**
rhonem, Aristonem eorumve similes, quos tu non
probas? Aristoteles, Xenocrates, tota illa familia non
20 dabit, quippe qui valetudinem vires divitias gloriam
multa alia bona esse dicant, laudabilia non dicant. Et hi
quidem ita non sola virtute finem bonorum contineri
putant ut rebus tamen omnibus virtutem anteponant:
quid censes eos esse facturos qui omnino virtutem a
25 bonorum fine segregaverunt, Epicurum, Hieronymum,
illos etiam, si qui Carneadeum finem tueri volunt? Iam **50**
aut Callipho aut Diodorus quomodo poterunt tibi istud

---

4 *SVF I. 189*   17–18 *Pyrrho test. 69*E *Decleva Caizzi*
19 *Polemo fr. 135 Gigante; Xenocrates fr. 90 Heinze*   21 *Anti-*
ochus fr. 9b Mette   25 *Hieronymus fr. 10c Wehrli*
26 *Carneades fr. 6 Mette*   27 *Diodorus fr. 3b Wehrli*

---

1 cetera haberent *Bremius*: ea res haberet δφ: *deficit* γ
2 tamen *Dav.*: autem ω   6 ab β: ex φ   8 appetenda *P*:
pet- *rell.*   10–11 consectaria *S*: conf- εPφ: consectar a *R*
13 omne¹ *P*: om. *rell.*   17 tibi ergo β: igitur tibi φ   26 si
qui *P in ras.*, φ: sequi β

concedere, qui ad honestatem aliud adiungant quod ex
eodem genere non sit? Placet igitur tibi, Cato, cum res
sumpseris non concessas, ex illis efficere quod velis?
Iam ille sorites ⟨est⟩, quo nihil putatis esse vitiosius:
quod bonum sit id esse optabile; quod optabile id   5
expetendum; quod expetendum id laudabile; dein
reliqui gradus. Sed ego in hoc resisto; eodem modo
enim tibi nemo dabit quod expetendum sit id esse
laudabile. Illud vero minime consectarium, sed in
primis hebes, illorum scilicet, non tuum, gloriatione   10
dignam esse beatam vitam, quod non possit sine
honestate contingere ut iure quisquam glorietur.

51 Dabit hoc Zenoni Polemo, etiam magister eius et tota
illa gens et reliqui qui, virtutem omnibus rebus multo
anteponentes, adiungunt ei tamen aliquid summo in   15
bono finiendo. Si enim virtus digna est gloriatione, ut
est, tantumque praestat reliquis rebus ut dici vix possit,
et beatus esse poterit virtute una praeditus, carens
ceteris, nec tamen illud tibi concedet, praeter virtutem
nihil in bonis esse ducendum. Illi autem quibus   20
summum bonum sine virtute est non dabunt fortasse
vitam beatam habere in quo iure possit gloriari; etsi illi
quidem etiam voluptates faciunt interdum gloriosas.

52 [XIX] Vides igitur te aut ea sumere quae non con-
cedantur aut ea quae etiam concessa te nihil iuvent.   25

'Equidem in omnibus istis conclusionibus hoc
putarem philosophia nobisque dignum, et maxime
cum summum bonum quaereremus, vitam nostram,

4 *SVF III. 37*   9–10 *Non. 91,16 (s.v.* CONSECTARIUM*)* illud
. . . illorum   13 *Polemo fr. 130 Gigante*

1 adiungunt φ   4 est *suppl. Kayser*   6 deinde
S   7–8 modo enim *OSB*: enim modo *PE*: modo *M*: *deficit R*
9 consectarium *S*: conf- *rell*.: corruptius *Non*.   10 non tuum
Mdv.: non tum *MSRφ*: non cum *O*: nominum *P*   22 possit iure
φ   25–6 iuvent. Equidem *P*: iuvente quidem φ: vivente quidem
ε: iuverunt equidem *S*   26 conclusionibus istis φ

consilia, voluntates, non verba corrigi. Quis enim
potest istis quae te, ut ais, delectant brevibus et
acutis auditis de sententia decedere? Nam cum
exspectant et avent audire cur dolor malum non sit,
5 dicunt illi asperum esse dolere, molestum, odiosum,
contra naturam, difficile toleratu, sed, quia nulla sit in
dolore nec fraus nec improbitas nec malitia nec culpa
nec turpitudo, non esse illud malum. Haec qui audierit,
ut ridere non curet, discedet tamen nihilo firmior ad
10 dolorem ferendum quam venerat. Tu autem negas 53
fortem esse quemquam posse qui dolorem malum
putet. Cur fortior sit, si illud, quod tute concedis,
asperum et vix ferendum putabit? Ex rebus enim
timiditas, non ex vocabulis nascitur.

15 'Et ais, si una littera commota sit, fore tota ut labet
disciplina. Utrum igitur tibi litteram videor an totas
paginas commovere? Ut enim sit apud illos, id quod est
a te laudatum, ordo rerum conservatus et omnia inter
se apta et conexa (sic enim aiebas), tamen persequi non
20 debemus, si a falsis principiis profecta congruunt ipsa
sibi et a proposito non aberrant. In prima igitur 54
constitutione Zeno tuus a natura recessit, cumque
summum bonum posuisset in ingeni praestantia,
quam virtutem vocamus, nec quicquam aliud bonum
25 esse dixisset nisi quod esset honestum, nec virtutem
posse constare si in ceteris rebus esset quicquam quod
aliud alio melius esset aut peius, his propositis tenuit
prorsus consequentia. Recte dicis; negare non possum;
sed ita falsa sunt ea quae consequuntur ut illa e quibus
30 haec nata sunt vera esse non possint. Docent enim nos, 55
ut scis, dialectici, si ea quae rem aliquam sequantur

2 te *Asc.*; tu ω   delectant brevibus *Asc.*: *inv. ord.* ω
4 exspectant *Lamb.*²: ea spectant ω   avent *Ald.*: habent ω
16 videor litteram φ   20 congruunt *Asc.*: -uenti γ*R*φ:
-uent *P*   29 illa e ς: ille *OR*φ: illa *MSP*

falsa sint, falsam illam ipsam esse quam sequantur. Ita
fit illa conclusio non solum vera sed ita perspicua ut
dialectici ne rationem quidem reddi putent oportere: si
illud, hoc; non autem hoc; igitur ne illud quidem. Sic
consequentibus vestris sublatis prima tolluntur. Quae 5
sequuntur igitur? Omnes qui non sint sapientes aeque
miseros esse, sapientes omnes summe beatos; recte
facta omnia aequalia, omnia peccata paria: quae cum
magnifice primo dici viderentur, considerata minus
probabantur. Sensus enim cuiusque et natura rerum 10
atque ipsa veritas clamabat quodam modo non posse
adduci ut inter eas res quas Zeno exaequaret nihil
interesset.

56   [XX] 'Postea tuus ille Poenulus (scis enim Citieos,
clientes tuos, e Phoenica profectos), homo igitur 15
acutus, causam non obtinens repugnante natura verba
versare coepit, et primum rebus iis quas nos bonas
dicimus concessit ut haberentur aestimabiles et ad
naturam accommodatae, faterique coepit sapienti, hoc
est summe beato, commodius tamen esse si ea quoque 20
habeat quae bona non audet appellare, naturae accommodata esse concedit, negatque Platonem, si sapiens
non sit, eadem esse in causa qua tyrannum Dionysium:
huic mori optimum esse propter desperationem sapientiae, illi propter spem vivere. Peccata autem partim esse 25
tolerabilia, partim nullo modo, propterea quod alia

---

10 *Epicurus fr. 521 add. (p. 358. 6) Usener*   14 *SVF I. 232*

1 sint γ*R*: sunt φ: *om. P*   5 tollantur β   10 probabantur *Gruter*: probantur ω   12 exaequaret *P*: -are *rell.*
14 Citieos *Goerenz*: citius *MSP*: cicius *O*φ: pitius *R*   15 e
Man.: a ω   Phoenica *Camerarius*: poenica φ: poetica β
18 dicimus *S*φ: ducimus *rell.*   aestimabiles *Heine*: apte habiles ω:
aptae et habiles *coni. Mdv*.   21–2 naturae accommodata *O*:
natura ea commodata *MB*: natura ea commodam *E*: natura commodata *S*: natura ipsa commodata *P*: *deficit R*   25 partim autem
peccata φ

peccata plures, alia pauciores quasi numeros offici
praeterirent. Iam insipientes alios ita esse ut nullo
modo ad sapientiam possent pervenire, alios qui possent, si id egissent, sapientiam consequi. Hic loquebatur 57
5 aliter atque omnes, sentiebat idem quod ceteri. Nec
vero minoris aestimanda ducebat ea quae ipse bona
negaret esse quam illi qui ea bona esse dicebant. Quid
igitur voluit sibi qui illa mutaverit? Saltem aliquid de
pondere detraxisset et paulo minoris aestimavisset ea
10 quam Peripatetici, ut sentire quoque aliud, non solum
dicere videretur. Quid? de ipsa beata vita, ad quam
omnia referuntur, quae dicitis? Negatis eam esse quae
expleta sit omnibus iis rebus quas natura desideret,
totamque eam in una virtute ponitis; cumque omnis
15 controversia aut de re soleat aut de nomine esse,
utraque earum nascitur si aut res ignoratur aut erratur
in nomine. Quorum si neutrum est, opera danda est ut
verbis utamur quam usitatissimis et quam maxime
aptis, id est rem declarantibus. Num igitur dubium 58
20 est quin, si in re ipsa nihil peccatur a superioribus,
verbis illi commodius utantur? Videamus igitur sententias eorum, tum ad verba redeamus.

[XXI] 'Dicunt appetitionem animi moveri cum
aliquid ei secundum naturam esse videatur, omniaque
25 quae secundum naturam sint aestimatione aliqua
digna, eaque pro eo quantum in quoque sit ponderis
esse aestimanda; quaeque secundum naturam sint
partim nihil habere in sese eius appetitionis de qua
saepe iam diximus, quae nec honesta nec laudabilia
30 dicantur, partim quae voluptatem habeant in omni
animante, sed in homine rationem etiam; ex ea quae

5 sentiebat *SP²*: -ant *rell.*   6 ipse *ς*: ipsa *ω*   13 hiis
rebus omnibus *φ*   23 Dicunt appetitionem] *In iis quae sequun-*
tur videtur Cicero rem mirum in modum implicavisse   26 quoque
Man.: quaque *ω*

sint apta, ea honesta, ea pulchra, ea laudabilia, illa
autem superiora naturalia nominantur, quae coniuncta
cum honestis vitam beatam perficiunt et absolvunt.

59 Omnium autem eorum commodorum quibus non illi
plus tribuunt qui illa bona esse dicunt quam Zeno qui ₅
negat, longe praestantissimum esse quod honestum
esset atque laudabile; sed si duo honesta proposita
sint, alterum cum valetudine, alterum cum morbo,
non esse dubium ad utrum eorum natura nos ipsa
deductura sit; sed tamen tantam vim esse honestatis ₁₀
tantumque eam rebus omnibus praestare et excellere ut
nullis nec suppliciis nec praemiis demoveri possit ex eo
quod rectum esse decreverit, omniaque quae dura
difficilia adversa videantur, ea virtutibus iis quibus a
natura essemus ornati obteri posse; non †faciles illas ₁₅
quidem nec contemnendas† (quid enim esset in virtute
tantum?), sed ut hoc iudicaremus, non esse in iis
60 partem maximam positam beate aut secus vivendi. Ad
summam ea quae Zeno aestimanda et sumenda et apta
naturae esse dixit, eadem illi bona appellant, vitam ₂₀
autem beatam illi eam quae constaret ex iis rebus
quas dixi ⟨aut omnibus⟩ aut plurimis et gravissimis.
Zeno autem, quod suam [quod] propriam speciem
habeat cur appetendum sit, id solum bonum appellat,
beatam autem vitam eam solam quae cum virtute ₂₅
degatur.

[XXII] 'Si de re disceptari oportet, nulla mihi
tecum, Cato, potest esse dissensio; nihil est enim de
quo aliter tu sentias atque ego, modo commutatis

23 *SVF I. 189*

15 obteri *Ald.*: optari β: aptari φ   15–16 faciles illas quidem
⟨res⟩ nec contemnendas *Bremius* (faciles ⟨res⟩ *iam Camerarius*): facilia
illa quidem nec contemnenda ς: facile illa quidem nec contemnenda
esse *coni. Mdv.*   22 aut omnibus aut plurimis et *Wesenberg*: aut
plurimis aut ω   23 quod² *seclusi*: quandam *coni. Mdv.*

verbis ipsas res conferamus. Nec hoc ille non vidit, sed
verborum magnificentia est et gloria delectatus; qui si
ea quae dicit ita sentiret ut verba significant, quid inter
eum et vel Pyrrhonem vel Aristonem interesset? Sin
5 autem eos non probabat, quid attinuit cum iis quibuscum re concinebat verbis discrepare? Quid si revivis- 61
cant Platonis illi et deinceps qui eorum auditores
fuerunt et tecum ita loquantur? "Nos cum te, M.
Cato, studiosissimum philosophiae, iustissimum
10 virum, optimum iudicem, religiosissimum testem,
audiremus, admirati sumus quid esset cur nobis Stoicos anteferres, qui de rebus bonis et malis sentirent ea
quae ab hoc Polemone Zeno cognoverat, nominibus
uterentur iis quae prima specie admirationem, re
15 explicata risum moverent. Tu autem, si tibi illa probabantur, cur non propriis verbis ea tenebas? Sin te
auctoritas commovebat, nobisne omnibus et Platoni
ipsi nescio quem illum anteponebas? praesertim cum
in re publica princeps esse velles ad eamque tuendam
20 cum summa tua dignitate maxime a nobis ornari atque
instrui posses. ⟨A⟩ nobis enim ista quaesita, a nobis
descripta, notata, praecepta sunt, omniumque rerum
publicarum rectionis genera status mutationes, leges
etiam et instituta ac mores civitatum perscripsimus.
25 Eloquentiae vero, quae et principibus maximo ornamento est et qua te audimus valere plurimum, quantum tibi ex monumentis nostris addidisses!" Ea cum
dixissent, quid tandem talibus viris responderes?'

4 *Pyrrho test. 69F* Decleva Caizzi   5–6 *Non. 43,25 (s.v.*
CONCINNARE*)* cum iis . . . discrepare   13 *Polemo fr. 136 Gigante*

5–6 quibus cum γ*P*: quibus eum *R*: cum φ: cum quibus
Non.   6 re concinebat *M²O²P²*: reconcinebant εδ: recontine-
bant φ: re conveniebat *S*: re concinebatur *Non.*   16 ea γ: eas *R*:
illa *P*φ   21 a¹ *add. Lamb.*   23 rectionis *Mdv.³*: -es
ω   25–6 maximo ornamento γ*R*: maxime orn- *P*: maximo e
orn- *B*: maximo corn- *E*   26 audivimus β

62   'Rogarem te' inquit 'ut diceres pro me tu idem qui
illis orationem dictavisses, vel potius paulum loci mihi
ut iis responderem dares, nisi et te audire nunc mallem
et istis tamen alio tempore responsurus essem, tum
scilicet cum tibi.'   5

[XXIII] 'Atque si verum respondere velles, Cato,
haec erant dicenda, non eos tibi non probatos, tantis
ingeniis homines tantaque auctoritate, sed te animad-
vertisse quas res illi propter antiquitatem parum
vidissent, eas a Stoicis esse perspectas, eisdemque de   10
rebus hos cum acutius disseruisse, tum sensisse gravius
et fortius, quippe qui primum valetudinem bonam
expetendam negent esse, eligendam dicant, nec quia
bonum sit valere, sed quia sit non nihilo aestimandum
(neque tamen pluris [quam] illis videtur, qui illud non   15
dubitant bonum dicere); hoc vero te ferre non potuisse,
quod antiqui illi quasi barbati (ut nos de nostris
solemus dicere) crediderint, eius qui honeste viveret,
si idem etiam bene valeret, bene audiret, copiosus esset,
optabiliorem fore vitam melioremque et magis expe-   20
tendam quam illius qui, aeque vir bonus, "multis
modis" esset, ut Enni Alcmeo,

circumventus, morbo, exsilio atque inopia.

63 Illi igitur antiqui non tam acute optabiliorem illam
vitam putant, praestantiorem, beatiorem, Stoici autem   25
tantum modo praeponendam in seligendo, non quo
beatior ea vita sit, sed quod ad naturam accommoda-
tior; et qui sapientes non sint omnes aeque esse

23 *Ennius, Alcmeo, trag. 20 Ribbeck¹, 16 Jocelyn. Cf. De orat. 3. 218*

11 disseruisse δ: -issem *MS*: deseruisse *O²φ*: -issem *O¹*
15 pluris ϛ: plures ω   quam *secl. Goerenz*   20 fore β: esse
φ   22 Alcmeo *Ald.*: alemeo B: alemo E: alomeo γ: alcineo P:
alcieneo (e² *s.s.*) R   26 seligendo *M²O²S, in ras.* P: se legendo
rell.   27 ea *Baiter*: ex γRφ: haec P

miseros. Stoici hoc videlicet viderunt, illos autem id fugerat superiores, [qui arbitrabantur] homines sceleribus et parricidiis inquinatos nihilo miseriores esse quam eos qui, cum caste et integre viverent, nondum
5 perfectam illam sapientiam essent consecuti. Atque hoc 64 loco similitudines eas quibus illi uti solent dissimillimas proferebas. Quis enim ignorat, si plures ex alto emergere velint, propius fore eos quidem ad respirandum qui ad summam iam aquam appropinquent, sed
10 nihilo magis respirare posse quam eos qui sint in profundo? Nihil igitur adiuvat procedere et progredi in virtute quominus miserrimus sit antequam ad eam pervenerit, quoniam in aqua nihil adiuvat; et quoniam catuli qui iam dispecturi sunt caeci aeque et ii qui modo
15 nati, Platonem quoque necesse est, quoniam nondum videbat sapientiam, aeque caecum animo ac Phalarim fuisse.

[XXIV] 'Ista similia non sunt, Cato, in quibus 65 quamvis multum processeris, tamen illud in eadem
20 causa est a quo abesse velis donec evaseris; nec enim ille respirat antequam emersit, et catuli aeque caeci priusquam dispexerunt ac si ita futuri semper essent. Illa sunt similia: hebes acies est cuipiam oculorum, corpore alius senescit; hi curatione adhibita levantur in
25 dies; valet alter plus cotidie, alter videt. His similes sunt omnes qui virtuti student: levantur vitiis, levantur erroribus. Nisi forte censes Ti. Gracchum patrem ⟨non⟩ beatiorem fuisse quam filium, cum alter stabilire rem publicam studuerit, alter evertere. Nec tamen ille

2 qui arbitrabantur *secl. Goerenz*   5 illam perfectam ϕ
9 aquam iam ϕ 14 dispecturi ϵ: de- *rell.*   16 ac β: et
ϕ 22 dispexerunt *Lamb.*: desp- β: dep- ϕ 23 hebes γP:
habes $R\phi$ 24 senescit *Mdv.*[3]: nescit γRE: nestit B: languescit
in ras. P^2 27 censes Ti.] censes Ty. *ed. Rom.*: censesti ϵR:
censes T. O^2: censes tum P: censes $M^2\phi$: censeres S 28 non
add. Ald.

erat sapiens (quis enim hoc, aut quando, aut ubi, aut
unde?); sed quia studebat laudi et dignitati, multum in
66 virtute processerat. Confer avum tuum ⟨M.⟩ Drusum
cum C. Graccho, eius fere aequali: quae hic rei publicae vulnera imponebat, eadem ille sanabat. Si nihil est 5
quod tam miseros faciat quam impietas et scelus, ut
iam omnes insipientes sint miseri, quod profecto sunt,
non est tamen aeque miser qui patriae consulit et is qui
illam exstinctam cupit. Levatio igitur vitiorum magna
fit in iis qui habent ad virtutem progressionis aliquan- 10
67 tum. Vestri autem progressionem ad virtutem fieri
aiunt, levationem vitiorum fieri negant. At quo utantur
homines acuti argumento ad probandum operae pre-
tium est considerare. Quarum, inquit, artium summae
crescere possunt, earum etiam contrariorum summa 15
poterit augeri; ad virtutis autem summam accedere
nihil potest; ne vitia quidem igitur crescere poterunt,
quae sunt virtutum contraria. Utrum igitur tandem
perspicuisne dubia aperiuntur, an dubiis perspicua
tolluntur? Atqui hoc perspicuum est, vita alia [in] 20
aliis esse maiora, illud dubium, ad id quod summum
bonum dicitis ecquaenam fieri possit accessio. Vos
autem cum perspicuis dubia debeatis inlustrare,
68 dubiis perspicua conamini tollere. Itaque [usus]
eadem ratione qua sum paulo ante usus haerebitis. Si 25
enim propterea vitia alia aliis maiora non sunt quia ne
ad finem quidem bonorum eum quem vos facitis

3 confer *C. F. W. Mueller*: conferam ω   avum φ: avum autem ε:
avum aut *R*: autem avum *O²SP*   M. *addendum coni. Goerenz*
10 in *E*: *om. rell.*   12 at quo *P²mg.*: ad quo *R*: a quo ε: ad quod
P in ras., φ: et quo *S*   utantur *Lamb.*: -untur (-entur *R²*) ω
14–15 summae crescere possunt *O²*: summa ecrescere possunt φ:
summa crescere possunt *MR*: summa ecrescere potest *O¹*: summa
crescere potest *P*: *deficit S*   15 contrariorum *Lamb*:
-trariarum ε*Pφ*: -arium *R*: *deficit S*   20 in *del. Lamb.²*
22 possit fieri γ*R*   24 itaque β: atque φ   usus *del. ed.
Colon.*

quicquam potest accedere, quoniam perspicuum est
vitia non esse omnium paria, finis bonorum vobis
mutandus est. Teneamus enim illud necesse est, cum
consequens aliquod falsum sit, illud cuius id conse-
5 quens sit non posse esse verum.

[XXV] 'Quae est igitur causa istarum angustiarum?
Gloriosa ostentatio in constituendo summo bono. Cum
enim quod honestum sit id solum bonum esse
confirmatur, tollitur cura valetudinis, diligentia rei
10 familiaris, administratio rei publicae, ordo gerendorum
negotiorum, officia vitae, ipsum denique illud honestum, in quo uno vultis esse omnia, deserendum est;
quae diligentissime contra Aristonem dicuntur a Chrysippo. Ex ea difficultate illae "fallaciloquae", ut ait
15 Accius, "malitiae" natae sunt. Quod enim sapientia 69
pedem ubi poneret non habebat sublatis officiis omnibus, officia autem tollebantur delectu omni et discri-
mine remoto, quae esse ⟨non⟩ poterant rebus omnibus
sic exaequatis ut inter eas nihil interesset, ex his
20 angustiis ista evaserunt deteriora quam Aristonis. Illa
tamen simplicia, vestra versuta. Roges enim Aristonem, bonane ei videantur haec, vacuitas doloris,
divitiae, valetudo: neget. Quid? quae contraria sunt
his, malane? Nihilo magis. Zenonem roges: respondeat
25 totidem verbis. Admirantes quaeramus ab utroque
quonam modo vitam agere possimus, si nihil interesse
nostra putemus, valeamus aegrine simus, vacemus an
cruciemur dolore, frigus famem propulsare possimus
necne possimus. "Vives" inquit Aristo "magnifice

7 *SVF III. 27*   13–14 *Non. 113,13 (s.v.* FALLACILOQUENTIAE*)*
quae . . . *fallaciloquentiae*   14 *Accius 694 R.³* = 724 Dangel
21 *SVF I. 368*

2 nobis β   4–5 id consequens *P²*: incon- ω   6 illarum
φ   14 fallaciloquae *Man.²*: fallaci loquelae φ: fallacis loqu- *P*:
facili loqu- γ*R*: fallaciloquentiae *Non.*   17 delectu *SP*: dilectu
ε*R*: delecto φ   18 non *add. Mdv.*   19 his β: istis φ

atque praeclare, quod erit cumque visum ages, numquam angere, numquam cupies, numquam timebis."

70 Quid Zeno? Portenta haec esse dicit, neque ea ratione
ullo modo posse vivi; se dicere inter honestum et turpe
nimium quantum, nescio quid immensum, inter ₅
71 ceteras res nihil omnino interesse. Idem adhuc; audi
reliqua et risum contine, si potes. "Media illa," inquit
"inter quae nihil interest, tamen eius modi sunt ut
eorum alia eligenda sint, alia reicienda, alia omnino
neglegenda, hoc est ut eorum alia velis, alia nolis, alia ₁₀
non cures." At modo dixeras nihil in istis rebus esse
quod interesset. "Et nunc idem dico," inquiet "sed ad
virtutes et ad vitia nihil interesse."

72 [XXVI] 'Quis istud, quaeso, nesciebat? Verum
audiamus. "Ista" inquit "quae dixisti, valere, locuple- ₁₅
tem esse, non dolere, bona non dico, sed dicam Graece
προηγμένα, Latine autem producta (sed praeposita aut
praecipua malo; sit tolerabilius et mollius); illa autem,
morbum egestatem dolorem, non appello mala, sed, si
libet, reiectanea. Itaque illa non dico me expetere sed ₂₀
legere, nec optare sed sumere, contraria autem non
fugere sed quasi secernere." Quid ait Aristoteles reliquique Platonis alumni? Se omnia quae secundum
naturam sint bona appellare, quae autem contra,
mala. Videsne igitur Zenonem tuum cum Aristone ₂₅
verbis concinere, re dissidere, cum Aristotele et illis
re consentire, verbis discrepare? Cur igitur, cum de re
conveniat, non malumus usitate loqui? Aut doceat
paratiorem me ad contemnendam pecuniam fore, si

22–3 Aristoteles . . . alumni] *verba ignoti poetae, fortasse Lucili,*
agnovit Gandiglio

3 haec *om. O*φ   4 se *Mdv.*²: sed ω   11 at ς: ac ω
rebus *om.* φ   14 quaeso *Man.*²: quasi ω   17 proposita
γR   18 sic *Man.*   26 concinere *C. F. W. Mueller:* consistere ω   re *P*²: *om.* ω   27 disceptare β

illam in rebus praepositis quam si in bonis duxero,
fortioremque in patiendo dolore, si eum asperum et
difficilem perpessu et contra naturam esse quam si
malum dixero.

5 'Facete M. Piso, familiaris noster, et alia multa et hoc 73
loco Stoicos inridebat: "Quid enim?" aiebat; "bonum
negas esse divitias, praepositum esse dicis: quid adiuvas? avaritiamne minuis? quomodo? Si verbum sequimur, primum longius verbum praepositum quam
10 bonum." "Nihil ad rem!" "Ne sit sane; at certe
gravius. Nam bonum ex quo appellatum sit nescio,
praepositum ex eo credo quod praeponatur aliis: id
mihi magnum videtur." Itaque dicebat plus tribui
divitiis a Zenone, qui eas in praepositis poneret,
15 quam ab Aristotele, qui bonum esse divitias fateretur,
sed neque magnum bonum et prae rectis honestisque
contemnendum ac despiciendum nec magnopere expetendum; omninoque de istis omnibus verbis a Zenone
mutatis ita disputabat, et quae bona negarentur ab eo
20 esse et quae mala, illa laetioribus nominibus appellari
ab eo quam a nobis, haec tristioribus. Piso igitur hoc
modo, vir optimus tuique, ut scis, amantissimus. Nos
paucis ad haec additis finem faciamus aliquando;
longum est enim ad omnia respondere quae a te dicta
25 sunt.

[XXVII] 'Nam ex eisdem verborum praestrigiis et 74
regna nata vobis sunt et imperia et divitiae, et tantae
quidem ut omnia quae ubique sint sapientis esse
dicatis. Solum praeterea formosum, solum liberum,
30 solum civem, ⟨stultos⟩ omnia contraria, quos etiam
insanos esse vultis. Haec παράδοξα illi, nos admirabilia

---

3 perpessu et γR: perpessum P¹, -pessu P²: perpessi φ: perpessu, si
Goerenz   6 loco β: modo φ   19 disputabat RS²:
-bant rell.   21 a om. γR   27 vobis Oδ: nobis rell.
30 stultos hic suppl. Mdv., post contraria iam Morel

dicamus. Quid autem habent admirationis, cum prope
accesseris? Conferam tecum quam cuique verbo rem
subicias: nulla erit controversia. Omnia peccata paria
dicitis. Non ego tecum iam ita iocabor ut isdem his de
rebus, cum L. Murenam te accusante defenderem. 5
Apud imperitos tum illa dicta sunt, aliquid etiam
75 coronae datum: nunc agendum est subtilius. "Peccata
paria." Quonam modo? "Quia nec honesto quicquam
honestius nec turpi turpius." Perge porro; nam de isto
magna dissensio est; illa argumenta propria videamus 10
cur omnia sint paria peccata. "Ut" inquit "in fidibus
pluribus, si nulla earum ita contenta nervis sit ut
concentum servare possit, omnes aeque incontentae
sint, sic peccata, quia discrepant, aeque discrepant;
paria sunt igitur." Hic ambiguo ludimur. Aeque enim 15
contingit omnibus fidibus ut incontentae sint, illud non
continuo, ut aeque incontentae. Collatio igitur ista te
nihil iuvat; nec enim, omnes avaritias si aeque avaritias
esse dixerimus, sequetur ut etiam aequas esse dicamus.
76 Ecce aliud simile dissimile. "Ut enim" inquit "guber- 20
nator aeque peccat si palearum navem evertit et si auri,
item aeque peccat qui parentem et qui servum iniuria
verberat." Hoc non videre, cuius generis onus navis
vehat, id ad gubernatoris artem nil pertinere! Itaque
aurum paleamne portet ad bene aut ad male gubernan- 25
dum nihil interesse; at quid inter parentem et servulum
intersit intellegi et potest et debet. Ergo in gubernando
nihil, in officio plurimum interest quo in genere
peccetur. Et si in ipsa gubernatione neglegentia est
navis eversa, maius est peccatum in auro quam in 30
palea. Omnibus enim artibus volumus attributam esse
eam quae communis appellatur prudentia, quam

11 *SVF III. 531*

4 iocabor *O²*: locabor (-bar *E²*) *Rγφ*: loquar *P*   19 aequas *P*
in ras.: aequa *ω*   25 paleamne *P*: paleam ne *γR*: paleamve *φ*

omnes qui cuique artificio praesunt debent habere. Ita
ne hoc quidem modo paria peccata sunt.

[XXVIII] 'Urgent tamen et nihil remittunt. "Quo- **77**
niam" inquiunt "omne peccatum imbecillitatis et
5 inconstantiae est, haec autem vitia in omnibus stultis
aeque magna sunt, necesse est paria esse peccata."
Quasi vero aut concedatur in omnibus stultis aeque
magna esse vitia et eadem imbecillitate et inconstantia
L. Tubulum fuisse qua illum cuius is condemnatus est
10 rogatione, P. Scaevolam; et quasi nihil inter res quoque
ipsas in quibus peccatur intersit, ut quo hae maiores
minoresve sint, eo quae peccentur in his rebus aut
maiora sint aut minora! Itaque (iam enim concludatur **78**
oratio) hoc uno vitio maxime mihi premi videntur tui
15 Stoici, quod se posse putant duas contrarias sententias
obtinere. Quid enim est tam repugnans quam eundem
dicere quod honestum sit, solum id bonum esse, qui
dicat appetitionem rerum ad vivendum accommodatarum a natura profectam? Ita cum ea volunt retinere
20 quae superiori sententiae conveniunt, in Aristonem
incidunt; cum id fugiunt, re eadem defendunt quae
Peripatetici, verba tenent mordicus. Quae rursus dum
sibi evelli ex ordine nolunt, horridiores evadunt, asperiores, duriores et oratione et moribus. Quam illorum **79**
25 tristitiam atque asperitatem fugiens Panaetius nec
acerbitatem sententiarum nec disserendi spinas probavit fuitque in altero genere mitior, in altero inlustrior,
semperque habuit in ore Platonem, Aristotelem, Xenocratem, Theophrastum, Dicaearchum, ut ipsius scripta

25 *Panaetius fr. 55 van Straaten*   29 *Theophrastus fr. 56
Fortenbaugh et al.; Dicaearchus fr. 3 Wehrli*

1 qui cuique] cuicumque *Mdv.*   2 quidem modo paria
Lamb.: modo paria quidem ω   9 quam β   14 premi
MSP: primi *ORφ*   18–19 accommodatarum *P*: -darum *γR*:
-dare φ   19 a *S*: *om. rell.*   23 ex ordine] *cf. TLL ix. 2.
954. 57 sqq.*   nolunt *γR*: vol- *Pφ*

declarant. Quos quidem tibi studiose et diligenter
80 tractandos magnopere censeo. Sed quoniam et adves-
perascit et mihi ad villam revertendum est, nunc
quidem hactenus; verum hoc idem saepe faciamus.'

'Nos vero,' inquit ille; 'nam quid possumus facere 5
melius? Et hanc quidem primam exigam a te operam,
ut audias me quae a te dicta sunt refellentem. Sed
memento te quae nos sentiamus omnia probare, nisi
quod verbis aliter utamur, mihi autem vestrorum nihil
probari.'   10

'Scrupulum' inquam 'abeunti; sed videbimus.'
Quae cum essent dicta, discessimus.

---

4 faciamus saepe φ   8 nisi S: ni MPφ: in OR   MARCI
TULII CICERONIS LIBER QUARTUS EXPLICIT M: LIBER IIII EXPLICIT O:
LIBER QUARTUS EXPLICIT S² mg.: EXPLICIT LIBER QUARTUS PB: MARCI
TULII CICERONIS LIBER QUARTUS DE OFFICIIS BONORUM ET MALORUM
EXPLICIT E: in S¹R nulla subscriptio

LIBER QUINTUS

[I] Cum audissem Antiochum, Brute, ut solebam, cum **1**
M. Pisone in eo gymnasio quod Ptolomaeum vocatur
unaque nobiscum Q. frater et T. Pomponius L.que
Cicero, frater noster cognatione patruelis, amore
5 germanus, constituimus inter nos ut ambulationem
postmeridianam conficeremus in Academia, maxime
quod is locus ab omni turba id temporis vacuus esset.
Itaque ad tempus ad Pisonem omnes. Inde sermone
vario sex illa a Dipylo stadia confecimus. Cum autem
10 venissemus in Academiae non sine causa nobilitata
spatia, solitudo erat ea quam volueramus. Tum Piso: **2**
'Naturane nobis hoc' inquit 'datum dicam an errore
quodam, ut, cum ea loca videamus in quibus memoria
dignos viros acceperimus multum esse versatos, magis
15 moveamur quam si quando eorum ipsorum aut facta
audiamus aut scriptum aliquod legamus? Velut ego
nunc moveor. Venit enim mihi Platonis in mentem,
quem accepimus primum hic disputare solitum; cuius
etiam illi hortuli propinqui non memoriam solum mihi
20 adferunt sed ipsum videntur in conspectu meo ponere.
Hic Speusippus, hic Xenocrates, hic eius auditor
Polemo, cuius illa ipsa sessio fuit quam videmus.
Equidem etiam curiam nostram (Hostiliam dico, non
hanc novam, quae minor mihi esse videtur posteaquam

---

1 *Antiochus fr. 9 Mette*   22 *Polemo fr. 48 Gigante*

INCIPIT QUINTUS *MP*: INCIPIT LIBER QUINTUS *OS²* *mg.*: INCIPIT LIBER
QUINTUS MARCI TULII CICERONIS DE FINIBUS BONORUM ET MALORUM *B*:
INCIPIT QUINTUS EIUSDEM *E*: *in S¹R nulla inscriptio*   1 audissem
SPB: -ivissem *ϵRE*   solebam *Vict.*: -bat ω   3 luciusque *φ*:
lucius Q. *ϵR*: lucius *P*: Q. *S*   16 aliquid *β*   19 propinqui
hortuli *φ*

est maior) solebam intuens Scipionem, Catonem, Lae-
lium, nostrum vero in primis avum cogitare; tanta vis
admonitionis inest in locis; ut non sine causa ex iis
memoriae ducta sit disciplina.'

3   Tum Quintus: 'Est plane, Piso, ut dicis,' inquit. 5
'Nam me ipsum huc modo venientem convertebat ad
sese Coloneus ille locus, cuius incola Sophocles ob
oculos versabatur, quem scis quam admirer quamque
eo delecter. Me quidem ad altiorem memoriam Oedi-
podis huc venientis et illo mollissimo carmine quaenam 10
essent haec ipsa loca requirentis species quaedam
commovit, inaniter scilicet, sed commovit tamen.'

Tum Pomponius: 'At ego, quem vos ut deditum
Epicuro insectari soletis, sum multum equidem cum
Phaedro, quem unice diligo, ut scitis, in Epicuri hortis, 15
quos modo praeteribamus, sed veteris proverbi admonitu "vivorum memini"; nec tamen Epicuri licet oblivisci, si cupiam, cuius imaginem non modo in tabulis
nostri familiares, sed etiam in poculis et in anulis
habent.'   20

4   [II] Hic ego: 'Pomponius quidem' inquam 'noster
iocari videtur, et fortasse suo iure. Ita enim se Athenis
conlocavit ut sit paene unus ex Atticis, ut id etiam
cognomen videatur habiturus. Ego autem tibi, Piso,
adsentior usu hoc venire ut acrius aliquanto et attentius 25
de claris viris locorum admonitu cogitemus. Scis enim
me quodam tempore Metapontum venisse tecum
neque ad hospitem ante devertisse quam Pythagorae
ipsum illum locum, ubi vitam ediderat, sedemque

---

7 *O.C. 1 sqq.*   17–20 *Non. 70,18 (s.v.* ANELLUS*)* nec tamen . . .
habebant   25–6 *Non. 190,38 (s.v.* ADMONITIO) ut acrius . . .
cogitemus

7 lucus *Valckenaer*   11 ipsa haec β   16 praeteribamus
Ald.: -iebamus ω   19 anulis *P*φ: anelis *εR*: auriculis *S*: anellis
Non.   20 habebant *Non.*   28 devertisse *Lamb.:* di ω

viderim. Hoc autem tempore, etsi multa in omni parte Athenarum sunt in ipsis locis indicia summorum virorum, tamen ego illa moveor exhedra. Modo enim fuit Carneadis; quem videre videor (est enim nota 5 imago), a sedeque ipsa tanta ingeni magnitudine orbata desiderari illam vocem puto.'

Tum Piso: 'Quoniam igitur aliquid omnes, quid 5 Lucius noster?' inquit. 'An eum locum libenter invisit ubi Demosthenes et Aeschines inter se decertare soliti 10 sunt? Suo enim quisque studio maxime ducitur.'

Et ille, cum erubuisset: 'Noli' inquit 'ex me quaerere, qui in Phalericum etiam descenderim, quo in loco ad fluctum aiunt declamare solitum Demosthenem ut fremitum adsuesceret voce vincere. Modo 15 etiam paulum ad dexteram de via declinavi ut ad Pericli sepulcrum accederem. Quamquam id quidem infinitum est in hac urbe; quacumque enim ingredimur, in aliqua historia vestigium ponimus.'

Tum Piso: 'Atqui, Cicero,' inquit 'ista studia, si ad 6 20 imitandos summos viros spectant, ingeniosorum sunt; sin tantum modo ad indicia veteris memoriae cognoscenda, curiosorum. Te autem hortamur omnes, currentem quidem ut spero, ut eos quos novisse vis imitari etiam velis.'

25 Hic ego: 'Etsi facit hic quidem,' inquam 'Piso, ut vides, ea quae praecipis, tamen mihi grata hortatio tua est.'

Tum ille amicissime, ut solebat: 'Nos vero' inquit 'omnes omnia ad huius adulescentiam conferamus, in

---

2–3 *Non. 107,6 (s.v.* EXEDRA*)* sunt . . . exhedra   4 *fr. 6 Mette*

---

4 Carneadis *Mdv.*²: -des ω   10 quisque β: unus quisque φ   15 dextram β   ad pericli *O*: ad pericii *Pφ*: ad periclis *M*: ad peridis *S*: apericii *R*   23 novisse vis *P*: novis seu hi(i)s εRφ: novis seu vis *O²*: noveris seu is *S*

173

primisque ut aliquid suorum studiorum philosophiae
quoque impertiat, vel ut te imitetur, quem amat, vel ut
illud ipsum quod studet facere possit ornatius. Sed
utrum hortandus es nobis, Luci,' inquit 'an etiam tua
sponte propensus es? Mihi quidem Antiochum, quem 5
audis, satis belle videris attendere.'

Tum ille timide vel potius verecunde: 'Facio' inquit
'equidem, sed audistine modo de Carneade? Rapior
illuc, revocat autem Antiochus, nec est praeterea quem
audiamus.' 10

7 [III] Tum Piso: 'Etsi hoc' inquit 'fortasse non
poterit sic abire cum hic adsit' (me autem dicebat),
'tamen audebo te ab hac Academia nova ad veterem
illam vocare, in qua, ut dicere Antiochum audiebas,
non ii soli numerantur qui Academici vocantur, Speu- 15
sippus, Xenocrates, Polemo, Crantor ceterique, sed
etiam Peripatetici veteres, quorum princeps Aristoteles, quem excepto Platone haud scio an recte dixerim
principem philosophorum. Ad eos igitur converte te,
quaeso. Ex eorum enim scriptis et institutis cum omnis 20
doctrina liberalis, omnis historia, omnis sermo elegans
sumi potest, tum varietas est tanta artium ut nemo sine
eo instrumento ad ullam rem inlustriorem satis ornatus
possit accedere. Ab his oratores, ab his imperatores ac
rerum publicarum principes exstiterunt. Ut ad minora 25
veniam, mathematici poetae musici medici denique ex
hac tamquam omnium artificum officina profecti sunt.'

8 Atque ego: 'Scis me' inquam 'istud idem sentire,
Piso, sed a te opportune facta mentio est. Studet enim
meus audire Cicero quaenam sit istius veteris quam 30

5 *Antiochus fr. 9 Mette*   8 *Carneades fr. 6 Mette*
16 *Polemo fr. 8 Gigante*   29–p. 175.2 *Non. 91,12 (s.v.* CON-
MEMORARE*)* sed a te . . . *sententiam*

12 poterit *Ald.*: -eris ω   13–14 illam veterem φ
19 converte te γ*P*: -tere *R*: -tere te φ   30 meus *B, Non.*: mens
β: *om.* E

commemoras Academiae de finibus bonorum Peripa-
teticorumque sententia. Censemus autem facillime te
id explanare posse, quod et Staseam Neapolitanum
multos annos habueris apud te et compluris iam
5 menses Athenis haec ipsa te ex Antiocho videamus
exquirere.'

Et ille ridens: 'Age, age,' inquit '(satis enim scite me
nostri sermonis principium esse voluisti) exponamus
adulescenti si quae forte possumus. Dat enim id nobis
10 solitudo, quod si qui deus diceret, numquam putarem
me in Academia tamquam philosophum disputaturum.
Sed ne, dum huic obsequor, vobis molestus sim.'

'Mihi,' inquam 'qui te id ipsum rogavi?'

Tum, Quintus et Pomponius cum idem se velle
15 dixissent, Piso exorsus est. Cuius oratio attende,
quaeso, Brute, satisne videatur Antiochi complexa
esse sententiam, quam tibi, qui fratrem eius Aristum
frequenter audieris, maxime probatam existimo.

[IV] Sic est igitur locutus: 'Quantus ornatus in 9
20 Peripateticorum disciplina sit satis est a me, ut brevis-
sime potuit, paulo ante dictum. Sed est forma eius
disciplinae, sicut fere ceterarum, triplex: una pars est
naturae, disserendi altera, vivendi tertia. Natura sic ab
iis investigata est ut nulla pars caelo mari terra, ut
25 poetice loquar, praetermissa sit. Quin etiam, cum de
rerum initiis omnique mundo locuti essent, ut multa
non modo probabili argumentatione sed etiam
necessaria mathematicorum ratione concluderent,
maximam materiam ex rebus per se investigatis ad
30 rerum occultarum cognitionem attulerunt. Persecutus 10

30–p. 176.1 *Non. 232,5 (s.v.* VICTUS*)* persecutus . . . figuras

3 staseam *ed. Colon.*: stans eam ω   4 compluris δ: -pleris ε:
-pletis *S*: quamplures φ   10 qui deus εR: quis deus *SP*: quid
eos φ   23 naturae *ed. Colon.*: -ura ω   26 ⟨ita⟩ ut
Ernesti

est Aristoteles animantium omnium ortus victus figuras, Theophrastus autem stirpium naturas omniumque fere rerum quae e terra gignerentur causas atque
rationes; qua ex cognitione facilior facta est investigatio
rerum occultissimarum. Disserendique ab isdem non 5
dialectice solum sed etiam oratorie praecepta sunt
tradita, ab Aristoteleque principe de singulis rebus in
utramque partem dicendi exercitatio est instituta, ut
non contra omnia semper, sicut Arcesilas, diceret, et
tamen ut in omnibus rebus quidquid ex utraque parte 10
11 dici posset expromeret. Cum autem tertia pars bene
vivendi praecepta quaereret, ea quoque est ab isdem
non solum ad privatae vitae rationem sed etiam ad
rerum publicarum rectionem relata. Omnium fere
civitatum non Graeciae solum sed etiam barbariae ab 15
Aristotele mores instituta disciplinas, a Theophrasto
leges etiam cognovimus. Cumque uterque eorum doc-
uisset qualem ⟨esse⟩ in re publica principem conveniret, pluribus praeterea conscripsisset qui esset
optimus rei publicae status, hoc amplius Theophras- 20
tus, quae essent in re publica rerum inclinationes et
momenta temporum quibus esset moderandum utcum-
que res postularet. Vitae autem degendae ratio maxime
quidem illis placuit quieta, in contemplatione et cognitione posita rerum, quae quia deorum erat vitae 25
simillima, sapiente visa est dignissima. Atque his de
rebus et splendida est eorum et inlustris oratio.

12 [V] 'De summo autem bono, quia duo genera
librorum sunt, unum populariter scriptum, quod

2 *fr. 385 Fortenbaugh et al.*   5 *fr. 672 Fortenbaugh et*
al.   9 *Arcesilas fr. 12 Mette*   16 *fr. 590 Fortenbaugh et*
al.   23 *fr. 482 Fortenbaugh et al.*

1 est ς: *om.* ω, *Non.*   11 posset *S*φ: possit εδ   12 ea *P*: a
ε*R*φ: *om. S*   18 esse *hic add.* ς, *post* principem *Asc.*
20–1 status hoc . . . in re publica γ*P*: *om. R*φ   24 illis quidem
φ   25 vitae erat φ

ἐξωτερικόν appellabant, alterum limatius, quod in
commentariis reliquerunt, non semper idem dicere
videntur; nec in summa tamen ipsa aut varietas est ulla
apud hos quidem quos nominavi aut inter ipsos
5 dissensio. Sed cum beata vita quaeratur idque sit
unum quod philosophia spectare et sequi debeat,
sitne ea tota sita in potestate sapientis an possit aut
labefactari aut eripi rebus adversis, in eo non numquam
variari inter eos et dubitari videtur. Quod maxime
10 efficit Theophrasti de beata vita liber, in quo multum
admodum fortunae datur; quod si ita se habeat, non
possit beatam vitam praestare sapientia. Haec mihi
videtur delicatior, ut ita dicam, molliorque ratio
quam virtutis vis gravitasque postulat. Quare teneamus
15 Aristotelem et eius filium Nicomachum, cuius accurate
scripti de moribus libri dicuntur illi quidem esse
Aristoteli, sed non video cur non potuerit patri similis
esse filius. Theophrastum tamen adhibeamus ad pleraque, dum modo plus in virtute teneamus quam ille
20 tenuit firmitatis et roboris. Simus igitur contenti his. **13**
Namque horum posteri meliores illi quidem mea
sententia quam reliquarum philosophi disciplinarum,
sed ita degenerant ut ipsi ex se nati esse videantur.
Primum Theophrasti, Strato, physicum se voluit; in
25 quo etsi est magnus, tamen nova pleraque et perpauca
de moribus. Huius, Lyco, oratione locuples, rebus ipsis
ieiunior. Concinnus deinde et elegans huius, Aristo,
sed ea quae desiderata a magno philosopho gravitas in

---

10 *frr. 436 n. 12b, 498 Fortenbaugh et al.*   24 *Theophrastus*
fr. 18 n. 19 Fortenbaugh et al.; Strato fr. 12 Wehrli   26 *fr. 17*
Wehrli   27 *fr. 10 Wehrli*

6 philosophia *OP*: -iam *rell.*   12 praestare vitam *β*
17 patris *Lamb.* (*cf. Off. 1. 121, Tusc. 1. 81, Verr. 3. 160, 5.*
30)   26 de *P*: *om. rell.*   lyco *ε*: lico *SR*: lisias *P*: *om. spat.*
rel. φ

eo non fuit; scripta sane et multa et polita, sed nescio quo pacto auctoritatem oratio non habet.

14 'Praetereo multos, in his doctum hominem et suavem, Hieronymum, quem iam cur Peripateticum appellem nescio. Summum enim bonum exposuit 5 vacuitatem doloris; qui autem de summo bono dissentit de tota philosophiae ratione dissentit. Critolaus imitari voluit antiquos, et quidem est gravitate proximus, et redundat oratio, ac tamen ⟨ne⟩ is quidem in patriis institutis manet. Diodorus, eius auditor, adiungit ad 10 honestatem vacuitatem doloris. Hic quoque suus est, de summoque bono dissentiens dici vere Peripateticus non potest. Antiquorum autem sententiam Antiochus noster mihi videtur persequi diligentissime, quam eandem Aristoteli fuisse et Polemonis docet.   15

15 [VI] 'Facit igitur Lucius noster prudenter, qui audire de summo bono potissimum velit; hoc enim constituto in philosophia constituta sunt omnia. Nam ceteris in rebus sive praetermissum sive ignoratum est quippiam, non plus incommodi est quam quanti quae- 20 que earum rerum est in quibus neglectum est aliquid; summum autem bonum si ignoretur, vivendi rationem ignorari necesse est; ex quo tantus error consequitur ut quem in portum se recipiant scire non possint. Cognitis autem rerum finibus, cum intellegitur quid sit et 25 bonorum extremum et malorum, inventa vitae via est
16 conformatioque omnium officiorum, †cum igitur† quo

---

4 fr.   8c   Wehrli   7 fr.   11   Wehrli   10 fr.   4c
Wehrli   13 fr. 9 Mette   15 Polemo fr. 131 Gigante

9 ne add. Bremius   11 suus Pφ: suis R: finis γ   15 aris-
totili Oφ: -is MSδ (cf. 1. 14 adn.)   21 aliquid SP: -quod
rell.   26 vitae via P in ras.: vita e via δ: et via una φ: via
γ   27 conformatioque Man.: confrom- B: confirm- rell.
cum igitur γP'φ: cumque igitur R: est igitur P in ras.: cum exigitur
Mdv.²: inventum igitur C. F. W. Mueller (cf. 5. 17, Leg. 1. 20)

quidque referatur; ex quo, id quod omnes expetunt,
beate vivendi ratio inveniri et comparari potest.

'Quod quoniam in quo sit magna dissensio est,
Carneadea nobis adhibenda divisio est, qua noster
5 Antiochus libenter uti solet. Ille igitur vidit non modo
quot fuissent adhuc philosophorum de summo bono
sed quot omnino esse possent sententiae. Negabat
igitur ullam esse artem quae ipsa a se proficisceretur;
etenim semper illud extra est quod arte comprenditur.
10 Nihil opus est exemplis hoc facere longius; est enim
perspicuum nullam artem ipsam in se versari, sed esse
aliud artem ipsam, aliud quod propositum sit arti.
Quoniam igitur, ut medicina valetudinis, navigationis
gubernatio, sic vivendi ars est prudentia, necesse est
15 eam quoque ab aliqua re esse constitutam et profectam.
Constitit autem fere inter omnes id in quo prudentia 17
versaretur et quod adsequi vellet aptum et accommodatum naturae esse oportere et tale ut ipsum per se
invitaret et adliceret appetitum animi, quem ὁρμήν
20 Graeci vocant. Quid autem sit quod ita moveat itaque
a natura in primo ortu appetatur non constat, deque eo
est inter philosophos, cum summum bonum exquiri-
tur, omnis dissensio. Totius enim quaestionis eius quae
habetur de finibus bonorum et malorum, cum quaer-
25 itur in his quid sit extremum et ultimum, fons reper-
iendus est in quo sint prima invitamenta naturae; quo
invento omnis ab eo quasi capite de summo bono et
malo disputatio ducitur.

[VII] 'Voluptatis alii primum appetitum putant et 18
30 primam depulsionem doloris. [Vacuitatem doloris alii

4 *fr. 6 Mette*

1 quidque γP: quodque φ: quid R   4 carneadea R: -dia OSφ:
-deia P: *deficit* M (*cf. 2. 42 adn.*)   6–7 quot . . . quot γ, *in ras.* P:
quod . . . quod δφ   9 comprehenditur ω   25 et β: et quid φ
30–p. 180.2 vacuitatem doloris . . . declinatum dolorem *secl. Zwierlein*

censent primum ascitam et primum declinatum
dolorem.] Ab iis alii quae prima secundum naturam
nominant proficiscuntur, in quibus numerant in-
columitatem conservationemque omnium partium,
valetudinem, sensus integros, doloris vacuitatem, 5
viris, pulchritudinem, cetera generis eiusdem,
quorum similia sunt prima in animis, quasi virtutum
igniculi et semina. Ex his tribus cum unum aliquid sit
quo primum natura moveatur vel ad appetendum vel
ad repellendum, nec quicquam omnino praeter haec 10
tria possit esse, necesse est omnino officium aut
fugiendi aut sequendi ad eorum aliquid referri, ut illa
prudentia, quam artem vitae esse diximus, in earum
trium rerum aliqua versetur a qua totius vitae ducat
19 exordium. Ex eo autem quod statuerit esse quo 15
primum natura moveatur exsistet recti etiam ratio
atque honesti, quae cum uno aliquo ex tribus illis
congruere possit, ut aut id honestum sit, facere omnia
[aut] voluptatis causa, etiam si eam non consequare, aut
non dolendi, etiam si id adsequi nequeas, aut eorum 20
quae secundum naturam sunt adipiscendi, etiam si
nihil consequare. Ita fit ut quanta differentia est in
principiis naturalibus, tanta sit in finibus bonorum
malorumque dissimilitudo. Alii rursum isdem a principiis omne officium referent aut ad voluptatem aut ad 25
non dolendum aut ad prima illa secundum naturam
obtinenda.
20   'Expositis iam igitur sex de summo bono sententiis,
trium proximarum hi principes: voluptatis Aristippus,

29 *fr. 160*D *Mannebach*

1 ascitam ς: -tum β: assertum φ   2 iis *Lamb.*²: hiis φ: his β
8 aliquid *Wesenberg*: -quod ω   9 primum S: primo εR: prima
Pφ   ad γP: om. Rφ   13 esse om. φ   diximus δ: -erimus φ:
duximus γ   17 aliquo uno φ   19 aut *secl. Mdv.*
20 etiam P²: aut MSP¹φ: om. O: *deficit R*   22 *post* consequare
verba aut non dolendi *ex vv. 19–20 add.* εP¹, aut nihil dolendi φ

non dolendi Hieronymus, fruendi rebus iis quas
primas secundum naturam esse diximus Carneades—
non ille quidem auctor sed defensor disserendi causa
fuit. Superiores tres erant quae esse possent, quarum
5 est una sola defensa, eaque vehementer. Nam voluptatis causa facere omnia, cum, etiamsi nihil consequamur, tamen ipsum illud consilium ita faciendi per se
expetendum et honestum et solum bonum sit, nemo
dixit. Ne vitationem quidem doloris ipsam per se
10 quisquam in rebus expetendis putavit, nisi etiam
evitare posset. At vero facere omnia ut adipiscamur
quae secundum naturam sint, etiam si ea non adsequa-
mur, id esse et honestum et solum per se expetendum
et solum bonum Stoici dicunt.

15 [VIII] 'Sex igitur hae sunt simplices de summo   21
bonorum malorumque sententiae, duae sine patrono,
quattuor defensae. Iunctae autem et duplices exposi-
tiones summi boni tres omnino fuerunt, nec vero
plures, si penitus rerum naturam videas, esse potuer-
20 unt. Nam aut voluptas adiungi potest ad honestatem,
ut Calliphonti Dinomachoque placuit, aut doloris
vacuitas, ut Diodoro, aut prima naturae, ut antiquis,
quos eosdem Academicos et Peripateticos nominamus.
Sed quoniam non possunt omnia simul dici, haec in
25 praesentia nota esse debebunt, voluptatem semoven-
dam esse, quando ad maiora quaedam, ut iam appare-
bit, nati sumus. De vacuitate doloris eadem fere dici
solent quae de voluptate. [Quando igitur et de voluptate cum Torquato et de honestate, in qua una omne

1 fr. 9e Wehrli   2 fr. 6 Mette   11 SVF III. 44
22 fr. 4d Wehrli

10 putant Oφ   nisi Ursinus: ne si ω   12 sunt φ
21 Calliphonti Dinomachoque Schuetz: calliphonidi nomachoque γ:
callippo indinomacoque R: calipphoni dinomachoque P: callippho
indinomachoque   φ   23 nominamus γP: -avimus Rφ
28–p. 182.3 quando igitur . . . vacuitatem doloris del. Nissen

bonum poneretur, cum Catone est disputatum,
primum quae contra voluptatem dicta sunt, eadem
22 fere cadunt contra vacuitatem doloris.] Nec vero alia
sunt quaerenda contra Carneadeam illam sententiam;
quocumque enim modo summum bonum sic exponitur 5
ut id vacet honestate, nec officia nec virtutes in ea
ratione nec amicitiae constare possunt. Coniunctio
autem cum honestate vel voluptatis vel non dolendi
id ipsum honestum quod amplecti vult, id efficit turpe.
Ad eas enim res referre quae agas, quarum una, si quis 10
malo careat, in summo eum bono dicat esse, altera
versetur in levissima parte naturae, obscurantis est
omnem splendorem honestatis, ne dicam inquinantis.
Restant Stoici, qui, cum a Peripateticis et Academicis
omnia transtulissent, nominibus aliis easdem res secuti 15
sunt. Hos contra singulos dici est melius; sed nunc
quod agimus; de illis cum volemus.
23   'Democriti autem securitas, quae est animi tranquillitas [tamquam], quam appellavit εὐθυμίαν, eo separ-
anda fuit ab hac disputatione quia ista animi 20
tranquillitas ea ipsa est beata vita; quaerimus autem
non quae sit sed unde sit. Iam explosae eiectaeque
sententiae Pyrrhonis, Aristonis, Erilli, quod in hunc
orbem quem circumscripsimus incidere non possunt,
adhibendae omnino non fuerunt. Nam cum omnis haec 25
quaestio de finibus et quasi de extremis bonorum et
malorum ab eo proficiscatur quod diximus naturae esse
aptum et accommodatum, quodque ipsum per se

4 *fr. 6 Mette*   18 *fr. 68 A 169 D.–K. (ii. 129. 22)*
23 *Pyrrho test. 691 Decleva Caizzi; Aristo SVF I. 363*

4 carneadeam *OP*: -diam *Mφ*: -dem *R*: -dis autem *S* (*cf. 2. 42*
adn.)   9 id² *Mφ*: om. *OSδ*   17 quod *γ, in ras. P*: quid *φ*:
quidem *R*   18–19 tranquillitas *ς*: tranquillitas tamquam *φ*: tamquam tranquillitas *β*   19 appellavit *ς*: -ant *ω*: -at *Dav.* (*cf. 5. 87*)
21 est ipsa *φ*   22 sit . . . sit *in ras. P*: sint . . . sint *ω*

primum appetatur, hoc totum et ii tollunt qui in rebus iis in quibus nihil [quod non] aut honestum aut turpe sit negant esse ullam causam cur aliud alii anteponatur nec inter eas res quicquam omnino putant interesse, et
5 Erillus, si ita sensit, nihil esse bonum praeter scientiam, omnem consili capiendi causam inventionemque offici sustulit. Sic exclusis sententiis reliquorum, cum praeterea nulla esse possit, haec antiquorum valeat necesse est. Ergo instituto veterum, quo etiam Stoici
10 utuntur, hinc capiamus exordium.

[IX] 'Omne animal se ipsum diligit ac, simul et **24** ortum est, id agit se ut conservet, quod hic ei primus ad omnem vitam tuendam appetitus a natura datur, se ut conservet atque ita sit adfectum ut optime
15 secundum naturam adfectum esse possit. Hanc initio institutionem confusam habet et incertam, ut tantum modo se tueatur qualecumque sit, sed nec quid sit nec quid possit nec quid ipsius natura sit intellegit. Cum autem processit paulum et quatenus quidquid se attin-
20 gat ad seque pertineat perspicere coepit, tum sensim incipit progredi seseque agnoscere et intellegere quam ob causam habeat eum quem diximus animi appetitum, coeptatque et ea quae naturae sentit apta appetere et propulsare contraria. Ergo omni animali illud quod
25 appetit positum est in eo quod naturae est accommodatum. Ita finis bonorum exsistit, secundum naturam vivere sic adfectum ut optime adfici possit ad naturamque accommodatissime.

---

1 *SVF I. 364*   5 *SVF I. 417*

2 quod non *del. Lamb.*   9 ergo β: igitur φ   12 ut se φ
19 quidque *Baiter*   22 ob P¹S: ad *rell.*   habeat *Lamb.*: habet
ω   25 naturae P: -ura *rell.*   28 -que Eδ: et γ: *om. B*

25 'Quoniam autem sua cuiusque animantis natura est,
necesse est finem quoque omnium hunc esse ut natura
expleatur (nihil enim prohibet quaedam esse et inter se
animalibus reliquis et cum bestiis homini communia,
quoniam omnium est natura communis), sed extrema 5
illa et summa quae quaerimus inter animalium genera
distincta et dispertita sint et sua cuique propria et ad id
26 apta quod cuiusque natura desideret. Quare cum
dicimus omnibus animalibus extremum esse secundum
naturam vivere, non ita accipiendum est quasi dicamus 10
unum esse omnium extremum; sed ut omnium artium
recte dici potest commune esse ut in aliqua scientia
versentur, scientiam autem suam cuiusque artis esse,
sic commune animalium omnium secundum naturam
vivere, sed naturas esse diversas, ut aliud equo sit e 15
natura, aliud bovi, aliud homini, et tamen in omnibus
summa communis ⟨est⟩, et quidem non solum in
animalibus sed etiam in rebus omnibus iis quas
natura alit auget tuetur; in quibus videmus ea quae
gignuntur e terra multa quodam modo efficere ipsa sibi 20
per se quae ad vivendum crescendumque valeant, ut
⟨in⟩ suo genere perveniant ad extremum; ut iam liceat
una comprehensione omnia complecti non dubitantem-
que dicere omnem naturam esse servatricem sui idque
habere propositum quasi finem et extremum, se ut 25
custodiat quam in optimo sui generis statu; ut necesse
sit omnium rerum quae natura vigeant similem esse
finem, non eundem. Ex quo intellegi debet homini id
esse in bonis ultimum, secundum naturam vivere, quod
ita interpretemur: vivere ex hominis natura undique 30

2 natura ⟨sua⟩ *Bremius*   3–8 *sic dist. Mdv.: priores scripserant*
expleatur. Nihil enim . . . natura communis. Sed extrema . . .
dispertita sunt . . . desiderat.   7 sunt β   8 desiderat β
17 est *addendum coni. Mdv.*²   21 ut *T. Bentley*: et ω
22 in *addendum coni. C. F. W. Mueller*

perfecta et nihil requirente. Haec igitur nobis expli- 27
canda sunt; sed si enodatius, vos ignoscetis. Huius
enim aetati [et huic] nunc haec primum fortasse
audientis servire debemus.'

5 'Ita prorsus,' inquam; 'etsi ea quidem quae adhuc
dixisti quamvis ad aetatem recte isto modo dicerentur.'

[X] 'Exposita igitur' inquit 'terminatione rerum
expetendarum, cur ista se res ita habeat ut dixi
deinceps demonstrandum est. Quam ob rem ordiamur
10 ab eo quod primum posui, quod idem reapse primum
est, ut intellegamus omne animal se ipsum diligere.
Quod quamquam dubitationem non habet (est enim
infixum in ipsa natura comprehenditur⟨que⟩ suis cuiusque sensibus, sic ut contra si quis dicere velit non
15 audiatur), tamen, ne quid praetermittamus, rationes
quoque cur hoc ita sit adferendas puto. Etsi qui 28
potest intellegi aut cogitari esse aliquod animal quod
se oderit? Res enim concurrent contrariae. Nam cum
appetitus ille animi aliquid ad se trahere coeperit
20 consulto quod sibi obsit, quia sit sibi inimicus,
quoniam id sua causa faciet, et oderit se et simul diliget,
quod fieri non potest. Necesseque est, si quis ipse sibi
inimicus est, eum quae bona sunt mala putare, bona
contra quae mala, et quae appetenda fugere, quae
25 fugienda appetere, quae sine dubio vitae est eversio.
Neque enim, si nonnulli reperiuntur qui aut laqueos
aut alia exitia quaerant, aut [ut] ille apud Terentium

1–3 *Non. 15,15 (s.v.* ENODA*)* haec igitur . . . aetati

3–4 [et huic] . . . audientis *coni. Mdv.*: et huic . . . audienti β: et huic
. . . audiendi φ   3 haec β: hic φ   10 re ab se (ad *S*) ω
11 diligere *P*: -ligi *rell.*   13 que *add. Crat.*   16 qui *ed.
Rom.*: quid ω   21 quoniam *coni. Mdv.*: cum ω   22 necesseque est φ: necesse estque *R*: necesse est aeque γ: necesse est quod
P[1], necesse est quidem *P*[2] *mg.*   ipse sibi *Mdv.*: ipsi sibi φ: sibi ipsi
β   24 fugere β: fugere et φ   25 appetere *P*: pet- *rell.*
est *Mdv.*: sunt ω   27 ut *secl. Mdv.*[2]

qui "decrevit tantisper se minus iniuriae suo nato
facere", ut ait ipse, "dum fiat miser", inimicus ipse
29 sibi putandus est. Sed alii dolore moventur, alii cupiditate; iracundia etiam multi efferuntur et, cum in mala
scientes inruunt, tum se optime sibi consulere arbi-　5
trantur. Itaque dicunt nec dubitant:

Mihi sic est usus; tibi ut opus est facto, face.

Qui ipsi sibi bellum indixissent, cruciari dies, noctes
torqueri vellent, nec vero sese ipsi accusarent ob eam
causam quod se male suis rebus consuluisse dicerent;　10
eorum enim est haec querela qui sibi cari sunt seseque
diligunt. Quare, quotienscumque dicetur male quis de
se mereri sibique esse inimicus atque hostis, vitam
denique fugere, intellegatur aliquam subesse eius
modi causam ut ex eo ipso intellegi possit sibi quemque　15
30 esse carum. Nec vero id satis est, neminem esse qui ipse
se oderit, sed illud quoque intellegendum est, neminem
esse qui quomodo se habeat nihil sua censeat interesse.
Tolletur enim appetitus animi si, ut in iis rebus inter
quas nihil interest neutram in partem propensiores　20
sumus, item in nobismet ipsis quem ad modum adfecti
simus nihil nostra arbitrabimur interesse.
[XI] 'Atque etiam illud si qui dicere velit, perabsurdum sit, ita diligi a sese quemque ut ea vis
diligendi ad aliam rem quampiam referatur, non ad　25
eum ipsum qui sese diligat. Hoc cum in amicitiis, cum

---

1 *Haut.* 147–8　　7 *Haut.* 80

1 tantisper *in ras.* P: tantum per $\epsilon R\phi$: per S　nato O^2P: noto $\epsilon\phi$:
voto SR　7 usus est β　7–8 face. Qui *Mdv.*: fac equi γφ:
fac et qui R: fac vel qui P: fac equidem S^2　16 id satis est γR: id
satis φ: satis est id P　21 sumus *Lamb.*: simus ω
22 simus SPB: sumus *rell.*　arbitramur γR　23 qui *Baiter*:
quid $\epsilon R\phi$: quis S, *in ras.* P　23–4 absurdum φ　26 ipsum
S, *in ras.* P: ipse *rell.*

in officiis, cum in virtutibus dicitur, quomodocumque
dicitur, intellegi tamen quid dicatur potest; in nobismet
ipsis autem ⟨ne⟩ intellegi quidem ⟨ut⟩ propter aliam
quampiam rem, verbi gratia propter voluptatem, nos
5 amemus; propter nos enim illam, non propter eam
nosmet ipsos diligimus.

'Quamquam quid est quod magis perspicuum sit, **31**
non modo carum sibi quemque verum etiam vehementer carum esse? Quis est enim aut quotus quisque
10 cui, mors cum appropinquet, non

refugiat timido sanguen atque exalbescat metu?

Etsi hoc quidem est in vitio, dissolutionem naturae
tam valde perhorrescere (quod idem est reprehenden-
dum in dolore), sed quia fere sic adficiuntur omnes,
15 satis argumenti est ab interitu naturam abhorrere;
idque quo magis quidam ita faciunt ut iure etiam
reprendantur, hoc magis intellegendum est haec ipsa
nimia in quibusdam futura non fuisse, nisi quaedam
essent modica natura. Nec vero dico eorum metum
20 mortis qui, quia privari se vitae bonis arbitrentur aut
quia quasdam post mortem formidines extimescant aut
si metuant ne cum dolore moriantur, idcirco mortem
fugiant; in parvis enim saepe, qui nihil eorum cogitant,
si quando iis ludentes minamur praecipitaturos

9–11 *Non. 224,23 (s.v.* SANGUIS*)* quotusquisque . . . metu
11 *Ennius, Alcmeo, trag. 24 Ribbeck³, 20 Jocelyn. Cf. De orat. 3. 218,
Hort. fr. 65 Mueller, 102 Grilli, 86 Straume–Zimmermann, Prisc. ii.
250. 12 K.*

1 quomodocumque *Sδ*: quoquomodo- *rell.*: quoquo modo *C. F.
W. Mueller* 3 ipsis autem *φ*: ipsis autem ipsis *R*: autem ipsis
OP: autem *M*: autem . . . ipsis *S* ne *add. Ald.* ut *suppl.* 5
9 quotus quisque est *Non.* 11 fugiat *Non.* timido
sanguen *Non.*: timidos (-dus *M*) anguis *ω* 13 idem *coni.
Mdv.*: item *ω* 17 reprehendantur *P*: -datur *γR*: reprendatur
E: reprendam *B* 22 si] quia *C. F. W. Mueller*

alicunde, extimescunt. Quin etiam "ferae", inquit
Pacuvius,

> quibus abest ad praecavendum intellegendi astutia,

32 iniecto terrore mortis "horrescunt". Quis autem de
ipso sapiente aliter existimat quin, etiam cum decre- 5
verit esse moriendum, tamen discessu a suis atque ipsa
relinquenda luce moveatur? Maxime autem in hoc
quidem genere vis est perspicua naturae, cum et
mendicitatem multi perpetiantur ut vivant, et angantur
appropinquatione mortis confecti homines senectute et 10
ea perferant quae Philoctetam videmus in fabulis. Qui
cum cruciaretur non ferendis doloribus, propagabat
tamen vitam aucupio, "configebat tardus celeres,
stans volantis", ut apud Accium est, pinnarumque
contextu corpori tegumenta faciebat.   15

33   'De hominum genere aut omnino de animalium
loquor, cum arborum et stirpium eadem paene natura
sit? Sive enim, ut doctissimis viris visum est, maior
aliqua causa atque divinior hanc vim ingenuit, sive hoc
ita fit fortuito, videmus ea quae terra gignit corticibus 20
et radicibus valida servari, quod contingit animalibus
sensuum distributione et quadam compactione membrorum. Qua quidem de re quamquam adsentior iis qui
haec omnia regi natura putant, quae si natura neglegat,
ipsa esse non possit, tamen concedo ut qui de hoc 25
dissentiunt existiment quod velint, ac vel hoc intellegant, si quando naturam hominis dicam, hominem

---

1 *trag. 357–9 Ribbeck¹, 408–10 D'Anna*   13 *Philocteta, trag.
539–40 Ribbeck¹, 217–19 Dangel. Cf. GL. vi. 612. 21*

1 alicunde *ed. Ven. 1480*: aliunde ω   3 astutia γP: -ias
Rφ   4 horrescent B: -centi E   9 angantur O²P: agantur
γR: agant φ   13 aucupio φ: aucupio sagittarum β
14 actium Sφ   pennarumque φ   20 fortuitu Rφ   videmus
ς: -eamus ω   27 quando S: quam εδ: quid φ

dicere me; nihil enim hoc differt. Nam prius a se
poterit quisque discedere quam appetitum earum
rerum quae sibi conducant amittere. Iure igitur grav-
issimi philosophi initium summi boni a natura peti-
5 verunt et illum appetitum rerum ad naturam
accommodatarum ingeneratum putaverunt omnibus,
quia continetur ea commendatione naturae qua se ipsi
diligunt.

[XII] 'Deinceps videndum est, quoniam satis 34
10 apertum est sibi quemque natura esse carum, quae sit
hominis natura; id est enim de quo quaerimus. Atqui
perspicuum est hominem e corpore animoque constare,
cum primae sint animi partes, secundae corporis.
Deinde id quoque videmus, et ita figuratum corpus
15 ut excellat aliis ⟨et⟩ animum ita constitutum ut et
sensibus instructus sit et habeat praestantiam mentis,
cui tota hominis natura pareat, in qua sit mirabilis
quaedam vis rationis et cognitionis et scientiae virtu-
tumque omnium. Nam quae corporis sunt, ea nec
20 auctoritatem cum animi partibus comparandam et
cognitionem habent faciliorem. Itaque ab his ordiamur.

'Corporis igitur nostri partes totaque figura et forma 35
et statura quam apta ad naturam sit apparet, neque est
25 dubium quin frons oculi aures et reliquae partes quales
propriae sint hominis intellegatur. Sed certe opus est ea
valere et vigere et naturales motus ususque habere, ut
nec absit quid eorum nec aegrum debilitatumve sit; id
enim natura desiderat. Est autem etiam actio quaedam
30 corporis quae motus et status naturae congruentis
tenet; in quibus si peccetur distortione et depravatione
quadam aut motu statuve deformi, ut si aut manibus

---

7 quia *Dav. dub.*: qui ω   continetur *Schömann*: -entur ω
15 et animum *Baiter*: animum *OB* (*deficit E*): animumque
MSδ   26 sint *Lamb.*: sunt ω   32 aut' β: ac φ

ingrediatur quis aut non ante sed retro, fugere plane se
ipse et hominem ex homine exuens naturam odisse
videatur. Quam ob rem etiam sessiones quaedam et
flexi fractique motus, quales protervorum hominum
aut mollium esse solent, contra naturam sunt, ut 5
etiamsi animi vitio id eveniat, tamen in corpore
36 immutari hominis natura videatur. Itaque e contrario
moderati aequabilesque habitus adfectiones ususque
corporis apti esse ad naturam videntur.

'Iam vero animus non esse solum, sed etiam cuius- 10
dam modi debet esse, ut et omnis partis suas habeat
incolumis et de virtutibus nulla desit. Atque in sensibus est sua cuiusque virtus, ut ne quid impediat
quominus suo sensus quisque munere fungatur in iis
rebus celeriter expediteque percipiendis quae subiectae 15
sunt sensibus. [XIII] Animi autem et eius animi partis
quae princeps est quaeque mens nominatur plures sunt
virtutes, sed duo prima genera, unum earum quae
ingenerantur suapte natura appellanturque non voluntariae, alterum autem earum quae in voluntate positae 20
magis proprio nomine appellari solent, quarum est
excellens in animorum laude praestantia. Prioris generis est docilitas, memoria; quae fere omnia appellantur
uno ingeni nomine, easque virtutes qui habent inge-
niosi vocantur. Alterum autem genus est magnarum 25
verarumque virtutum, quas appellamus voluntarias, ut
prudentiam temperantiam fortitudinem iustitiam et
reliquas generis eiusdem.

37   'Et summatim quidem haec erant de corpore
animoque dicenda, quibus quasi informatum est quid 30
hominis natura postulet. Ex quo perspicuum est,

---

2 exuens ex homine φ   7 mutari Oφ   10–11 cuiusmodi φ   12 atqui β   13 ut *om.* φ   21 proprie eo
nomine *Dav.*   26 ut ς: et ω   28 eiusdem generis β
30 quid γ: quod *rell.*

quoniam ipsi a nobis diligamur omniaque et in animo
et in corpore perfecta velimus esse, ea nobis ipsa cara
esse propter se et in iis esse ad bene vivendum
momenta maxima. Nam cui proposita sit conservatio
5 sui, necesse est huic partes quoque sui caras esse,
carioresque quo perfectiores sint et magis in suo
genere laudabiles. Ea enim vita expetitur quae sit
animi corporisque expleta virtutibus, in eoque
summum bonum poni necesse est, quandoquidem id
10 tale esse debet ut rerum expetendarum sit extremum.
Quo cognito dubitari non potest quin, cum ipsi
homines sibi sint per se et sua sponte cari, partes
quoque et corporis et animi et earum rerum quae
sunt in utriusque motu et statu sua caritate colantur
15 et per se ipsae appetantur. Quibus expositis facilis est **38**
coniectura ea maxime esse expetenda ex nostris quae
plurimum habent dignitatis, ut optimae cuiusque partis
quae per se expetatur virtus sit expetenda maxime. Ita
fiet ut animi virtus corporis virtuti anteponatur animi-
20 que virtutes non voluntarias vincant virtutes voluntariae, quae quidem proprie virtutes appellantur
multumque excellunt propterea quod ex ratione
gignuntur, qua nihil est in homine divinius. Etenim
omnium rerum quas et creat natura et tuetur, quae aut
25 sine animo sunt aut ⟨non⟩ multo secus, earum summum bonum in corpore est, ut non inscite illud dictum
videatur in sue, animum illi pecudi datum pro sale, ne
putesceret. [XIV] Sunt autem bestiae quaedam in

26 *SVF II. 723*   26–8 *Non. 161,17 (s.v. PUTIDUM)* non
inscite . . . putesceret

1–2 et in animo et in corpore ε*P*: in animo et corpore *R*: et animo et
corpore φ: in corpore et in animo *S*   13 *rectius* eae res
14 caritate *O²SP*: ecaritate εφ: e caritate *R*   17 habeant
Ernesti   25 sunt *Ernesti*: sint ω   non *suppl. Ald.*   earum
Lamb.: eorum ω   28 putesceret *Non.*: putresc- ω

quibus inest aliquid simile virtutis, ut in leonibus, ut in
canibus, ⟨ut⟩ in equis, in quibus non corporum solum,
ut in subus, sed etiam animorum aliqua ex parte motus
quosdam videmus. In homine autem summa omnis
animi est et in animo rationis, ex qua virtus est, quae 5
rationis absolutio definitur, quam etiam atque etiam
explicandam putant.

39   'Earum etiam rerum quas terra gignit educatio
quaedam et perfectio est non dissimilis animantium.
Itaque et vivere vitem et mori dicimus, arboremque et 10
novellam et vetulam et vigere et senescere. Ex quo non
est alienum, ut animantibus, sic illis et apta quaedam
ad naturam putare et aliena, earumque augendarum et
alendarum quandam cultricem esse, quae sit scientia
atque ars agricolarum, quae circumcidat amputet erigat 15
extollat adminiculet, ut quo natura ferat eo possint ire,
ut ipsae vites, si loqui possint, ita se tractandas
tuendasque esse fateantur. Et nunc quidem quod eam
tuetur, ut de vite potissimum loquar, est id extrinsecus;
in ipsa enim parum magna vis inest ut quam optime se 20
40 habere possit, si nulla cultura adhibeatur. At vero si ad
vitem sensus accesserit, ut appetitum quendam habeat
et per se ipsa moveatur, quid facturam putas? An ea
quae per vinitorem antea consequebatur per se ipsa
curabit? Sed videsne accessuram ei curam ut sensus 25
quoque suos eorumque omnem appetitum et si qua sint
adiuncta ei membra tueatur? Sic ad illa quae semper
habuit iunget ea quae postea accesserint, nec eundem

---

1 aliquod *Rφ*   2 ut *add.* ς   3 subus *RB* (*cf. ND 2.*
111): suibus *P*: substantiis ε: sub sed *E: om. spat. rel. S*   11 *post*
vetulam *iterat* dicimus *φ*   12 animalibus *φ*   13 putare *φ*:
amputare ε: imputare *S*: aptare δ   15 circumcidat ε*P*: -cidet *R*:
circumdat *φ*: -det *S*   16 possint *Dav.*: -it ω   17 possint
Ald.: -ent ω   19 id *om. φ*   23 ipsa *Crat.*: ipsam ω
24 ante *φ*   ipsa *Crat.*: ipsam ω   28 accesserunt *coni.*
Mdv.[3]

finem habebit quem cultor eius habebat, sed volet
secundum eam naturam quae postea ei adiuncta erit
vivere. Ita similis erit ei finis boni atque antea fuerat,
neque idem tamen; non enim iam stirpis bonum
5 quaeret, sed animalis. Quid si non sensus modo ei sit
datus, verum etiam animus hominis? non necesse est et
illa pristina manere, ut tuenda sint, et haec multo esse
cariora quae accesserint, animique optimam quamque
partem carissimam, in eaque expletione naturae summi
10 boni finem consistere, cum longe multumque praestet
mens atque ratio? †sitque† extremum omnium appe-
tendorum atque ductum a prima commendatione
naturae multis gradibus adscendit ut ad summum
perveniret, quod cumulatur ex integritate corporis et
15 ex mentis ratione perfecta.

[XV] 'Cum igitur ea sit quam exposui forma   41
naturae, si, ut initio dixi, simul atque ortus esset se
quisque cognosceret iudicareque posset quae vis et
totius esset naturae et partium singularum, continuo
20 videret quid esset hoc quod quaerimus, omnium rerum
quas expetimus summum et ultimum, nec ulla in re
peccare posset. Nunc vero a primo quidem mirabiliter
occulta natura est nec perspici nec cognosci potest;
progredientibus autem aetatibus sensim tardeve
25 potius quasi nosmet ipsos cognoscimus. Itaque prima
illa commendatio quae a natura nostri facta est nobis
incerta et obscura est, primusque appetitus ille animi
tantum agit ut salvi atque integri esse possimus. Cum

2 erit C. F. W. Mueller: sit ω: est Mdv.   3 ei T. Bentley: et
εδφ: om. S   5 quod β   non sensus modo ei γP: non sensus ei
modo R: modo sensus non ei φ   6 etiam animus ς: etiam
animus est animus εR: etiam animus et animus S: etiam animus.
animus P: animus est etiam animus φ   7 ut tuenda sint et
Orelli: ut tuendas. inter εδ: ut tuenda. inter M²P²: ad tuendas inter φ:
inter (spat. rel.) S   11 sitque εRφ: sicque S: sic et P: sic extitit
Mdv.² (cf. 5. 24)   12 ductum P² mg.: doctum ω   commendatione Lamb.: commutatione φ: communitate Oδ: comitate MS

autem dispicere coepimus et sentire quid simus et quid
⟨ab⟩ animantibus ceteris differamus, tum ea sequi
42 incipimus ad quae nati sumus. Quam similitudinem
videmus in bestiis, quae primo in quo loco natae sunt
ex eo se non commovent, deinde suo quaeque appetitu 5
movetur; serpere anguiculos, nare anaticulas, evolare
merulas, cornibus uti videmus boves, nepas aculeis,
suam denique cuique naturam esse ad vivendum
ducem. Quae similitudo in genere etiam humano
apparet. Parvi enim primo ortu sic iacent tamquam 10
omnino sine animo sint; cum autem paulum firmitatis
accessit, et animo utuntur et sensibus conitunturque ut
sese erigant et manibus utuntur et eos agnoscunt a
quibus educantur. Deinde aequalibus delectantur
libenterque se cum iis congregant dantque se ad 15
ludendum fabellarumque auditione ducuntur, deque
eo quod ipsis superat aliis gratificari volunt, animad-
vertuntque ea quae domi fiunt curiosius, incipiuntque
commentari aliquid et discere et eorum quos vident
volunt non ignorare nomina, quibusque rebus ⟨cum⟩ 20
aequalibus decertant si vicerunt efferunt se laetitia,
victi debilitantur animosque demittunt. Quorum sine
43 causa fieri nihil putandum est. Est enim natura sic
generata vis hominis ut ad omnem virtutem percipien-
dam facta videatur, ob eamque causam parvi virtutum 25
simulacris, quarum in se habent semina, sine doctrina

6–9 *Non. 145,17 (s.v.* NEPAM*)* serpere . . . ducem   15–16 *Non.*
113,17 (s.v. FABELLAE*) 191,3 (*AUDITUS*), 282,34 (*DUCI*)* libenterque
. . . ducuntur

1 dispicere γ*P*: de- *R*φ   cepimus γ*R*: ceperimus *P*φ: incepimus *O²*
2 ab *suppl. ed. Ven. 1494*   6 natare *Non.*   anaticulas ε:
aneticulas *rell.*: anaticulos *Non.*   volare *Non.*   7 videmus
boves β, *Non.*: boves videmus φ   vespas *P'*φ   12–13 sese ut
φ   13 utuntur *Lamb.*: -antur ω   20 cum *suppl. ed.*
Colon.   21 vicerunt *O*: -erint *MS*φ: vincunt *P*: dicerint
R   22 -que *om. S*φ

moventur; sunt enim prima elementa naturae, quibus
auctis virtutis quasi germen efficitur. Nam cum ita nati
factique simus ut et agendi aliquid et diligendi aliquos
et liberalitatis et referendae gratia principia in nobis
5 contineremus atque ad scientiam prudentiam fortitudinem aptos animos haberemus a contrariisque rebus
alienos, non sine causa eas quas dixi in pueris virtutum
quasi scintillas videmus, e quibus accendi philosophi
ratio debet, ut eam quasi deum ducem subsequens ad
10 naturae perveniat extremum. Nam, ut saepe iam dixi,
in infirma aetate imbecillaque mente vis naturae quasi
per caliginem cernitur; cum autem progrediens confirmatur animus, agnoscit ille quidem naturae vim, sed ita
ut progredi possit longius, per se sit tantum inchoata.

15 [XVI] 'Intrandum est igitur in rerum naturam et **44**
penitus quid ea postulet pervidendum; aliter enim
nosmet ipsos nosse non possumus. Quod praeceptum
quia maius erat quam ut ab homine videretur, idcirco
adsignatum est deo. Iubet igitur nos Pythius Apollo
20 noscere nosmet ipsos; cognitio autem haec est una
nostri, ut ⟨vim⟩ corporis animique norimus sequamur-
que eam vitam quae rebus iis perfruatur.

'Quoniam autem is animi appetitus a principio fuit
ut ea quae dixi quam perfectissima natura haberemus,
25 confitendum est, cum id adepti simus quod appetitum
sit, in eo quasi in ultimo consistere naturam atque id
esse summum bonum; quod certe universum sua
sponte ipsum expeti et propter se necesse est, quoniam
ante demonstratum est etiam singulas eius partes esse
30 per se expetendas.

2 germen *Gronovius*: carmen ω   13 ille quidem *ed. Colon.*:
quidem ille β: quid ille φ   14 tantum *Mdv. et Wesenberg*: tamen
ω   15 igitur est φ   18 ederetur *T. Bentley*: traderetur
Dav.   19 deo *O²SP²*: de eo *rell.*   21 nostri, ut vim *Mdv.*:
nostri ut γRφ: ut vim nostri *in ras.* P   22 iis φ: ipsis β
26 in² *om.* γP

45   'In enumerandis autem corporis commodis si quis
praetermissam a nobis voluptatem putabit, in aliud
tempus ea quaestio differatur. Utrum enim sit voluptas in iis rebus quas primas secundum naturam esse
diximus necne sit, ad id quod agimus nihil interest. Si 5
enim, ut mihi quidem videtur, non explet bona naturae
voluptas, iure praetermissa est; sin autem est in ea quod
quidam volunt, nihil impedit hanc nostram compre-
hensionem summi boni. Quae enim constituta sunt
prima naturae, ad ea si voluptas accesserit, unum 10
aliquod accesserit commodum corporis neque eam
constitutionem summi boni quae est proposita mutaverit.

46   [XVII] 'Et adhuc quidem ita nobis progressa ratio
est ut ea duceretur omnis a prima commendatione 15
naturae. Nunc autem aliud iam argumentandi sequamur genus, ut non solum quia nos diligamus sed quia
cuiusque partis naturae et in corpore et in animo sua
quaeque vis sit, idcirco in his rebus summe nostra
sponte moveamur. Atque ut a corpore ordiar, videsne 20
⟨ut⟩ si quae in membris prava aut debilitata aut
imminuta sint occultent homines? ut etiam contendant
et elaborent, si efficere possint ut aut non appareat
corporis vitium aut quam minimum appareat, multos-
que etiam dolores curationis causa perferant ut, si ipse 25
usus membrorum non modo non maior verum etiam
minor futurus sit, eorum tamen species ad naturam
revertatur? Etenim, cum omnes natura totos se expe-
tendos putent, nec id ob aliam rem sed propter ipsos,
necesse est eius etiam partis propter se expeti, quod 30
47 universum propter se expetatur. Quid? in motu et in
statu corporis nihil inest quod animadvertendum esse

7 autem *om.* β   8 quidem *R*ϕ   19 summe *Brutus*:
summa ω   21 ut *suppl. P man. rec.*   28 omnes *SP*:
omnis *rell.*   31 quid γ*R*: quod *P*ϕ

ipsa natura iudicet? Quem ad modum quis ambulet
sedeat, qui ductus oris, qui vultus in quoque sit, nihilne
est in his rebus quod dignum libero aut indignum esse
ducamus? Nonne odio multos dignos putamus qui
5 quodam motu aut statu videntur naturae legem et
modum contempsisse? Et quoniam haec deducuntur
de corpore, quid est cur non recte pulchritudo etiam
ipsa propter se expetenda ducatur? Nam si pravitatem
imminutionemque corporis propter se fugiendam
10 putamus, cur non etiam, ac fortasse magis, propter se
formae dignitatem sequamur? Et si turpitudinem
fugimus in statu et motu corporis, quid est cur
pulchritudinem non sequamur? Atque etiam valetudinem vires vacuitatem doloris non propter utilitatem
15 solum sed etiam ipsas propter se expetemus. Quoniam
enim natura suis omnibus expleri partibus vult, hunc
statum corporis per se ipsum expetit qui est maxime e
natura, quae tota perturbatur, si aut aegrum corpus est
aut dolet aut caret viribus.

20 [XVIII] 'Videamus animi partes, quarum est con- **48**
spectus inlustrior; quae quo sunt excelsiores, eo dant
clariora indicia naturae. Tantus est igitur innatus in
nobis cognitionis amor et scientiae ut nemo dubitare
possit quin ad eas res hominum natura nullo emolu-
25 mento invitata rapiatur. Videmusne ut pueri ne verberibus quidem a contemplandis rebus perquirendisque
deterreantur? ut pulsi recurrant? ut aliquid scire se
gaudeant? ut id aliis narrare gestiant? ut pompa, ludis
atque eius modi spectaculis teneantur ob eamque rem
30 vel famem et sitim perferant? Quid vero? qui ingenuis

9 fugiendam *OSP*: -da *rell.*   10 etiam ac *P²*: etiam hac ϵδ:
etiam hanc *S*: iam et hanc φ   12 fugimus *coni. Man.*⁴: -iamus ω
18 corpus *S²*, *in ras. P²*: opus ω   22 iudicia *Rφ*   27 ut¹
Ald.: aut ω   recurrant ut *cod. Morel.*: recurrant φ: recurrentur ϵR:
recurrerent *S*: requirant et *P*   30 ingenuis ϵP: -iis *rell.*

studiis atque artibus delectantur, nonne videmus eos
nec valetudinis nec rei familiaris habere rationem
omniaque perpeti ipsa cognitione et scientia captos et
cum maximis curis et laboribus compensare eam quam
49 ex discendo capiant voluptatem? Mihi quidem Home- 5
rus huius modi quiddam vidisse videtur in iis quae de
Sirenum cantibus finxit. Neque enim vocum suavitate
videntur aut novitate quadam et varietate cantandi
revocare eos solitae qui praetervehebantur, sed quia
multa se scire profitebantur, ut homines ad earum saxa 10
discendi cupiditate adhaerescerent. Ita enim invitant
Ulixem (nam verti, ut quaedam Homeri, sic istum
ipsum locum):

O decus Argolicum, quin puppim flectis, Ulixes,
Auribus ut nostros possis agnoscere cantus! 15
Nam nemo haec umquam est transvectus caerula cursu,
Quin prius adstiterit vocum dulcedine captus,
Post variis avido satiatus pectore musis
Doctior ad patrias lapsus pervenerit oras.
Nos grave certamen belli clademque tenemus, 20
Graecia quam Troiae divino numine vexit,
Omniaque e latis rerum vestigia terris.

Vidit Homerus probari fabulam non posse, si cantiun-
culis tantus inretitus vir teneretur; scientiam pollicen-
tur, quam non erat mirum sapientiae cupido patria 25
cariorem ⟨esse⟩. Atque omnia quidem scire, cuiuscumque modi sint, cupere curiosorum, duci vero
maiorum rerum contemplatione ad cupiditatem
scientiae summorum virorum est putandum.

14 *Homerus, Od. 12. 184–91; Cicero, poet. fr. 66 Traglia, 30
Blänsdorf*

6 videtur M^2O^2SP: -entur ϵ: -eatur $R\phi$ 7 finxit ς: -erit β:
-erint ϕ 14 quin P^2 *mg.*: qui ω 22 rerum *Marsus*: regum
$\epsilon\delta\phi$: regnum S 26 esse *hic add. Baiter, ante* cariorem *iam* ς

[XIX] 'Quem enim ardorem studi censetis fuisse in 50
Archimede, qui dum in pulvere quaedam describit
attentius, ne patriam ⟨quidem⟩ captam esse senserit!
Quantum Aristoxeni ingenium consumptum videmus
5 in musicis! Quo studio Aristophanem putamus aetatem
in litteris duxisse! Quid de Pythagora, quid de Platone
aut de Democrito loquar? a quibus propter discendi
cupiditatem videmus ultimas terras esse peragratas.
Quae qui non vident nihil umquam magnum ac cog-
10 nitione dignum amaverunt.

'Atque hoc loco qui propter animi voluptates coli
dicunt ea studia quae dixi non intellegunt idciro esse ea
propter se expetenda quod nulla utilitate obiecta
delectentur animi atque ipsa scientia, etiamsi incom-
15 modatura sit, gaudeant. Sed quid attinet de rebus tam 51
apertis plura requirere? Ipsi enim quaeramus a nobis
stellarum motus contemplationesque rerum caelestium
eorumque omnium quae naturae obscuritate occultan-
tur cognitiones quem ad modum nos moveant, et quid
20 historia delectet, quam solemus persequi usque ad
extremum; praetermissa repetimus, inchoata persequi-
mur. Nec vero sum nescius esse utilitatem in historia,
non modo voluptatem. Quid cum fictas fabulas, e 52
quibus utilitas nulla elici potest, cum voluptate legi-
25 mus? Quid cum volumus nomina eorum qui quid
gesserint nota nobis esse, parentes, patriam, multa
praeterea minime necessaria? Quid quod homines
infima fortuna, nulla spe rerum gerendarum, opifices
denique delectantur historia? maximeque eos videre

4 *fr. 69b Wehrli*   7 *Democritus fr. 68 A 13 D.–K. (ii. 86. 14)*

3 quidem *add. ed. Rom.*   7 de *om.* β   9 magnum ac
Bremius: magna ω   16 a] e εR   19 cognitiones quem ad
modum *in ras.* P: -esque admodum εRφ: -esque quemadmodum S
24 elici ς: dici ω: duci O²P²   28 infirma φ   29 delectentur β

possumus res gestas audire et legere velle qui a spe
gerendi absunt confecti senectute. Quocirca intellegi
necesse est in ipsis rebus quae discuntur et cognoscun-
tur invitamenta inesse quibus ad discendum cognos-
53 cendumque moveamur. Ac veteres quidem philosophi 5
in beatorum insulis fingunt qualis futura sit vita
sapientium, quos cura omni liberatos, nullum neces-
sarium vitae cultum aut paratum requirentis, nihil
aliud esse acturos putant nisi ut omne tempus inquirendo ac discendo in naturae cognitione consumant. 10
Nos autem non solum beatae vitae istam esse oblecta-
tionem videmus sed etiam levamentum miseriarum;
itaque multi cum in potestate essent hostium aut
tyrannorum, multi in custodia, multi in exsilio dolorem
54 suum doctrinae studiis levaverunt. Princeps huius 15
civitatis Phalereus Demetrius, cum patria pulsus esset
inuria, ad Ptolomaeum se regem Alexandream contulit.
Qui cum in hac ipsa philosophia ad quam te hortamur
excelleret Theophrastique esset auditor, multa praeclara in illo calamitoso otio scripsit, non ad usum 20
aliquem suum, quo erat orbatus, sed animi cultus ille
erat ei quasi quidam humanitatis cibus. Equidem e Cn.
Aufidio, praetorio, erudito homine, oculis capto, saepe
audiebam, cum se lucis magis quam utilitatis desiderio
moveri diceret. Somnum denique nobis, nisi requietem 25
corporibus et medicinam quandam laboris adferret,
contra naturam putaremus datum; aufert enim sensus
actionemque tollit omnem. Itaque si aut requietem
natura non quaereret aut eam posset alia quadam

16 *Demetrius fr. 62 Wehrli; fr. 18 n. 5 Fortenbaugh et al.*

4 invitamenta   *P*: invita mente $\gamma\phi$: invita et mente   *R*
6 futura *Clericus*: natura ω 8 apparatum *Lamb*.   9 esse
om. ϕ 9–10 inquirendo *Goerenz*: inqu(a)erendo $\gamma\phi$: in querendo
δ 13 in *MSP*: *om. rell*.   15 levarunt ϕ 16 phalerius
ϕ 17 alexandriam β 18 ipsa *om*. ϕ 20 scripsit ς:
scribit ω

ratione consequi, facile pateremur, qui etiam nunc
agendi aliquid discendique causa prope contra naturam
vigilias suscipere soleamus.

[XX] 'Sunt autem etiam clariora vel plane perspicua **55**
5 minimeque dubitanda indicia naturae, maxime scilicet
in homine sed in omni animali, ut appetat animus
aliquid agere semper neque ulla condicione quietem
sempiternam possit pati. Facile est hoc cernere in
primis puerorum aetatulis. Quamquam enim vereor
10 ne nimius in hoc genere videar, tamen omnes veteres
philosophi, maxime nostri, ad incunabula accedunt,
quod in pueritia facillime se arbitrantur naturae voluntatem posse cognoscere. Videmus igitur ut conquies-
cere ne infantes quidem possint; cum vero paulum
15 processerunt, lusionibus vel laboriosis delectantur, ut
ne verberibus quidem deterreri possint, eaque cupiditas agendi aliquid adolescit una cum aetatibus. Itaque
ne si iucundissimis quidem nos somniis usuros putemus, Endymionis somnum nobis velimus dari, idque si
20 accidat, mortis instar putemus.

'Quin etiam inertissimos homines nescio qua singu- **56**
lari segnitia praeditos videmus tamen et corpore et
animo moveri semper et, cum re nulla impediantur
necessaria, aut alveolum poscere aut quaerere quem-
25 piam ludum aut sermonem aliquem requirere, cumque
non habeant ingenuas ex doctrina oblectationes, circu-
los aliquos et sessiunculas consectari. Quin ne bestiae
quidem quas delectationis causa concludimus, cum
copiosius alantur quam si essent liberae, facile patiun-
30 tur sese contineri motusque solutos et vagos a natura

14–15 *Non. 211,17 (s.v.* LUSUS*)* cum *hi* vero . . . delectantur

1 qui *P*: quin *rell.*   5 iudicia *Rφ*   7 agere semper
aliquod *φ*   12 quod . . . arbitrantur *β*: qui . . . arbitrentur
φ   12–13 voluntatem *Lamb.*: volup- *ω*   15 processerunt
Non.: -erint *ω*   18 ne si *Asc.*: nisi *ω*   27 quin *om. P*

57 sibi tributos requirunt. Itaque ut quisque optime natus
institutusque est, esse omnino nolit in vita si gerendis
negotiis orbatus possit paratissimis vesci voluptatibus.
Nam aut privatim aliquid gerere malunt aut, qui
altiore animo sunt, capessunt rem publicam honoribus 5
imperiisque adipiscendis, aut totos se ad studia doctrinae conferunt. Qua in vita tantum abest ut voluptates consectentur, etiam curas sollicitudines vigilias
perferunt optimaque parte hominis, quae in nobis
divina ducenda est, ingeni et mentis acie fruuntur nec 10
voluptatem requirentes nec fugientes laborem. Nec vero
intermittunt aut admirationem earum rerum quae
sunt ab antiquis repertae aut investigationem novarum.
Quo studio cum satiari non possint, omnium ceterarum rerum obliti nihil abiectum, nihil humile cogi- 15
tant; tantaque est vis talibus in studiis ut eos etiam qui
sibi alios proposuerunt fines bonorum, quos utilitate
aut voluptate derigunt, tamen in rebus quaerendis
explicandisque naturis aetates conterere videamus.

58 [XXI] 'Ergo hoc quidem apparet, nos ad agendum 20
esse natos. Actionum autem genera plura, ut obscurentur etiam minora maioribus, maximae autem sunt
primum, ut mihi quidem videtur et iis quorum nunc in
ratione versamur, consideratio cognitioque rerum
caelestium et earum quas a natura occultatas et latentes 25
indagare ratio potest, deinde rerum publicarum administratio aut administrandi scientia, tum prudens,
temperata, fortis, iusta ratio reliquaeque virtutes et
actiones virtutibus congruentes, quae uno verbo com-
plexi omnia honesta dicimus; ad quorum et cognitio- 30

2–3 *Non. 416,11 (s.v.* VESCI*)* si gerendis . . . voluptatibus

4 privatim aliquid P^3: privati mali quid β: privati mali quod ϕ
14 possint *Ernesti*: -unt ω 18 dirigunt ω 22 minora
maioribus $\epsilon\delta$: maiora minoribus S: maioribus minoribus ϕ
24 cognitioque O^2SP^1: -ione $\epsilon R\phi$: -iove P^2 *mg.*   28 fortis
Mdv.: forti si ϕ: fortis. si γR: fortis et P

nem et usum iam corroborati natura ipsa praeeunte
deducimur. Omnium enim rerum principia parva sunt,
sed suis progressionibus usa augentur, nec sine causa;
in primo enim ortu inest teneritas ac mollitia quaedam,
5 ut nec res videre optimas nec agere possint. Virtutis
enim beataeque vitae, quae duo maxime expetenda
sunt, serius lumen apparet, multo etiam serius ut
plane qualia sint intellegantur. Praeclare enim Plato:
"Beatum cui etiam in senectute contigerit ut sapien-
10 tiam verasque opiniones adsequi possit!" Quare, quoniam de primis naturae commodis satis dictum est,
nunc de maioribus consequentibusque videamus.

'Natura igitur corpus quidem hominis sic et genuit **59**
et formavit ut alia in primo ortu perficeret, alia
15 progrediente aetate fingeret, neque sane multum adiu-
mentis externis et adventiciis uteretur. Animum autem
reliquis rebus ita perfecit ut corpus; sensibus enim
ornavit ad res percipiendas idoneis, ut nihil aut non
multum adiumento ullo ad suam confirmationem
20 indigeret; quod autem in homine praestantissimum
atque optimum est, id deseruit. Etsi dedit talem
mentem quae omnem virtutem accipere posset, inge-
nuitque sine doctrina notitias parvas rerum maximarum et quasi instituit docere, et induxit in ea quae
25 inerant tamquam elementa virtutis. Sed virtutem
ipsam inchoavit, nihil amplius. Itaque nostrum est **60**
(quod nostrum dico, artis est) ad ea principia quae
accepimus consequentia exquirere, quoad sit id quod
volumus effectum. Quod quidem pluris est haud paulo
30 magisque ipsum propter se expetendum quam aut

4 *Non. 495,2 (s.v.* TENERITAS*)* in primo . . . quaedam   8 *Leg.*
653a   14–15 *Non. 308,26 (s.v.* FINGERE*)* ut alia . . . fingeret

4 teneritas ϵ, *Non.*: tem- O² *rell.*   mollitia φ, *Non.*: mollities
β   20 indigerent *Bremius*   26 amplius itaque φ: itaque
amplius γR: ita amplius P   29 est *Thurot*: sit γP: sunt R:
om. φ

sensus aut corporis ea quae diximus, quibus tantum
praestat mentis excellens perfectio ut vix cogitari possit
quid intersit. Itaque omnis honos, omnis admiratio,
omne studium ad virtutem et ad eas actiones quae
virtuti sunt consentaneae refertur, eaque omnia quae 5
aut ita in animis sunt aut ita geruntur uno nomine
honesta dicuntur.

'Quorum omnium quae sint notitiae, quaeque
significentur rerum vocabulis, quaeque cuiusque vis
61 et natura sit mox videbimus; [XXII] hoc autem loco 10
tantum explicemus haec honesta quae dico, praeter-
quam quod nosmet ipsos diligamus, praeterea suapte
natura per se esse expetenda. Indicant pueri, in quibus
ut in speculis natura cernitur. Quanta studia decertan-
tium sunt! quanta ipsa certamina! ut illi efferuntur 15
laetitia cum vicerunt, ut pudet victos! ut se accusari
nolunt! quam cupiunt laudari! quos illi labores non
perferunt ut aequalium principes sint! quae memoria
est in iis bene merentium, quae referendae gratiae
cupiditas! Atque ea in optima quaque indole maxime 20
apparent, in qua haec honesta quae intellegimus a
62 natura tamquam adumbrantur. Sed haec in pueris;
expressa vero in iis aetatibus quae iam confirmatae
sunt. Quis est tam dissimilis homini qui non moveatur
et offensione turpitudinis et comprobatione honestatis? 25
quis est qui non oderit libidinosam, protervam
adulescentiam? quis contra in illa aetate pudorem
constantiam, etiamsi sua nihil intersit, non tamen
diligat? quis Pullum Numitorium Fregellanum, prodi-

---

5 consentaneae sunt φ   8 quae *Matthiae*: quaeque ω
quaeque] quibusque (*sed is* queisque) *Dav.*   9 significent
φ   cuiusque vis γ*P*: cuius vis *R*: cuiusvis φ   13 iudicant
*R*φ   15 sunt *R*: sint *rell.*   16 vicerunt *Mdv.*: -erint
ω   17 non *delendum coni. Mdv.*   22–3 pueris expressa.
in his vero β   25 et' *om.* φ

torem, quamquam rei publicae nostrae profuit, non
odit? quis ⟨huius⟩ urbis conservatorem Codrum, quis
Erecthei filias non maxime laudat? cui Tubuli nomen
odio non est? quis Aristidem non mortuum diligit? An
5 obliviscimur quantopere in audiendo [in] legendoque
moveamur cum pie, cum amice, cum magno animo
aliquid factum cognoscimus? Quid loquor de nobis, qui **63**
ad laudem et ad decus nati suscepti instituti sumus?
Qui clamores vulgi atque imperitorum excitantur in
10 theatris, cum illa dicuntur:

Ego sum Orestes,

contraque ab altero,

Immo enimvero ego sum, inquam, Orestes!

Cum autem etiam exitus ab utroque datur conturbato
15 errantique regi,

Ambo ergo †sunaneganum† precamur,

—quotiens hoc agitur, ecquandone nisi admirationibus
maximis? Nemo est igitur quin hanc adfectionem
animi probet atque laudet, qua non modo utilitas
20 nulla quaeritur, sed contra utilitatem etiam conservatur
fides. Talibus exemplis non fictae solum fabulae, **64**
verum etiam historiae refertae sunt, et quidem
maxime nostrae. Nos enim ad sacra Idaea accipienda
optimum virum delegimus, nos tutores misimus regi-
25 bus, nostri imperatores pro salute patriae sua capita

11 *Pacuvius, trag. 365'–8' Ribbeck¹, 118–21 D'Anna. Cf. Fin. 2. 79,
Amic. 24.*   21–2 *Non. 309,26 (s.v. FINGERE)* talibus . . . refertae

2 huius *supplendum coni. Mdv. (conl. 5. 54, 88):* suae *Klotz*
5 quanto opere φ   in² *om.* ς   7 loquor ς: loquar ω
16 sunaneganum φ: sunangamum R: negamum ε: negamur S: una
vivere P¹: sibi unam necem P²mg.: una necarier Mdv. (cf. 2.
79)   17 ecquandone *Dav.:* et quando ne εRφ: est quando ne
S: et quandove P¹: quandove P² mg.   22 verum] sed
Non.   24–5 regibus misimus φ

voverunt, nostri consules regem inimicissimum moen-
ibus iam appropinquantem monuerunt a veneno ut
caveret, nostra in re publica [Lucretia] et quae per
vim oblatum stuprum voluntaria morte lueret inventa
est et qui interficeret filiam ne stupraretur. Quae 5
quidem omnia et innumerabilia praeterea quis est
quin intellegat et eos qui fecerint dignitatis splendore
ductos immemores fuisse utilitatum suarum nosque,
cum ea laudemus, nulla alia re nisi honestate duci?

[XXIII] 'Quibus rebus expositis breviter (nec enim 10
sum copiam quam potui, quia dubitatio in re nulla erat,
persecutus), sed his rebus concluditur profecto et
virtutes omnes et honestum illud quod ex iis oritur et
65 in iis haeret per se esse expetendum. In omni autem
honesto de quo loquimur nihil est tam inlustre nec 15
quod latius pateat quam coniunctio inter homines
hominum et quasi quaedam societas et communicatio
utilitatum et ipsa caritas generis humani. Quae nata a
primo satu, quod a procreatoribus nati diliguntur et
tota domus coniugio et stirpe coniungitur, serpit 20
sensim foras, cognationibus primum, tum adfinitati-
bus, deinde amicitiis, post vicinitatibus, tum civibus et
iis qui publice socii atque amici sunt, deinde totius
complexu gentis humanae. Quae animi adfectio suum
cuique tribuens atque hanc quam dico societatem 25
coniunctionis humanae munifice et aeque tuens iustitia
dicitur, cui sunt adiunctae pietas bonitas liberalitas
benignitas comitas quaeque sunt generis eiusdem.
Atque haec ita iustitiae propria sunt ut sint virtutum
66 reliquarum communia. Nam cum sic hominis natura 30
generata sit ut habeat quiddam ingenitum quasi civile

---

3 Lucretia *del. Vict.*   5 filiam interficeret φ   7 quin γ:
qui *R*φ: qui non *P*   10 breviter expositis φ   14 iis
Schiche: hiis *MS*: his *O*δ: illis φ   23 denique *coni.*
Mdv.   31 quoddam φ   ingenitum φ: innatum β

atque populare, quod Graeci πολιτικόν vocant, quidquid
aget quaeque virtus, id a communitate et ea quam
exposui caritate ac societate humana non abhorrebit,
vicissimque iustitia, ut ipsa se fundet in ceteras virtutes,
5 sic illas expetet. Servari enim iustitia nisi a forti viro,
nisi a sapiente non potest. Qualis est igitur omnis haec
quam dico conspiratio consensusque virtutum, tale est
illud ipsum honestum, quandoquidem honestum aut
ipsa virtus est aut res gesta virtute; quibus rebus vita
10 consentiens virtutibusque respondens recta et honesta
et constans et naturae congruens existimari potest.

'Atque haec coniunctio confusioque virtutum tamen **67**
a philosophis ratione quadam distinguitur. Nam cum
ita copulatae conexaeque sint ut omnes omnium
15 participes sint nec alia ab alia possit separari, tamen
proprium suum cuiusque munus est, ut fortitudo in
laboribus periculisque cernatur, temperantia in prae-
termittendis voluptatibus, prudentia in delectu
bonorum et malorum, iustitia in suo cuique tribuendo.
20 Quando igitur inest in omni virtute cura quaedam
quasi foras spectans aliosque appetens atque complec-
tens, exsistit illud, ut amici, ut fratres, ut propinqui, ut
adfines, ut cives, ut omnes denique (quoniam unam
societatem hominum esse volumus) propter se expe-
25 tendi sint. Atqui eorum nihil est eius generis ut sit in
fine atque extremo bonorum. Ita fit ut duo genera **68**
propter se expetendorum reperiantur, unum quod est
in iis in quibus completur illud extremum, quae sunt
aut animi aut corporis; haec autem quae sunt extrinse-
30 cus, id est quae neque in animo insunt neque
in corpore, ut amici, ut parentes, ut liberi, ut propinqui, ut ipsa patria, sunt illa quidem sua sponte cara, sed

---

4 fundet se φ   5 forti $O^2P\phi$: forte γR   14 sint φ: sunt
β   18 dilectu ω   30 neque¹ β: nec φ

eodem in genere quo illa non sunt. Nec vero umquam
summum bonum adsequi quisquam posset, si omnia
illa quae sunt extra, quamquam expetenda, summo
bono continerentur.

69   [XXIV] 'Quomodo igitur, inquies, verum esse
poterit omnia referri ad summum bonum, si amicitiae,
si propinquitates, si reliqua externa summo bono non
continentur? Hac videlicet ratione, quod ea quae
externa sunt iis tuemur officiis quae oriuntur a suo
cuiusque genere virtutis. Nam et amici cultus et
parentis ei qui officio fungitur in eo ipso prodest
quod ita fungi officio in recte factis est, quae sunt
orta ⟨a⟩ virtutibus. Quae quidem sapientes [utentes]
sequuntur duce natura [tamquam]; non perfecti
autem homines et tamen ingeniis excellentibus praediti
excitantur saepe gloria, quae habet speciem honestatis
et similitudinem. Quod si ipsam honestatem undique
perfectam atque absolutam, rem unam praeclarissimam
omnium maximeque laudandam, penitus viderent,
quonam gaudio complerentur, cum tantopere eius
70 adumbrata opinione laetentur? Quem enim deditum
voluptatibus, quem cupiditatum incendiis inflamma-
tum in iis potiendis quae acerrime concupivisset tanta
laetitia perfundi arbitramur quanta aut superiorem
Africanum Hannibale victo aut posteriorem Car-
thagine eversa? Quem Tiberina descensio festo illo
die tanto gaudio adfecit quanto L. Paulum, cum
regem Persem captum adduceret, eodem flumine
invectio?

---

1 umquam γ: inquam *rell.*   3 illa *om.* φ   11 ei *coni.*
Orelli: et ω   13 a *add. Lamb.*   13–14 sequuntur duce
natura *Mdv.*: utentes sequuntur duce natura tamquam εRφ: utentes
sequuntur tamquam duce natura *SP*: sequuntur utentes tamquam
duce natura *Ald.*: natura tamquam duce utentes sequuntur *Vahlen*
26 descensio φ: discensio εRB²: dissensio *S*: decursio *P*

'Age nunc, Luci noster, extrue animo altitudinem 71
excellentiamque virtutum: iam non dubitabis quin
earum compotes homines magno animo erectoque
viventes semper sint beati, qui omnis motus fortunae
5 mutationesque rerum et temporum levis et imbecillos
fore intellegant, si in virtutis certamen venerint. Illa
enim quae sunt a nobis bona corporis numerata com-
plent ea quidem beatissimam vitam, sed ita ut sine illis
possit beata vita exsistere. Ita enim parvae et exiguae
10 sunt istae accessiones bonorum ut, quem ad modum
stellae in radiis solis, sic istae in virtutum splendore ne
cernantur quidem.

'Atque hoc ut vere dicitur, parva esse ad beate 72
vivendum momenta ista corporis commodorum, sic
15 nimis violentum est nulla esse dicere; qui enim sic
disputant obliti mihi videntur quae ipsi fecerint principia naturae. Tribuendum est igitur his aliquid, dum
modo quantum tribuendum sit intellegas. Est enim
philosophi non tam gloriosa quam vera quaerentis
20 nec pro nihilo putare ea quae secundum naturam illi
ipsi gloriosi esse fateantur, et videre tantam vim
virtutis tantamque, ut ita dicam, auctoritatem honestatis ⟨esse⟩ ut reliqua non illa quidem nulla, sed ita parva
sint ut nulla esse videantur. Haec est nec omnia
25 spernentis praeter virtutem et virtutem ipsam suis
laudibus amplificantis oratio; denique haec est undique
completa et perfecta explicatio summi boni.

'Hinc ceteri particulas arripere conati suam quisque
videri voluit adferre sententiam. [XXV] Saepe ab 73
30 Aristotele, a Theophrasto mirabiliter est laudata per

---

1 *Antiochus fr. 9 Mette*   30 *Theophrastus fr. 480A Forten-*
baugh et al.

1 age *OP*: auge *MRφ*: heuge *S*   16 fecerint *Lamb.*: egerint
ω   18 enim *Dav.*: tamen ω   21 fateantur *coni. Mdv.*:
fatebantur *βB*: fatentur *E*   23 esse *suppl. Mdv.*²

se ipsa rerum scientia; hoc uno captus Erillus scientiam
summum bonum esse defendit nec rem ullam aliam per
se expetendam. Multa sunt dicta ab antiquis de con-
temnendis ac despiciendis rebus humanis; hoc unum
Aristo tenuit: praeter vitia atque virtutes negavit rem   5
esse ullam aut fugiendam aut expetendam. Positum est
a nostris in iis esse rebus quae secundum naturam
essent non dolere; hoc Hieronymus summum bonum
esse dixit. At vero Callipho et post eum Diodorus, cum
alter voluptatem adamavisset, alter vacuitatem doloris,   10
neuter honestate carere potuit, quae est a nostris
74 laudata maxime. Quin etiam ipsi voluptarii deverticula
quaerunt et virtutes habent in ore totos dies volup-
tatemque primo dumtaxat expeti dicunt, deinde consuetudine quasi alteram quandam naturam effici, qua   15
impulsi multa faciant nullam quaerentes voluptatem.
Stoici restant. Ei quidem non unam aliquam aut alteram
⟨particulam⟩ a nobis, sed totam ad se nostram philosophiam transtulerunt; atque ut reliqui fures earum rerum
quas ceperunt signa commutant, sic illi, ut sententiis   20
nostris pro suis uterentur, nomina tamquam rerum
notas mutaverunt. Ita relinquitur sola haec disciplina
digna studiosis ingenuarum artium, digna eruditis,
digna claris viris, digna principibus, digna regibus.'
75   Quae cum dixisset paulumque institisset, 'Quid est?'   25
inquit; 'satisne vobis videor pro meo iure in vestris
auribus commentatus?'

1 *SVF I. 417*   5 *SVF I. 366*   8 *fr. 8d Wehrli*
9 *Diodorus fr. 4e Wehrli*   12 *Epicurus fr. 398 Usener*
16–17 *Non. 378,36 (s.v.* RESTARE*)* nullam . . . restant

3 dicta sunt φ   6 expetendam *SP*: pet- *rell.*   10 ada-
masset φ   12 deverticula *R*: di- *rell.*   13–14 quaerunt . . .
habent . . . dicunt *Lamb.*: quaerant . . . habeant . . . dicant ω
14 dumtaxat primo φ   16 faciant *T. Bentley*: -iunt ω
18 particulam *supplevi (cf. 5. 72)*: rem *vel* partem *T. Bentley*
25 parumque φ   27 com(m)entatus δ: -datus *rell.*

Et ego: 'Tu vero,' inquam 'Piso, ut saepe alias, sic
hodie ita nosse ista visus es ut, si tui nobis potestas
saepius fieret, non multum Graecis supplicandum
putarem. Quod quidem eo probavi magis, quia
5 memini Staseam Neapolitanum, doctorem illum
tuum, nobilem sane Peripateticum, aliquanto ista
secus dicere solitum, adsentientem iis qui multum in
fortuna secunda aut adversa, multum in bonis aut malis
corporis ponerent.'

10 'Est ut dicis,' inquit; 'sed haec ab Antiocho, familiari
nostro, dicuntur multo melius et fortius quam a Stasea
dicebantur. Quamquam ego non quaero quid tibi a me
probatum sit, sed huic Ciceroni nostro, quem discipulum cupio a te abducere.'

15 [XXVI] Tum Lucius: 'Mihi vero ista valde probata 76
sunt, quod item fratri puto.'

Tum mihi Piso: 'Quid ergo?' inquit; 'dasne adulescenti veniam? An eum discere ea mavis quae cum
plane perdidicerit nihil sciat?'

20 'Ego vero isti' inquam 'permitto. Sed nonne meministi licere mihi ista probare quae sunt a te dicta? Quis
enim potest ea quae probabilia videantur ei non probare?'

'An vero' inquit 'quisquam potest probare quod
25 perceptum, quod comprehensum, quod cognitum non
habet?'

'Non est ista,' inquam 'Piso, magna dissensio. Nihil
enim est aliud quam ob rem mihi percipi nihil posse
videatur nisi quod percipiendi vis ita definitur a Stoicis
30 ut negent quicquam posse percipi nisi tale verum quale
falsum esse non possit. Itaque haec cum illis est
dissensio, cum Peripateticis nulla sane. Sed haec

1 alias O^2: alia ω   5 staseam ϵP^2: istas eam δφ: itaseam
S   6 aliquando φ   14 ab φ   19 plane φ: praeclare
β   perdidicerit MS: perdiderit Oφ: didicerit δ   28 est enim φ

omittamus; habent enim et bene longam et satis
77 litigiosam disputationem: illud mihi a te nimium
festinanter dictum videtur, sapientis omnis esse
semper beatos. Nescio quo modo praetervolavit
oratio. Quod nisi ita efficitur, quae Theophrastus de 5
fortuna, de dolore, de cruciatu corporis dixit, cum
quibus coniungi vitam beatam nullo modo posse
putavit, vereor ne vera sint. Nam illud vehementer
repugnat, eundem beatum esse et multis malis oppres-
sum. Haec quomodo conveniant non sane intellego.' 10

'Utrum igitur tibi non placet,' inquit 'virtutisne
tantam esse vim ut ad beate vivendum se ipsa contenta
sit, an, si id probas, fieri ita posse negas ut ii qui
virtutis compotes sint etiam malis quibusdam adfecti
beati sint?' 15

'Ego vero volo in virtute vim esse quam maximam;
sed quanta sit alias, nunc tantum possitne esse tanta, si
quicquam extra virtutem habeatur in bonis.'

78 'Atqui' inquit 'si Stoicis concedis ut virtus sola, si
adsit, vitam efficiat beatam, concedis etiam Peripateti- 20
cis. Quae enim mala illi non audent appellare, aspera
autem et incommoda et reicienda et aliena naturae esse
concedunt, ea nos mala dicimus, sed exigua et paene
minima. Quare si potest esse beatus is qui est in asperis
reiciendisque rebus, potest is quoque esse qui est in 25
parvis malis.'

Et ego: 'Piso,' inquam 'si est quisquam qui acute in
causis videre soleat quae res agatur, is es profecto tu.
Quare attende, quaeso. Nam adhuc, meo fortasse vitio,
quid ego quaeram non perspicis.' 30

5 *Theophrastus fr. 495 Fortenbaugh et al.*

9 repugnat　*M²OS*:　-et　*rell.*　　malis　β:　modis　φ
11 inquit non placet φ　　12 tantam esse vim γR: esse tantam
vim　φ: tantam vim　esse　*P*　　14 quibusdam malis　φ
23 paene] porro δ

'Istic sum' inquit 'expectoque quid ad id quod
quaerebam respondeas.'

[XXVII] 'Respondebo me non quaerere' inquam 79
'hoc tempore quid virtus efficere possit, sed quid
5 constanter dicatur, quid ipsum a se dissentiat.'

'Quo' inquit 'modo?'

'Quia cum a Zenone' inquam 'hoc magnifice
tamquam ex oraculo editur "Virtus ad beate vivendum
se ipsa contenta est", "Quare?" inquit: respondet
10 "Quia nisi quod honestum est nullum est aliud
bonum." Non quaero iam verumne sit: illud dico, ea
quae dicat praeclare inter se cohaerere. Dixerit hoc 80
idem Epicurus, semper beatum esse sapientem (quod
quidem solet ebullire non numquam), quem quidem,
15 cum summis doloribus conficiatur, ait dicturum:
"Quam suave est! quam nihil curo!" Non pugnem
cum homine, cur tantum †habeat† in natura boni:
illud urgueam, non intellegere eum quid sibi dicendum
sit, cum dolorem summum malum esse dixerit.
20 Eadem nunc mea adversum te oratio est. Dicis eadem
omnia et bona et mala quae quidem dicunt ii qui
numquam philosophum pictum, ut dicitur, viderunt,
valetudinem vires staturam formam integritatem
unguiculorum omnia ⟨bona⟩, deformitatem morbum
25 debilitatem mala. Iam illa externa parce tu quidem; 81
sed haec cum corporis bona sint, eorum conficientia
certe in bonis numerabis, amicos liberos propinquos
divitias honores opes. Contra hoc attende me nihil
dicere, ⟨illud dicere⟩, si ista mala sint in quae potest

7 SVF I. 187   13 fr. 604 Usener

2 quaerebam *Mdv. et Wesenberg*: quaeram ω   6 inquit *Oφ*:
igitur inquit *MSδ*   17 habeat] abeat *Mdv.*²: aberret *C. F. W.
Mueller*   19 esse *om. φ*   21 quidem β: quem *B*: quam *E*:
secl. Baiter   24 bona *add. Lamb.*   29 illud dicere *suppl.
Mdv.*   sint *Baiter*²: sunt ω

incidere sapiens, sapientem esse non esse ad beate
vivendum satis.'

'Immo vero' inquit 'ad beatissime vivendum parum
est, ad beate vero satis.'

'Animadverti' inquam 'te isto modo paulo ante 5
ponere, et scio ab Antiocho nostro dici sic solere; sed
quid minus probandum quam esse aliquem beatum nec
satis beatum? Quod autem satis est, eo quidquid
accessit nimium est; et nemo nimium beatus est; ergo
nemo beato beatior.'   10

82   'Ergo' inquit 'tibi Q. Metellus, qui tris filios consules
vidit, e quibus unum etiam et censorem et triumphantem, quartum autem praetorem, eosque salvos reliquit
et tris filias nuptas, cum ipse consul censor [esset] augur
fuisset ⟨et⟩ triumphasset, ut sapiens fuerit, nonne 15
beatior quam, ut item sapiens fuerit, qui in potestate
hostium vigiliis et inedia necatus est, Regulus?'

83   [XXVIII] 'Quid me istud rogas?' inquam. 'Stoicos
roga.'

'Quid igitur' inquit 'eos responsuros putas?'   20

'Nihilo beatiorem esse Metellum quam Regulum.'

'Inde igitur' inquit 'ordiendum est.'

'Tamen a proposito' inquam 'aberramus. Non enim
quaero quid verum sed quid cuique dicendum sit.
Utinam quidem dicerent alium alio beatiorem! iam 25
ruinas videres. In virtute enim sola et in ipso honesto
cum sit bonum positum, cumque nec virtus, ut placet
illis, nec honestum crescat, idque bonum solum sit quo
qui potiatur necesse est beatus sit, cum id augeri non

1–2 non esse ad beate vivendum satis γ: ad beate vivendum satis δ:
non satis esse ad beate vivendum φ   4 vero *om.* φ   9 accessit
C. F. W. Mueller: -erit ω   ergo *Baiter²:* et ω: ita *Dav.:* igitur *C. F. W.
Mueller*   11 tres *SP*   12–13 triumphantem β: triumphan-
tem vidit φ   14 tris *Mdv.:* tres ω   esset *del. Orelli:* etiam
ς   15 et *add. Ald.*   18 inquam rogas φ   22 ordiendum *Mdv.:* aud- ω   24 cuiquam φ   29 augeri id φ

possit in quo uno positum est beatum esse, qui potest
esse quisquam alius alio beatior? Videsne ut haec
concinant? Et hercule (fatendum est enim quod
sentio) mirabilis est apud illos contextus rerum.
5 Respondent extrema primis, media utrisque, omnia
omnibus; quid sequatur, quid repugnet vident. Ut in
geometria, prima si dederis, danda sunt omnia. Con-
cede nihil esse bonum nisi quod honestum sit: con-
cedendum est in virtute positam ⟨esse⟩ vitam beatam.
10 Vide rursus retro: dato hoc dandum est illud. Quod
vestri non item. "Tria genera bonorum": proclivi **84**
currit oratio. Venit ad extremum; haeret in salebra;
cupit enim dicere nihil posse ad beatam vitam deesse
sapienti. Honesta oratio, Socratica, Platonis etiam.
15 "Audeo dicere," inquit. Non potes, nisi retexueris
illa. Paupertas si malum est, mendicus beatus esse
nemo potest, quamvis sit sapiens. At Zeno eum non
beatum modo sed etiam divitem dicere ausus est.
Dolere malum est: in crucem qui agitur beatus esse non
20 potest. Bonum liberi: misera orbitas; bonum patria:
miserum exsilium; bonum valetudo: miser morbus;
bonum integritas corporis: misera debilitas; bonum
incolumis acies: misera caecitas. Quae si potest singula
consolando levare, universa quomodo sustinebit? Sit
25 enim idem caecus debilis, morbo gravissimo adfectus,
exsul orbus egens, torqueatur eculeo: quem hunc
appellas, Zeno? "Beatum." inquit. Etiam beatissimum?
"Quippe," inquiet "cum docuerim gradus istam rem

12–13 *Non. 177,5 (s.v.* SALEBRAS*)* venit . . . dicere   17 *SVF*
I. 220

3 et *om.* φ   quod β: ut φ   9 esse *add. Mdv.*   beatam
vitam β   10 dato ς: date ω   erit β   15 potes ς: potest
ω   16 esse beatus φ   19 in crucem qui agitur *cod. Morel.*:
in crucem. quia igitur φ: in cruce. quia igitur β   21 miser *P²*:
miserum β: *om.* φ   24 sustinebit *SP*: -bis *rell.*   26 eculeo
MO²P²: aculeo *rell.*   28 cum ⟨tam⟩ ς

non ⟨magis⟩ habere quam virtutem, in qua sit ipsum
85 etiam beatum." Tibi hoc incredibile, quod beatissimum: quid? tuum credibile? Si enim ad populum me
vocas, eum qui ita sit adfectus beatum esse numquam
probabis; si ad prudentes, alterum fortasse dubitabunt, 5
sitne tantum in virtute ut ea praediti vel in Phalaridis
tauro beati sint, alterum non dubitabunt quin et Stoici
convenientia sibi dicant et vos repugnantia.'

'Theophrasti igitur' inquit 'tibi liber ille placet de
beata vita?'   10

'Tamen aberramus a proposito, et ne longius,
prorsus,' inquam 'Piso, si ista mala sunt, placet.'
86   'Nonne igitur' inquit 'tibi videntur mala?'

'Id quaeris' inquam 'in quo, utrum respondero,
verses te huc atque illuc necesse est.'   15

'Quo tandem modo?' inquit.

'Quia, si mala sunt, is qui erit in iis beatus non erit;
si mala non sunt, iacet omnis ratio Peripateticorum.'

Et ille ridens: 'Video' inquit 'quid agas; ne
discipulum abducam times.'   20

'Tu vero' inquam 'ducas licet si sequetur; erit enim
mecum si tecum erit.'

[XXIX] 'Audi igitur,' inquit 'Luci; tecum enim
mihi instituenda oratio est. Omnis auctoritas philosophiae, ut ait Theophrastus, consistit in beata vita 25
comparanda; beate enim vivendi cupiditate incensi

6 *Epicurus fr. 601 Usener*   9 *fr. 436 n. 12b, 496 Fortenbaugh
et al.*   24–6 *Non. 256,32 (s.v.* CONPARARE*)* omnis . . . comparanda   25 *fr. 475 Fortenbaugh et al.*   26–p. 217.1 *Non.
271,16 (s.v.* CONVENIRE*)* vivendi . . . convenit

1 magis *addendum coni. Mdv.*²   2 quod *Mdv.*²: quia β*E*: quid
B   13 igitur inquit tibi videntur ς: inquit igitur tibi videntur φ:
igitur tibi videntur inquit β   14 id quaeris *Asc.*: id quaeres
*MO*²*SP*φ: id quae res *O*¹: idque res δ   respondero *Lamb.*: -ebo
ω   21 sequatur β   25 ut ait Theophrastus *post* enim (*v.
23*) *conlocant* ω: *huc transp. Lamb.*²

omnes sumus. Hoc mihi cum tuo fratre convenit. 87
Quare hoc videndum est, possitne nobis hoc ratio
philosophorum dare. Pollicetur certe. Nisi enim id
faceret, cur Plato Aegyptum peragravit ut a sacerdoti-
5 bus barbaris numeros et caelestia acciperet? cur post
Tarentum ad Archytam? cur ad reliquos Pythagoreos,
Echecratem, Timaeum, Arionem Locros, ut, cum
Socratem expressisset, adiungeret Pythagoreorum disciplinam eaque quae Socrates repudiabat addisceret?
10 cur ipse Pythagoras et Aegyptum lustravit et Persarum
magos adiit? cur tantas regiones barbarorum pedibus
obiit, tot maria transmisit? cur haec eadem Democritus? qui (vero falsone ⟨non⟩ quaerimus) dicitur oculis se
privasse; certe, ut quam minime animus a cogitationi-
15 bus abduceretur, patrimonium neglexit, agros deseruit
incultos, quid quaerens aliud nisi vitam beatam? Quam
si etiam in rerum cognitione ponebat, tamen ex illa
investigatione naturae consequi volebat bono ut esset
animo. Id enim ille summum bonum εὐθυμίαν et saepe
20 ἀθαμβίαν appellat, id est animum terrore liberum. Sed 88
haec etsi praeclare, nondum tamen perpolita; pauca
enim, neque ea ipsa enucleate, ab hoc de virtute
quidem dicta. Post enim haec in hac urbe primum a
Socrate quaeri coepta, deinde in hunc locum delata
25 sunt, nec dubitatum quin in virtute omnis ut bene sic
etiam beate vivendi spes poneretur. Quae cum Zeno
didicisset a nostris, ut in actionibus praescribi solet, 'DE
EADEM RE [FECIT] ALIO MODO'. Hoc tu nunc in illo
probas. Scilicet vocabulis rerum mutatis inconstantiae

---

7 *Echecrates fr. 53. 4 D.–K. (i. 443. 25)*   12–13 *fr. 68 A 15
D.–K. (ii. 86. 33), 68 A 169 (ii. 129. 24)*

---

1 hoc] atque hoc *Non.*   7 arionem *MR*: arr- *Oφ*: acr- *P*: ver-
S   13 non quaerimus *scripsi*: quaereremus *ω*: quaeremus *ς*: non
quaeremus *Dav.*   se oculis *φ*   19 id *β*: ideo *φ*   22 ab
hoc enucleate *φ*   28 fecit *del. Man. (cf. Fam. 13. 27. 1)*

crimen ille effugit, nos effugere non possumus! Ille
Metelli vitam negat beatiorem quam Reguli, praeponendam tamen, nec magis expetendam, sed magis
sumendam; et, si optio esset, eligendam Metelli,
Reguli reiciendam; ego, quam ille praeponendam et 5
magis eligendam, beatiorem hanc appello, nec ullo
minimo momento plus ei vitae tribuo quam Stoici.

89 Quid interest nisi quod ego res notas notis verbis
appello, illi nomina nova quaerunt quibus idem
dicant? Ita quem ad modum in senatu semper est 10
aliquis qui interpretem postulet, sic isti nobis cum
interprete audiendi sunt. Bonum appello quidquid
secundum naturam est, quod contra malum, nec ego
solus, sed tu etiam, Chrysippe, in foro, domi: in schola
desinis. Quid ergo? aliter homines, aliter philosophos 15
loqui putas oportere? Quanti quidque sit, aliter docti et
indocti; sed cum constiterit inter doctos quanti res
quaeque sit—si homines essent, usitate loquerentur—
dum res maneant, verba fingant arbitratu suo.

90 [XXX] 'Sed venio ad inconstantiae crimen, ne 20
saepius dicas me aberrare; quam tu ponis in verbis,
ego positam in re putabam. Si satis erit hoc perceptum,
in quo adiutores Stoicos optimos habemus, tantam vim
esse virtutis ut omnia, si ex altera parte ponantur, ne
appareant quidem, cum omnia quae illi commoda certe 25
dicunt esse et sumenda et eligenda et praeposita (quae
ita definiunt ut satis magno aestimanda sint), haec
igitur cum ego tot nominibus a Stoicis appellata,
partim novis et commenticiis ut ista "producta" et
"reducta", partim idem significantibus (quid enim 30
interest, expetas an eligas? Mihi quidem etiam lautius
videtur quod eligitur et ad quod delectus adhibetur)

7 minimo β: omnino φ   9–10 idem dicant γP: iam dicant R:
illa appellant φ   13 quod SP: quam rell.   18 essent in ras.
P: se ∈RE: si B: om. S   19 maneant P: -at rell.   32 delectus OSP: di- rell.

sed, cum ego ista omnia bona dixero, tantum refert
quam magna dicam, cum expetenda, quam valde. Sin
autem nec expetenda ego magis quam tu eligenda, nec
illa pluris aestimanda ego qui bona quam tu qui
5 producta appellas, omnia ista necesse est obscurari
nec apparere et in virtutis tamquam in solis radios
incurrere. At enim qua in vita est aliquid mali, ea **91**
beata esse non potest. Ne seges quidem igitur spicis
uberibus et crebris, si avenam uspiam videris, nec
10 mercatura quaestuosa, si in maximis lucris paulum
aliquid damni contraxerit. An hoc usque quaque,
aliter in vita? et non ex maxima parte de tota iudicabis?
an dubium est quin virtus ita maximam partem ob-
tineat in rebus humanis ut reliquas obruat? Audebo
15 igitur cetera quae secundum naturam sunt bona appellare nec fraudare suo vetere nomine potius quam
aliquod novum exquirere, virtutis autem amplitudi-
nem quasi in altera librae lance ponere. Terram, mihi **92**
crede, ea lanx et maria deprimet. Semper enim ex eo
20 quod maximas partes continet latissimeque funditur
tota res appellatur. Dicimus aliquem hilare vivere;
ergo, si semel tristior effectus est, hilara vita amissa
est? At hoc in eo M. Crasso, quem semel ait in vita
risisse Lucilius, non contigit, ut ea re minus ἀγέλαστος,
25 ut ait idem, vocaretur. Polycratem Samium felicem
appellabant. Nihil acciderat ei quod nollet nisi quod
anulum quo delectabatur in mari abiecerat. Ergo infelix

---

14 *Critolaus fr. 22 Wehrli*   23–4 quem semel . . . risisse]
Sacerdos, GL vi. 442. 30   24 *Lucilius 1300 Marx, 1316 Krenkel.*
Cf. Tusc. 3. 3. 1

4–5 tu qui producta *P*: tu producta qui γ*R*: qui cum produt (*sic*) φ
6 virtutis *ed. Rom.*: -tes ω   10 paulum *Bremius*: parum
ω   15 sunt ς: sint ω   16 vetere *Baiter*: -eri ω
16–17 potius quam aliquod *Lamb.*: quam aliquod potius *S*: quam
aliquid potius εδ: quam aliquam potius φ   23 at *Asc.*: an
ω   26 acciderat γ*P*: -eret *R*φ   27 mare *Vict.*

una molestia, felix rursus cum is ipse anulus in praecor-
diis piscis inventus est? Ille vero, si insipiens (quod certe,
quoniam tyrannus), numquam beatus; si sapiens, ne tum
quidem miser cum ab Oroete, praetore Darei, in crucem
actus est. "At multis malis adfectus." Quis negat? sed 5
ea mala virtutis magnitudine obruebantur.

93   [XXXI] 'An ne hoc quidem Peripateticis concedis,
ut dicant omnium bonorum virorum, id est sapientium, omnibus virtutibus ornatorum, vitam omnibus
partibus plus habere semper boni quam mali? Quis hoc 10
dicit? Stoici scilicet. Minime; sed isti ipsi qui voluptate
et dolore omnia metiuntur, nonne clamant sapienti plus
semper adesse quod velit quam quod nolit? Cum
tantum igitur in virtute ponant ii qui fatentur se
virtutis causa, nisi ea voluptatem faceret, ne manum 15
quidem versuros fuisse, quid facere nos oportet, qui
quamvis minimam animi praestantiam omnibus bonis
corporis anteire dicamus, ut ea ne in conspectu quidem
relinquantur? Quis est enim qui hoc cadere in
sapientem dicere audeat, ut si fieri possit virtutem 20
in perpetuum abiciat ut dolore omni liberetur? Quis
nostrum dixerit (quos non pudet ea quae Stoici aspera
dicunt mala dicere) melius esse turpiter aliquid facere
94 cum voluptate quam honeste cum dolore? Nobis
Heracleotes ille Dionysius flagitiose descivisse videtur 25
a Stoicis propter oculorum dolorem. Quasi vero hoc
didicisset a Zenone, non dolere cum doleret! Illud
audierat nec tamen didicerat, malum illud non esse
quia turpe non esset, et esse ferendum viro. Hic si

11 *Epicurus fr. 603 Usener*   24 *SVF I. 431*

4 Oroete *Vict.*: oronte γ*Pφ*: oriente *R*   5 at *P²*: a ε: ad *R*: ac
P¹: aut *S*: et *φ*   9 omnibus¹ *φ*: omnibusque *β*   11 Stoici
scilicet *Lamb.*: stoicis licet ω   15 voluptatem faceret *Dav.*:
voluptatem maceret *β*: voluptate maceret *φ*   17 praestantiam
animi *φ*   22 quos *ed. Colon.*: quis ω   26 quasi *Lamb.*:
quis ω   29 esse *Man.⁴*: esset ω   viro *P*: vero *rell.*

Peripateticus fuisset, permansisset, credo, in sententia,
qui dolorem malum dicunt esse, de asperitate autem
eius fortiter ferenda praecipiunt eadem quae Stoici. Et
quidem Arcesilas tuus, etsi fuit in disserendo pertina-
5 cior, tamen noster fuit; erat enim Polemonis. Is cum
arderet podagrae doloribus visitassetque hominem
Charmides Epicureus perfamiliaris et tristis exiret,
"Mane, quaeso," inquit "Charmide noster; nihil
illinc huc pervenit"—ostendit pedes et pectus. Ac
10 tamen hic mallet non dolere.

[XXXII] 'Haec igitur est nostra ratio, quae tibi **95**
videtur inconstans, cum propter virtutis caelestem
quandam et divinam tantamque praestantiam ut, ubi
virtus sit resque magnae ⟨et⟩ summe laudabiles virtute
15 gestae, ibi esse miseria et aerumna non possit, tamen
labor possit, possit molestia, non dubitem dicere omnes
sapientes esse semper beatos, sed tamen fieri posse ut
sit alius alio beatior.'

'Atqui iste locus est, Piso, tibi etiam atque etiam
20 confirmandus,' inquam; 'quem si tenueris, non
modo meum Ciceronem sed etiam me ipsum abducas
licebit.'

Tum Quintus: 'Mihi quidem' inquit 'satis hoc **96**
confirmatum videtur, laetorque eam philosophiam,
25 cuius antea supellectilem pluris aestimabam quam
possessiones reliquarum (ita mihi dives videbatur ut
ab ea petere possem quidquid in studiis nostris con-
cupissem), hanc igitur laetor etiam acutiorem repertam
quam ceteras, quod quidam ei deesse dicebant.'

---

4 *Arcesilas T. 24 Mette*   6 *fr. 75 Gigante*

2 qui φ: quoniam β   7 Epicureus *Mdv.*²: -rus ω   14 et
add. Goerenz   laudabilesque β   16 possit possit φ: possit εR:
possit et *SP*   17 esse semper beatos γR: semper esse beatos φ:
semper beatos esse *P*   24 laetorque eam *Dav.*: laetor quidem
ω   26 reliquarum *T. Bentley*: -orum ω

'Non quam nostram quidem,' inquit Pomponius iocans; 'sed mehercule pergrata mihi ⟨fuit⟩ oratio tua. Quae enim dici Latine posse non arbitrabar, ea dicta sunt a te verbis aptis nec minus plane quam dicuntur a Graecis. Sed tempus est, si videtur; et recta quidem ad 5 me.'

Quod cum ille dixisset et satis disputatum videretur, in oppidum ad Pomponium perreximus omnes.

2 fuit *hic suppl.* ς: *ante* mihi *Lamb.* 4–5 verbis aptis nec minus plane quam dicuntur a graecis *Schuetz*: nec minus plane verbis quam dicuntur a graecis aptis φ: nec minus plane quam dicuntur a graecis verbis aptis β: verbis aptis *secl. Goerenz* 8 perreximus omnes] *de numeris cf. Ac. 1. 14* MARCI TULII CICERONIS DE FINIBUS BONORUM ET MALORUM LIBER QUINTUS ET ULTIMUS HIC EXPLICIT *M*: DE FINIBUS BONORUM TULLII LIBER EXPLICIT *O*: EXPLICIT LIBER QUINTUS ET PER CONSEQUENS TOTUM OPUS TULLII DE FINIBUS BONORUM ET MALORUM *R man. rec.*: EXPLICIT LIBER DE FINIBUS BONORUM ET MALORUM *P, sed tantum* EXPLICIT LIBER *primae manus est* (*vide supra, p. vii*): EXPLICIUNT QUINQUE LIBRI DE FINIBUS BONORUM ET MALORUM MARCI TULII CICERONIS φ: *in SR¹ nulla subscriptio*

INDEX NOMINUM

Numeri uncis inclusi ad *Paulys Real-Encyclopädie* spectant, ubi Romanos sic designatos sub gentis nomine, Graecos Graeco more enumeratos requiras.

INDEX NOMINUM

Q. Caecilius Metellus Macedo-
nicus (94), cos. 143: 5. 82–3,
88 bis
Caepio v. Servilius
Calatinus v. Atilius
Callipho (3) 2. 19, 34–5; 4. 50; 5.
21, 73
L. Calpurnius Piso Frugi (96),
cos. 133: 2. 90
Carneades 2. 35 bis, 38, 59; 3.
41, 57; 5. 4, 6, 20. Carneadeus
2. 42; 4. 49; 5. 16, 22
Carthago 2. 65; 5. 70
Cato v. Porcius
Ceramicus 1. 39
Charmides (3), Epicureus 5. 94
bis
Chius v. Postumius
Chremes Terentianus 1. 3; 5.
28–9
Chrysippus 1. 6, 39 bis; 2. 43–4;
3. 57, 67; 4. 7, 9, 28, 68; 5. 89
Cicero v. Tullius
Cincinnatus v. Quinctius
Circeii 4. 7
Citiei 4. 56
Ap. Claudius (123), cos. I. 471:
2. 66
Cleanthes 2. 69; 4. 7
Codrus 5. 62
Coloneus locus 5. 3
Consentini 1. 7
Corinthium (aes) 2. 23
P. Cornelius Scipio Africanus
maior (336), cos. I 205: 2.
56, 106; 4. 22; 5. 70. Africani
3. 37
P. Cornelius Scipio Africanus
minor (335), cos. I 147: 1. 7;
4. 23; 5. 2, 70
P. Cornelius Scipio Nasica
(350), cos. 191: 5. 64
P. Cornelius Sulla (386), cos.
desig. 65: 2. 62
L. Cornelius Sulla Felix (392),
cos. 88: 3. 75

Crantor 5. 7
Crassus v. Licinius
Critolaus (3), Peripateticus 5. 14
Croesus 2. 87; 3. 45, 76; 4. 29,
31
Cumanum 1. 14
M'. Curius Dentatus (9), cos. I
290: 2. 30
Cynici 3. 68
Cyrenaici 1. 23, 39; 2. 39, 114
Cyrus 2. 116; 3. 76

Danai 2. 18
Dareus 5. 92
P. Decius Mus (15), cos. 340: 2.
61
P. Decius Mus (16), cos. I 312:
2. 61
P. Decius Mus (17) cos. 279: 2.
61
Demetrius (85) Phalereus 5. 54
Democritus 1. 18, 20 bis, 21 bis,
28; 2. 102; 5. 23, 50, 87.
Democritea 1. 17. Democri-
teus 4. 13
Demosthenes 5. 5 bis
Dicaearchus (3), Peripateticus 4.
79
Dinomachus 5. 21
Diodorus (44), Peripateticus 2.
19, 34–5; 4. 50; 5. 14, 21, 73
Diogenes Babylonius (45) 1. 6;
2. 24; 3. 33, 49, 57
Dionysius (1) tyrannus 2. 79; 4.
56
Dionysius Heracleotes (119) 5.
94
Dipylon 5. 1
Drusus v. Livius

Echecrates (3), Pythagoreus 5.
87
Electra (Sophoclis) 1. 5
Endymion 5. 55
Q. Ennius 1. 4, 7; 2. 41; 4. 62
Epaminondas 2. 62, 67, 97

INDEX LOCORUM